Histoire de l'éducation dans l'Antiquité

TOME II

Le monde romain

Ouvrages de Henri-Irénée Marrou

Saint Augustin et la Fin de la culture antique
De Boccard, 4e éd., 1958

ΜΟΥΣΙΚΟΣ ΑΝΗΡ,
Étude sur les scènes de la vie intellectuelle
figurant sur les monuments funéraires romains
L'Erma di Bretschneider, 2e éd., 1964

L'Ambivalence du temps de l'histoire chez saint Augustin
Vrin, 1950

De la connaissance historique
Éd. du Seuil, coll. « Esprit », 1954
coll. « Points Histoire », 1975

A Diognète. Introduction, traduction et commentaire
Éd. du Cerf, 2e éd., 1965

Saint Augustin et l'Augustinisme
Éd. du Seuil, coll. « Maîtres spirituels », 7e éd., 1969

Clément d'Alexandrie. Le Pédagogue, livre I-III
Introduction et notes
Éd. du Cerf, 1960-1970

Nouvelle Histoire de l'Église, t. I, 2e partie
De la persécution de Dioclétien
à la mort de Grégoire le Grand
Éd. du Seuil, 1963

Théologie de l'histoire
Éd. du Seuil, 1968

Les Troubadours
Éd. du Seuil, coll. « Points Histoire », 2e éd., 1971

Histoire de l'éducation dans l'Antiquité
Éd. du Seuil, coll. « UH », 7e éd., 1975

Patristique et Humanisme
Éd. du Seuil, coll. « Patristica Sorbonensia », 1976

Décadence romaine ou antiquité tardive ?
Éd. du Seuil, coll. « Points Histoire », 1975

Crise de notre temps et Réflexion chrétienne
(préface de C. Pietri et introduction de J.-M. Mayeur)
Éd. Beauchesne, 1978

SOUS LE NOM DE HENRI DAVENSON

Fondements d'une culture chrétienne
Bloud et Gay, 1934

Traité de la musique selon l'esprit de saint Augustin
Éd. du Seuil, 1942

Le Livre des chansons ou Introduction à la connaissance
de la chanson populaire française
Éd. du Seuil, 1944

Henri-Irénée Marrou

Histoire de l'éducation dans l'Antiquité

TOME II

Le monde romain

Éditions du Seuil

L'édition de cet ouvrage en un volume
a paru au Seuil, dans la collection « L'Univers historique »

EN COUVERTURE : Sarcophage de M. Cornelius Statius (détail), Louvre, Paris. © Archives Giraudon.

ISBN 2-02-006016-7 éd. complète;
2-02-006014-0 tome I; 2-02-006015-9 tome II.
(ISBN 1re publication 2-02-002670-8)

Ce livre est dédié à la mémoire de Gilbert Dru, étudiant français condamné à mort comme Résistant chrétien par l'Occupant national-socialiste allemand et barbarement exécuté place Bellecour, à Lyon, le 27 juillet 1944, à l'âge de vingt-quatre ans.

Les chiffres entre parenthèses renvoient aux *Notes complémentaires*, p. 179 et suivantes.

Les références qui accompagnent le texte utilisent des abréviations courantes : ainsi, pour les classiques grecs et latins, ce sont, normalement, celle des *Dictionnaires* Bailly et Gaffiot ; pour les périodiques, celle de l'*Année philologique ;* le lecteur trouvera l'explication de ces sigles p. 225 et suivantes.

TROISIÈME PARTIE

ROME ET L'ÉDUCATION CLASSIQUE

CHAPITRE PREMIER

L'ancienne éducation romaine

Pour aborder l'étude de l'éducation romaine, il nous faut faire un saut en arrière; sur le plan de la chronologie, d'abord : nous remonterons, sinon jusqu'en 753 avant Jésus-Christ (car le lecteur, j'imagine, n'attend pas de moi que je lui décrive, avec l'assurance du bon Plutarque [1], ce qu'était l'éducation du temps de Romulus), du moins jusqu'au VIe siècle; et plus encore sur le plan de l'idée : tout le développement spirituel de Rome est décalé d'au moins deux siècles sur celui de l'esprit grec. Son évolution a été en gros parallèle, mais plus tardive, plus lente, peut-être aussi moins radicale.

L'originalité romaine. L'opposition entre Romains et Grecs repose d'abord sur ce contraste entre deux stades de développement anachroniquement rapprochés : ce qu'on appelle volontiers la vertu « romaine » n'est autre chose que la vieille morale de la cité antique à laquelle demeuraient fidèles les Romains de la République, ces Romains robustes, raides, et à tout prendre encore barbares, en face des Grecs de leur temps, déjà si évolués, civilisés, un peu trop peut-être, encore qu'ils m'apparaissent moins dégénérés qu'affranchis, émancipés du vieil idéal totalitaire et parvenus au stade de l'éthique personnaliste de la παιδεία.

Pour une part, l'originalité romaine, vis-à-vis de la Grèce, est faite de cet archaïsme rémanent. Rome ne s'affranchira jamais tout à fait de l'idéal collectif qui consacre l'individu à l'Etat; elle ne consentira jamais à y renoncer, même quand l'évolution des mœurs s'en sera éloignée; elle s'y reportera sans cesse avec nostalgie, s'efforcera périodiquement d'y revenir : qu'il me suffise

1. *Rom.* 6.

d'évoquer l'effort de restauration morale accompli au temps d'Auguste, quand Horace chantait :

Dulce et decorum est pro patria mori [2],
Il est doux, il est beau de mourir pour sa patrie,

retrouvant l'inspiration qui avait animé Tyrtée de Sparte ou Callinos d'Ephèse six cents ans plus tôt.

Mais le Romain n'est pas seulement un attardé : son archaïsme possède une saveur propre. Aux premiers siècles de son développement, la civilisation romaine s'était élaborée de façon indépendante, en marge du monde grec, sans subir encore profondément l'influence de celui-ci. Dans la mesure où quelque chose de ce stade primitif persistera dans la culture latine, même quand elle aura été comme absorbée dans l'aire hellénistique, Rome continuera à s'opposer à la Grèce. En particulier, si, jusqu'au bout, l'éducation latine demeure quelque chose d'assez différent de l'éducation grecque classique, sur laquelle pourtant nous la verrons se modeler étroitement, c'est dans la mesure où elle conserve certains traits de cette vieille et originale éducation romaine qu'il s'agit maintenant d'analyser (1).

Un peuple de paysans. On peut la définir d'un mot : j'aperçois, à l'origine, non pas, comme dans la Grèce héroïque, une éducation chevaleresque, mais une éducation de paysans. A l'origine : je veux dire simplement la fin du VIe siècle; il n'est pas question ici de remonter plus haut, car seule importe l'origine immédiate dont le souvenir conscient a influencé la tradition (2). Vers la fin du VIe siècle, donc, nous trouvons Rome et la culture romaine dominées par une aristocratie de ruraux, de propriétaires fonciers exploitant directement leurs terres : une classe sociale très différente par conséquent de la noblesse guerrière de l'épopée homérique, très différente également de cette aristocratie indo-européenne dont la linguistique comparée reconstruit hypothétiquement les caractères à l'aube de l'histoire.

Ce caractère terrien aurait pu être oblitéré par l'influence étrusque qui avait fait de Rome une ville, une vraie ville, active et animée; mais l'expulsion des rois et l'établissement de la République (509,

2. *C.* III, 2, 13.

508 ou 503) paraît bien avoir signifié la victoire de l'aristocratie rurale sur les éléments urbains (3) et par suite a dû entraîner un renforcement de la dominante paysanne. Celle-ci fut par la suite entretenue par l'apport répété des familles italiennes qui vinrent successivement s'intégrer à la vieille noblesse romaine, la rattachant toujours plus étroitement à la terre, l'empêchant de trop s'urbaniser : éléments sabins, dès le VIe siècle avec les Claudii [3], puis Latins, Etrusques, Campaniens...

Partout se manifeste ce caractère dominant. Ainsi dans l'onomastique : le patriciat latin a perdu l'usage du nom composé du type Etéoclès ou Dumnorix, si cher à l'orgueil des vieilles aristocraties indo-européennes; dans son système des *tria nomina* se reflète souvent l'esprit terre à terre du paysan : prénoms sans imagination, *Primus, Quintus, Decimus ; Lucius, Manius, Marcus* (*scil.* « né à l'aube, le matin, en mars »); surnoms réalistes rappelant la vie des champs : *Pilumnus* (du pilon à blé), *Piso* (de *pisere,* piler), *Fabius, Lentulus, Cicero* (tirés du nom de la fève, de la lentille, du pois chiche [4]).

C'est le latin tout entier qui nous apparaît comme une langue de paysans (4) : combien de mots, au sens plus tard élargi, étaient à l'origine des termes techniques de l'agriculture : *laetus* s'est dit d'abord d'une terre bien fumée, *felix* de la fertilité du sol, *sincerus* d'un miel sans cire, *frugi* du profit, *egregius* d'une bête séparée du troupeau, avant d'en venir à signifier la joie, le bonheur, la vérité, la vertu ou la gloire. *Putare,* avant « penser », a signifié « émonder », puis « marquer d'une encoche sur un bâton », d'où « calculer ». Et que dire de tant de clichés ruraux, de formules proverbiales, du génie même de la langue, plate, pauvre, toute concrète!

De même le plan traditionnel de la maison romaine s'est développé autour de la maison paysanne primitive (5) : le noyau en est constitué par une cabane rectangulaire, qui deviendra le *tablinum,* la pièce d'honneur; en avant, l'*atrium* (qui ne sera jamais tout entier couvert), c'est l'ancienne cour de ferme; en arrière, le somptueux péristyle de la maison pompéienne représente un traitement esthétique, qui utilise toutes les ressources de l'architecture hellénistique, du vieux jardin potager.

3. SUET. *Ti.* I. — 4. PL. *N. H.* XVIII, 10.

Une éducation de paysans. Par là s'expliquent les caractères très originaux de la plus ancienne éducation romaine : c'était une éducation de paysans (adaptée, bien entendue, à une aristocratie). Pour la comprendre, nous n'avons qu'à observer ce qu'est, aujourd'hui encore, pour l'essentiel, la formation de nos petits campagnards. L'éducation, pour eux, c'est avant tout l'initiation progressive à un mode de vie traditionnel. Dès qu'il s'éveille à la conscience, et déjà par ses jeux, l'enfant s'efforce d'imiter les gestes, le comportement, les travaux de ses aînés. A mesure qu'il grandit, il s'introduit, se fait admettre, silencieux et réservé, dans le cercle des grands. Il écoute les vieux parler, — de la pluie et du beau temps, des travaux et des jours, des hommes et des bêtes, et s'initie de la sorte à toute une sagesse. Peu à peu, il s'associe au labeur des champs, accompagne le berger ou le laboureur, s'essaie à remplir leur rôle et ressent comme un honneur le fait d'en être jugé digne.

La coutume des ancêtres. C'est sur un tel type que nous devons imaginer la vieille éducation romaine. La notion fondamentale sur laquelle elle repose est le respect de la coutume ancestrale, *mos maiorum*. La révéler à la jeunesse, la lui faire respecter comme un idéal indiscuté, la norme de toute action et de toute pensée, telle est la tâche essentielle de l'éducateur.

L'idée n'était pas étrangère aux Grecs de l'époque archaïque : nous l'avons rencontrée chez Théognis [5]; mais, on s'en souvient, quand il évoque « la Sagesse que tout enfant il avait appris des Meilleurs », c'est avec une nuance polémique, s'opposant à l'esprit nouveau dans une réaction farouche de conservateur désespéré. A Rome, la position de la tradition fut toujours beaucoup plus forte; elle sera toujours l'objet d'une vénération indiscutée : c'est avec une nuance péjorative qu'on y parle de *res novae,* d' « innovations » ou de « révolution » (c'est tout un pour le Latin) : « La force de Rome, redit Cicéron après Ennius [6], repose sur ses vieilles mœurs autant que sur la force de ses fils »,

Moribus antiquis res stat Romana uirisque.

5. THEOGN. I, 27. — 6. *Resp.* V, 1.

D'autre part, à la différence de la sagesse des clubs aristocratiques que fréquentait Théognis, le *mos maiorum* est plus qu'une éthique, qu'un code de vie noble : il implique un enseignement s'étendant à tous les aspects de l'activité humaine, technique y compris.

Éducation familiale. Le cadre, l'instrument d'une telle formation, c'est la famille. Tous les historiens du droit aiment à souligner la forte constitution de la famille romaine, l'autorité souveraine dont est investi le *paterfamilias,* le respect dont la mère est l'objet : nulle part le rôle de cette cellule sociale n'apparaît avec autant d'évidence que dans l'éducation. Aux yeux des Romains, la famille est le milieu naturel où doit grandir et se former l'enfant. Même sous l'Empire, alors que l'instruction collective au sein de l'école est depuis longtemps entrée dans les mœurs, on discute encore, nous le voyons chez Quintilien [7], des avantages et des inconvénients des deux systèmes et on ne renonce pas toujours à la vieille méthode qui retenait l'enfant à l'intérieur de la maison familiale, *domi atque intra priuatos parietes* [8].

Que tout cela est différent de la Grèce ! L'opposition entre les deux pédagogies se manifeste dès les premières années : à Rome ce n'est pas une esclave, mais la mère elle-même qui élève son enfant [9]. Même dans les plus grandes familles, elle s'honore de rester à la maison pour assurer ce devoir, se faisant comme la servante de ses fils.

L'influence de la mère marquait l'homme pour la vie : d'où la valeur symbolique que la tradition attachait à l'anecdote fameuse de Coriolan, révolté contre Rome et marchant sur la Ville à la tête des Volsques : ni les prières des ambassadeurs du peuple romain, ni celles des prêtres n'avaient pu le fléchir, mais il céda aux reproches de sa mère [10]. Anecdote peut-être légendaire, mais qui exprimait un sentiment réel : en pleine époque historique, au IIe, au Ier siècle avant notre ère, nous savons le rôle joué par Cornélia, mère des Gracques, Aurelia, mère de César, Attia, mère d'Auguste, dans la vie de leurs fils, qu'elles avaient su élever pour en faire des chefs [11].

Lorsque la mère ne pouvait suffire à son rôle, on choisissait comme gouvernante des enfants de la maison quelque vénérable parente d'âge mur, qui savait faire régner autour d'elle, jusque dans les jeux, une atmosphère de haute tenue morale et de sévérité [12].

7. QUINT. I, 2. — 8. ID. I, 2, 1. — 9. TAC. *D.* 28, 4. — 10. LIV. II, 40, 5-9. — 11. TAC. *D.* 28, 6. — 12. *Id.* 28, 5

A partir de sept ans, l'enfant, comme en Grèce, échappait à la direction exclusive des femmes, mais à Rome, c'était pour passer sous celle de son père; rien n'est plus caractéristique de la pédagogie romaine : le père est considéré comme le véritable éducateur; plus tard, lorsqu'il existera des maîtres, leur action sera toujours considérée comme plus ou moins assimilable à l'influence paternelle [13]. Autre contraste avec la Grèce ancienne où le père qui s'occupait trop de son enfant passait vite pour ridicule [14].

Si les filles restent davantage à la maison, à l'ombre de leur mère, attentives à filer la laine et aux travaux domestiques (c'est encore le régime auquel l'austère Livie soumit les petites-filles d'Auguste [15]), les fils, eux, accompagnent leur père, le suivant jusqu'à l'intérieur de la curie où ils assistent avec lui même aux séances secrètes du sénat [16]; ils s'initient à ses côtés à tous les aspects de la vie qui les attend, s'instruisant par ses préceptes et plus encore par son exemple [17]. Le jeune noble romain, vêtu de la toge bordée de pourpre, *praetextatus*, assiste, comme le κοῦρος grec, aux festins des grands; il y participe par ses chants [18], y fait office d'écuyer servant, mais c'est aux côtés de son père et non de quelque amant [19].

Ce rôle d'éducateur, le *paterfamilias* romain s'attachait à le remplir avec une haute conscience : quelle différence avec l'insouciance ou l'incompétence des pères grecs, tels qu'ils nous sont apparus à travers le *Lachès* de Platon. Il faut relire à ce propos le beau chapitre que Plutarque consacre aux soins que prit Caton le Censeur pour l'éducation de son fils [20] : il nous le montre surveillant de près son développement, lui servant de maître pour toutes les matières d'enseignement et souligne de quelle gravité, de quel respect pour l'enfant s'accompagnait cette éducation :

Maxima debetur puero reuerentia

redira à son tour Juvénal [21] : nous saisissons là un des traits fondamentaux de la tradition romaine.

J'entends bien que le vieux Caton est un réactionnaire et que son comportement ne va pas sans quelque outrance publicitaire; mais ce beau zèle pour l'éducation de ses fils, « qu'il désirait faire un chef-d'œuvre, en le formant et composant au moule de la par-

13. QUINT. II, 2, 4. — 14. AR. *Nub.* 1381; TH. *Char.* 20, 5. — 15. SUET. *Aug.* 64, 4. — 16. GELL. I, 23, 4. — 17. PL. *Ep.* VIII, 14, 4-5. — 18. NON. I, 107-108, S. V. *Assa.* — 19. PLUT. *Qu. Rom.* 272 C. — 20. ID. *Cat. Ma.* 20. — 21. XIV, 47.

faite vertu [22] », se retrouve également chez bien d'autres pères de famille romains, à commencer par son contemporain Paul-Emile [23] dont les tendances philhellènes font comme un représentant de l'éducation « moderne » en face du traditionnel Caton. Même souci chez un Cicéron, surveillant l'éducation de son fils et de ses neveux [24], ou un Auguste [25]; c'est un des traits auxquels on reconnaît les vieilles familles attachées à la tradition, comme, sous Tibère, celle des Cassii [26].

L'apprentissage de la vie publique. Vers seize ans, l'éducation familiale prenait fin. Une cérémonie solennisait cette étape : l'adolescent déposait la toge bordée de pourpre et les autres insignes de l'enfance pour revêtir la toge virile. Il comptait désormais parmi les citoyens; sa formation toutefois n'était pas achevée : avant de commencer son service militaire, il consacrait normalement une année à l'« apprentissage de la vie publique », *tirocinium fori* (6).

Sauf exception [27], ce n'était plus le père qui s'en chargeait mais un vieil ami de la famille, quelque homme politique, chargé d'ans, d'expérience et d'honneurs. Cicéron nous raconte par exemple comment son père le confia à Q. Mucius Scaevola Augur, le gendre de Laelius, un des survivants de la grande génération des Gracques : le jeune Cicéron s'attacha à lui, cherchant à profiter de toute occasion pour s'instruire à son école : *fierique studebam eius prudentia doctior* [28]; en particulier, c'est sous sa direction qu'il s'initia au droit, en assistant aux consultations du grand jurisconsulte [29]. Il devait plus tard rendre à son tour les mêmes services à plusieurs de ses jeunes amis, Caelius, Pansa, Hirtius, Dolabella [30].

En principe, au bout d'un an, le *tirocinium fori* proprement dit prend fin et le jeune Romain part pour l'armée; mais l'apprentissage politique est chose trop sérieuse pour être considéré comme si vite achevé. Le jeune noble continue à s'attacher aux pas d'un homme politique arrivé, son père [31] ou, le plus souvent, un grand patron. Cicéron, par exemple, demeura aux côtés de Scaevola Augur jusqu'à la mort du vieillard (survenue après 88, peut-être en 84; Cicéron, né en 106, avait dû revêtir la toge virile dès 90-89); puis,

22. PLUT. *Cat. Ma.* 20 (42 Amyot). — 23. ID. *Aem.* 6. — 24. CIC. *Att.* VIII, 4, 1. — 25. SUET. *Aug.* 64, 5. — 26. TAC. *Ann.* VI, 21 (15), 3. — 27. PL. *Ep.* VIII, 14, 6. — 28. CIC. *Lae.* 1. — 29. ID. *Br.* 306; *Leg.* I, 13. — 30. QUINT. XII, 11, 6. — 31. PL. *Ep.* VIII, 14, 6.

ne considérant toujours pas sa formation comme achevée, il passa sous la direction d'un cousin de son premier maître, Scaevola le Grand-Pontife († 82) [32].

De même pour le métier militaire. La première année, on servait dans le rang : il paraissait bon qu'un futur chef ait d'abord appris à obéir et une future carrière politique se trouvait toujours bien de quelque glorieuse blessure ou de quelque exploit de débutant : tel celui du jeune Scipion, le futur Africain, sauvant son père, le consul, blessé à la bataille du Tessin [33]. Mais, en fait, les jeunes nobles n'étaient pas traités tout à fait comme de simples conscrits : des parrains étaient chargés de les diriger et de les protéger [34]. Bien vite d'ailleurs ils sortaient du rang pour servir comme officiers d'état-major, *tribuni militum,* soit qu'ils se fissent élire à ce grade par le peuple, soit qu'ils y fussent nommés par le général en chef (7).

« Attaché de cabinet » ou officier d'état-major, le jeune aristocrate romain achève sa formation à l'ombre d'une haute personnalité qu'il entoure de respect et de vénération : combien cette atmosphère est différente de celle que, dans l'ancienne Grèce, l'amour pédérastique illuminait de son trouble éclat ! On soulignera aussi la note si appuyée du mérite de la vieillesse, de son expérience et de sa sagesse : moins encore que la Grèce, Rome n'aurait admis une certaine manière moderne (certains diront « fasciste ») d'exalter les vertus de la jeunesse et de mépriser la gérontocratie.

La morale romaine. Si nous cherchons maintenant à définir le contenu de cette ancienne éducation, nous apercevrons, au premier plan, un idéal moral : l'essentiel est de former la conscience de l'enfant ou du jeune homme, de lui inculquer un système rigide de valeurs morales, des réflexes sûrs, un style de vie. En gros, je l'ai dit, cet idéal est celui de la cité antique, fait de sacrifice, de renoncement, de dévouement total de la personne à la communauté, à l'Etat, l'idéal de la Grèce du temps de Callinos et de Tyrtée.

Ce qui caractérise Rome, c'est que cet idéal n'y a jamais été discuté ; on ne trouve pas, dans la tradition, dans le souvenir collectif, la moindre trace d'un idéal rival contre lequel celui de la cité aurait eu à lutter pour s'implanter, comme avait été, pour la

32. CIC. Lae. I. — 33. LIV. XXI, 46, 7-8. — 34. CIC. ap. SERV. *En.* V, 546

Grèce, l'idéal homérique de l'exploit individuel, source de supériorité et de gloire. Bien entendu, l'amour de la gloire n'est pas étranger à l'âme romaine, mais l'exploit n'y a jamais le caractère d'une geste individuelle; il est toujours étroitement subordonné, comme à sa fin, au bien et au salut publics.

Le héros romain, qu'il s'appelle Horatius Coclès, Camille, Menenius Agrippa, ou Octavien-Auguste, est l'homme qui, en des circonstances difficiles, a, par son courage ou sa sagesse, sauvé la patrie en danger. Que nous sommes loin du héros homérique, à la fantaisie un peu folle, d'un Achille, ce déserteur, dont la bouderie met l'armée achéenne à deux doigts de sa perte et qui ne retourne au combat que pour venger un deuil personnel, la mort d'un ami. *Salus publica suprema lex esto* [35] : l'intérêt du pays doit être la norme suprême de la valeur et de la vertu.

Pratiquement, l'éducation morale du jeune Romain était, comme celle du Grec, alimentée par un choix d'exemples offerts à son admiration; mais ils étaient empruntés à l'histoire nationale, et non à la poésie héroïque; qu'en fait beaucoup de ces *exempla* fussent légendaires importe peu : c'est comme historiques qu'ils étaient présentés et revécus.

L'idéal familial. On retrouve ici la dominante familiale de l'éducation. La culture romaine restera toujours une culture aristocratique : au vieux patriciat succède une nouvelle *nobilitas* non moins attentive à illustrer ses traditions de famille; le raidissement de l'oligarchie au IIe siècle avant Jésus-Christ, la réaction aristocratique qui marqua l'établissement de l'empire vinrent, au cours des siècles, renforcer ce caractère qui en face de la « démocratie » grecque constitue aussi un des traits distinctifs de la latinité.

Le jeune noble n'est pas seulement élevé dans le respect de la tradition nationale, patrimoine commun à Rome tout entière, mais aussi des traditions propres à sa famille. On sait combien l'orgueil des grandes maisons, fières des magistrats curules qu'elles avaient donnés à la République, s'étalait publiquement dans le faste des grandes funérailles, où l'on promenait les images des ancêtres et où une oraison funèbre en exaltait la gloire en même temps que celle du défunt [36]. Il est facile d'imaginer combien de pareils souve-

35. CIC. *Leg.* III, 8. — 36. POL. VI, 53-54.

nirs avaient d'influence sur l'enfant qui contemplait chaque jour ces glorieuses *imagines* exposées dans l'atrium familial, et qui entendait sans cesse évoquer leur souvenir : inconsciemment d'abord, très consciemment ensuite, il était conduit à modeler sa sensibilité et son comportement sur un certain type idéal qui était comme la marque propre de sa famille.

Chacune des grandes maisons romaines possédait comme une attitude déterminée en face de la vie, un comportement stéréotypé : l'orgueil indompté des Claudes, la rigidité de caractère des Iunii, l'austérité des Aelii Tuberones ou des Quinctii ; on s'attendait en politique à ce qu'un Cassius inclinât vers les populaires, un Manlius vers l'aristocratie. La critique moderne s'est curieusement penchée sur ces traditions, les soupçonnant d'avoir inspiré ces anticipations, duplications ou triplications de faits du même type qu'on retrouve dans la tradition historique de la République (8). Je ne suis pas sûr toutefois que la démarche généralement suivie par la critique soit aussi sûre qu'il paraît : pourquoi l'ardent désir de se conformer à un type idéal de conduite n'aurait-il pas inspiré à plusieurs générations de distance celui de renouveler un exploit consacré ?

Prenons un exemple : on sait que la tradition attribue par trois fois le geste héroïque de la *deuotio* à un P. Decius Mus : le père en 340, son fils en 295, son petit-fils en 279, auraient, chacun au cours d'une bataille décisive, forcé la victoire en se « dévouant », et avec lui l'armée ennemie, aux dieux infernaux. Déjà les Anciens n'étaient pas bien assurés de la réalité du troisième sacrifice ; les modernes renchérissent et ne veulent admettre qu'un seul de ces suicides sacrés (9).

Je ne suis pas en mesure, bien entendu, d'établir l'historicité d'aucun des trois, mais je ne vois rien que de psychologiquement vraisemblable dans les paroles que Tite-Live prête au second Decius au moment où il s'apprête à suivre le glorieux exemple de son père [37] : « Pourquoi hésiterais-je à suivre le destin de ma famille ? Il a été donné à notre maison de s'offrir en victimes expiatoires quand la patrie est en danger... » De même, à propos du troisième, Dion Cassius [38] nous dit qu'au moment où allait s'engager la bataille d'Ausculum bien des gens ne doutaient pas que Decius suivrait lui aussi l'exemple de son père et de son grand-père, si bien que le prudent Pyrrhus aurait averti les généraux romains qu'il

37. LIV. X, 28. — 38. DC. XL, 38 = ZON. VIII, 5.

avait pris toutes dispositions utiles pour que ledit Decius ne risquât pas de rencontrer la mort.

Le fait que de tels récits aient circulé à Rome prouve à tout le moins la réalité des sentiments qu'ils supposent mis en œuvre. Nous ne devons pas minimiser l'efficacité de cette hérédité acceptée et consciemment revécue : voyez, en pleine lumière historique, parmi les contemporains de Cicéron, comme un Caton, un Brutus se sentent, se veulent les héritiers et les imitateurs, l'un de son aïeul Caton le Censeur, l'autre de son lointain ancêtre, réel ou supposé, Brutus le premier consul! Je définissais l'ancienne éducation grecque, à la lumière d'Homère, comme une imitation des héros : l'éducation romaine serait, elle, une imitation des ancêtres.

La piété romaine. Plus civique, plus familiale, l'éducation romaine est aussi, peut-être, plus profondément religieuse que la grecque. Ici encore, il faut souligner l'absence, à la base de la tradition latine, d'un équivalent de l'épopée homérique, cette œuvre si mûre, si « moderne », en un sens si peu religieuse (Spengler disait si laïque). Le sentiment religieux a chez les Latins quelque chose de plus naïf, peut-être de plus profond.

Ainsi, sur le plan de la vie publique, Rome n'a jamais admis l'immoralisme machiavélique de type spartiate. Pour le salut de la patrie, tout est dû, mais tout n'est pas permis : il faut encore respecter les lois de la justice, de la morale et du droit. On sait, par exemple, de quelles précautions minutieuses s'entourait le rituel de la déclaration de guerre : les prêtres fétiaux parvenus à la frontière de l'ennemi prenaient les dieux et le bon droit à témoin de la justice et de la cause romaine : Rome ne fait la guerre que pour obtenir son dû...[39]

Je ne prétends pas, bien entendu, que la politique romaine ait toujours été si pure, mais enfin l'hypocrisie même est un hommage rendu à l'idéal, à la vertu. En fait, l'éducation romaine ne cessait de dresser en exemple les chefs vertueux qui avaient fait passer le respect du droit divin avant l'intérêt immédiat du pays : l'incorruptible Fabricius livrant au roi Pyrrhus le traître qui proposait de l'empoisonner[40], l'héroïque Regulus retournant se livrer à Carthage au supplice qui l'attend pour avoir exhorté le Sénat à repousser les propositions de paix que les Puniques l'avaient chargé de présenter[41] (10).

39. LIV. I, 32, 6-14. — 40. GELL. III, 8. — 41. CIC. *Off.* III, 100.

La patriotisme romain se conçoit lui-même comme essentiellement religieux : « C'est, nous dit Horace, en te montrant soumis aux dieux, ô Romain, que tu obtiens l'empire »,

Dis te minorem quod geris imperas [42].

Et Cicéron avant lui avait gravement expliqué que Rome surpassait tous les autres peuples par la piété, l'attention aux signes des dieux, la foi en leur providence [43] (11).

Ce sens religieux, en effet, ne va pas sans beaucoup de formalisme : « Etre attentif à la volonté des dieux », c'est observer avec une scrupuleuse minutie tous les signes, depuis le vol des oiseaux et les entrailles des victimes jusqu'aux sueurs du bronze par lesquels les dieux manifestent leur bon vouloir ou leur mystérieuse irritation. La « piété », c'est essentiellement observer avec un égal scrupule tous les rites traditionnels : la notion romaine ne va pas sans quelque calcul sordide, étroitement intéressé : donnant, donnant !

Les vertus paysannes. On aimera déceler là un nouvel aspect du caractère paysan, terre à terre, pratique, de la Rome primitive. Il se retrouve ailleurs ; ce sont bien les vertus paysannes que l'éducation ancienne se préoccupait de développer : goût du travail acharné, frugalité, austérité. L'enfant romain entendait déclamer contre le luxe corrupteur et célébrer le désintéressement des vieux consuls ou dictateurs comme Cincinnatus, qui cultivaient la terre de leurs mains et que le vote du sénat arrachait à la charrue pour les porter à la magistrature suprême [44].

J'entends bien que pour les Grecs aussi le luxe est un des symptômes de cette « mollesse », τρυφή, qui conduit à la ruine les hommes et les cités (12), mais il n'y a pas dans l'idéal grec, fait de sobriété et de mesure, cette âpreté paysanne à qui l'idée ne vient pas que l'économie puisse dégénérer en avarice. Rome ne connaît pas l'équivalent de cette générosité ostentatoire, génératrice de prestige, qu'on peut analyser chez les héros d'Homère et qui se retrouve dans la *cortezia* de notre Moyen Age occitan ou, si l'on veut, dans le *potlatch* de nos sociologues. Il suffit de feuilleter le traité d'agriculture du vieux Caton pour voir s'étaler naïvement ce souci permanent de tirer parti de tout : « Réduire la ration des esclaves

42. *C.* III, 6, 5. — 43. *Har. resp.* 19. — 44. LIV. III, 27, 7-10.

malades[45]; savoir occuper les veillées d'hiver[46], les jours de pluie[47]; vendre tous les excédents de la production, les déchets : vieux chariots, vieille ferraille, esclave vieilli ou malade[48]... »

Nous glissons de l'éthique à la technique : précisément parce qu'elle est d'orientation pratique, la vieille éducation latine ne conçoit pas cette formation morale comme séparée de l'apprentissage de la vie réelle, de ses responsabilités. Il ne s'agit pas, comme dans l'Hellade archaïque, de se préparer à une vie noble où l'exploit, sportif et guerrier, alterne avec les loisirs élégants : l'idéal romain est celui du *paterfamilias,* responsable du bon gouvernement de son patrimoine.

L'éducation physique. Ce caractère apparaît nettement dans le sort fait à l'éducation physique (13). En Grèce, dès les temps homériques, elle avait eu tendance à s'éloigner de sa primitive finalité militaire pour s'orienter vers le sport désintéressé, les performances et la compétition. Rien de tel chez les vieux Romains : bien entendu, ce peuple de soldats-laboureurs ne méprise pas les qualités physiques, mais l'éducation donnée à la jeunesse reste, en ce domaine comme ailleurs, strictement utilitaire; voyez, chez Plutarque, ce que le vieux Caton fait apprendre à son fils : l'escrime, lancer le javelot, jouer de l'épée, voltiger, piquer chevaux et manier toutes armes; combattre à coups de poing, endurer le froid et le chaud, passer à la nage le courant d'une rivière impétueuse et froide[49]. Les poètes aiment à évoquer les exercices militaires de la jeunesse au Champ de Mars, galopant dans le soleil et la poussière, avant de se jeter dans le Tibre[50].

Il n'y a pas de sport à proprement parler : en latin, *ludus* c'est ou l'entraînement ou un jeu; le mot, à la différence du grec ἀγών, n'implique pas de façon nette la notion de compétition; le lecteur songera, par exemple, aux divertissements rustiques, si joliment évoqués par Virgile[51] : les bergers s'exerçant au javelot en tirant sur un orme ou affrontant leurs corps vigoureux sur une rustique palestre...

Sans doute, avec le temps, les *ludi* deviennent des cérémonies plus officielles, plus solennelles, mais j'y aperçois moins de compé-

45. CAT. *Agr.* 2, 4. — 46. *Id.* 37, 3. — 47. *Id.* 39, 2. — 48. *Id.* 5, 7. — 49. PLUT. *Cat. ma.* 20. — 50. HOR. *C.* I, 8, 4 s.; III, 12, 7 s. Cf. VIRG. *En.* VII, 162-165; IX, 606; VEG. I, 10; VARR. *ap.* NON. I, 1558, s. v. *Ephippium.* — 51. *G.* II, 529-530.

tition que des exhibitions, encore que la vanité pût s'y satisfaire ainsi que le désir de briller, de se faire remarquer [52].

Sans doute aussi, l'éducation physique, au moins pour les jeunes nobles, ne se cantonnera pas toujours dans la préparation militaire : nous verrons, au haut empire, la jeunesse groupée en clubs assez analogues aux collèges éphébiques et consacrés à des exercices physiques dont le caractère pré-militaire est assez effacé. Mais il est intéressant de souligner (car cet aspect de l'éducation romaine est souvent négligé) que ce sport romain s'est développé dans un sens profondément original.

Le fondement du sport grec, c'est l'athlétisme pur, la palestre et le stade; la jeunesse romaine préférera toujours le cirque et l'amphithéâtre. Le cirque : l'équitation, à Rome comme en Grèce, est le sport noble par excellence, mais, tel qu'il est pratiqué par la jeunesse aristocratique, il se réalise moins dans les courses que dans les défilés en armes, la voltige (que n'ignorait pas non plus la Grèce hellénistique : c'était une spécialité des Tarentins [53]), le carrousel aux évolutions compliquées, *ludus serpentis* [54], et surtout *ludus Troiae,* exercice qui remontait à l'époque étrusque et qui connut un grand renouveau à partir de Sulla et surtout d'Auguste [55].

Avec le cirque, les combats de l'amphithéâtre : si extraordinaire que la chose puisse paraître, ils n'étaient pas réservés aux professionnels, esclaves ou condamnés; l'escrime, apprise sous la direction d'un gladiateur [56] faisait partie de l'éducation la plus raffinée, comme on le voit par le cas de Titus [57]. Il s'agissait de combats simulés, qu'on peut croire sans danger, mais il y avait plus; l'amphithéâtre voyait les jeunes gens des meilleures familles participer aux « chasses », *uenationes* [58], à des combats contre des fauves, ours [59] et lions [60] : on s'étonne moins après cela des exploits d'un Commode...

Le métier de propriétaire foncier. Il n'y a pas, dans l'ancienne éducation latine, d'élément proprement intellectuel; celui-ci ne s'est développé que sous l'influence grecque. Le jeune Romain apprend uniquement ce

52. *CIL*. IV, 1595; XII, 533, 16. — 53. STEPH. BYZ. *s.* V. ; D. P. *v.* 376. — 54. *CIL*, IV, 1595. — 55. SUET. *Caes.* 39, 4; *Aug.* 43, 5; DC. LIII, 1, 14; LIV 26, 1... FEST. 504, 11 L. — 56. JUV. III, 158. — 57. DC. LXVI, 15, 2. — 58. ID. LXVII, 1, 2; SUET. *Dom.* 4, 11. — 59. *CIL*. XII, 533, 7-8. — 60. FRONT *M. Caes.* V, 22 (37); 23 (38).

que doit savoir un bon propriétaire campagnard et d'abord l'agronomie. Il faut qu'il sache faire valoir son bien : sinon cultiver luimême la terre, du moins diriger l'exploitation, surveiller le travail des esclaves, conseiller son fermier ou son intendant.

La place faite à l'art des champs est encore une originalité de la culture romaine. Je sais bien que Xénophon a écrit l'*Économique*, que Varron cite en tête de son traité d'agriculture une cinquantaine d'auteurs grecs ayant écrit sur le sujet; mais cette veine n'a pas, dans l'ensemble de la littérature grecque, l'importance de celle que, dans les lettres latines, jalonnent de siècle en siècle les noms de Caton, Varron, Virgile, Columelle, Gargilius et Palladius.

C'est là vraiment un des axes fondamentaux de la tradition latine; il faut mesurer tout ce que l'esprit réaliste du Romain a su y accumuler d'expérience et d'ouverture d'esprit. Il ne faut pas se faire de l'agronomie romaine une idée trop routinière : du vieux traité de Caton, on aime trop à citer les recettes accumulées en vrac dans la seconde partie [61], comme celles sur les innombrables vertus médicales du chou [62]; mais tout le *De agri cultura* ne tient pas dans ce folklore superstitieux. C'est un traité d'inspiration très « moderne », un manuel de la nouvelle économie rurale de l'Italie d'après les conquêtes : élevage, cultures arbustives, olivier, vigne, supplantant la vieille culture des céréales désormais assurée par les provinces : Sardaigne, Sicile, Afrique...

De façon générale, l'aristocratie romaine a su s'adapter avec souplesse à l'évolution des conditions économiques, profiter de tout l'apport de l'agronomie savante, hellénistique ou carthaginoise [63].

Comparés aux aristocrates grecs, les nobles romains apparaissent beaucoup moins « grands seigneurs » : ce sont des squires, des gentlemen-farmers. Avec l'agronomie, ils se préoccupent d'enseigner à leurs fils tout ce qu'un gentilhomme campagnard peut trouver utile à bien connaître. Il y a une tradition encyclopédique romaine, bien différente de la polymathie d'un Hippias (14) : il ne s'agit pas de curiosité désintéressée, mais d'applications pratiques.

Ainsi, le Romain s'intéresse à la médecine, non point comme les Grecs, à partir du IVe siècle, en vertu d'un certain idéal de la

61. CAT. *Agr.* 56 s — 62. *Id.* 156-157. — 63. VARR. *RR.* I, 1, 10; PL. *N. H.* XVIII, 22.

personne humaine, mais avant tout, comme le montre Caton, pour savoir comment soigner ses esclaves et accroître le rendement de la main-d'œuvre.

Cette tendance encyclopédique s'est concrétisée dans des collections de manuels, œuvres d'érudits polygraphes; la plus caractéristique est celle d'A. Cornelius Celsus qui publia sous Tibère les vingt livres de ses *Artes* où il traitait successivement d'agronomie, d'art militaire, de rhétorique, de philosophie, de médecine et de droit (15).

La rhétorique et la philosophie y représentaient l'apport de l'influence grecque. Le reste constituait le fonds propre de la vraie culture latine. L'art militaire y avait été poussé par la pratique à un haut degré d'élaboration technique : il s'enseignait normalement par l'exercice du métier de soldat et d'officier d'état-major.

Il n'est pas nécessaire d'insister enfin sur la place qu'occupait dans cet ensemble la science juridique. A la différence de la justice grecque, et surtout de l'athénienne, fondée sur quelques lois très simples, et qui tendait à juger plutôt en équité qu'en droit, la justice romaine a toujours eu un caractère très formaliste, elle supposait un système de prescriptions d'une technicité raffinée; d'autre part l'esprit traditionnel du Romain attachait une grande autorité à la chose jugée, à l'ensemble des précédents rassemblés par la jurisprudence. D'où le rôle que joue l'enseignement du droit dans l'éducation.

Dès l'enfance (Cicéron se souvient encore avoir connu cet usage [64]), on apprenait par cœur le texte de la loi des XII Tables. Plus tard, comme on l'a vu, le jeune noble recevait d'un praticien expérimenté une véritable formation professionnelle lors de son *tirocinium fori* : le droit public s'y joignait au droit privé, car la connaissance des règles exactes et du précédent opportun ne jouait pas moins de rôle dans la vie politique que dans la pratique des tribunaux.

L'ensemble de tous ces éléments composait une culture et un système d'éducation typiquement latins. On en trouvera une évocation saisissante dans sa brièveté (bien représentative de la sobre et sèche éloquence romaine, antérieurement à l'influence grecque) dans l'oraison funèbre que Pline [65] rapporte avoir été prononcée en 221 par Q. Caecilius Metellus Macedonicus lors des funérailles de son (grand-)père Lucius (16) qui avait été deux fois consul,

64. CIC. *Leg.* II, 59. — 65. PL. *N. H.* VII, 139-140.

maître de la cavalerie, dictateur, triomphateur et grand pontife : « Il avait réussi à posséder les dix biens par excellence que les Sages consument leur vie à chercher; il avait voulu être un grand soldat, un excellent orateur, un vaillant général, avoir la responsabilité de grandes entreprises, revêtir la magistrature suprême, posséder la plus haute sagesse, occuper le premier rang parmi les sénateurs, acquérir une grande fortune par des moyens honnêtes, laisser beaucoup d'enfants, être célèbre dans l'Etat. »

CHAPITRE II

Rome adopte l'éducation grecque

Il y avait donc à Rome une tradition pédagogique originale; cependant l'éducation latine a évolué dans un tout autre sens, car Rome s'est trouvée amenée à adopter les formes et les méthodes de l'éducation hellénistique.

Civilisation romaine et civilisation hellénistique. Cas particulier du fait fondamental qui domine toute l'histoire de la civilisation romaine : une civilisation autonome proprement italienne n'a pas eu le temps de se développer parce que Rome et l'Italie se sont trouvées intégrées dans l'aire de la civilisation grecque : parcourant rapidement les étapes qui séparaient leur barbarie relative du niveau de culture atteint précocement par l'Hellade, elles se sont assimilé, avec une remarquable facilité d'adaptation, la civilisation hellénistique. Ce fait est si éclatant que les Anciens eux-mêmes en ont eu conscience; est-il nécessaire de rappeler le vers fameux d'Horace : « La Grèce vaincue a conquis à son tour son sauvage vainqueur et a apporté la civilisation au barbare Latium »,

Graecia capta ferum victorem cepit et artes
intulit agresti Latio[1].

Il n'y a pas d'un côté une civilisation hellénistique, de l'autre une civilisation latine, mais, comme l'exprime bien l'allemand avec son commode pédantisme, une *hellenistisch-römische Kultur*. S'il demeure légitime de parler d'une culture latine, c'est en tant que faciès secondaire, variété particulière de cette civilisation

1. HOR. *Ep.* II, 1, 156.

unique. Dans l'éducation, par exemple, l'apport original de la sensibilité, du caractère et des traditions de Rome n'apparaît que sous forme de retouches de détail et de tendances favorisant ou inhibant tour à tour tels aspects de la pédagogie grecque.

Etapes de l'influence grecque. Il importe de dater cette intégration et d'en marquer les étapes : si l'élaboration technique de l'éducation romaine classique ne s'est achevée, comme on va le voir, qu'à la fin du Ier siècle avant Jésus-Christ, l'essentiel était acquis dès le IIe, sous l'effet de la conquête de l'Orient grec : c'est ce qu'on a pu appeler « la Révolution spirituelle du second siècle » (1). Mais ce ne fut là que la dernière phase, décisive et particulièrement féconde, d'un processus d'initiation qui avait commencé beaucoup plus tôt.

Il remonte en somme aux origines mêmes de Rome : celle-ci se trouvait située sur la marge, sur les confins du monde grec qui commence tout près d'elle, à Cumes, fondée un peu plus tôt, vers 775-750 (2) et qui rayonne alentour. Rome n'a jamais été tout à fait indemne de contamination hellénique. Elle a subi cette influence, indirectement d'abord, à travers les Etrusques qui avaient tant reçu des Grecs (et jusqu'à la fin du IVe siècle l'éducation étrusque attire les fils de l'aristocratie romaine [2]) (3); à travers la Campanie, elle aussi très tôt et très profondément hellénisée, et dont le rayonnement, dès le VIe siècle, est très sensible en pays latin (4). Contacts directs au Ve et surtout au IVe siècle grâce à l'afflux d'éléments grecs ou hellénisés dans la plèbe romaine; l'influence grecque, dès lors, apparaît partout, dans la vie religieuse (5), l'art [3], et jusque dans la structure des remparts mêmes de Rome : le mur de Servius, s'il date de 378, atteste les rapports étroits qui existaient alors entre Rome et Syracuse [4] (6).

Le mouvement repart avec une force nouvelle, après 340, quand Rome s'unit à cette Campanie osque si anciennement pénétrée d'hellénisme (7). Nous connaissons assez bien la Pompéi préromaine, cette « ville hellénistique », pour entrevoir quelque chose de son système d'éducation; la jeunesse aristocratique y était groupée dans une formation, la « jeune garde pompéienne », la VEREIIA PUMPAIIANA [5] visiblement modelée sur le type de l'éphébie

2. LIV. IX, 36, 3; cf. CIC. *Div.* I, 92. — 3. PL. *N. H.* XXXV, 154. — 4. LIV. VI, 32, 1. — 5. CONWAY, I, 42.

hellénistique, ayant pour centre une magnifique palestre, de pur style grec (8) : ce sont bien là, on le sait, les institutions caractéristiques qui signalent l'implantation de la culture hellénistique en pays barbare (9).

L'influence grecque ne cessera plus de croître, avec la conquête de ce qui subsistait de la Grande-Grèce (Tarente, 272) et celle de la Sicile (241-212), puis, à partir de 214 et surtout de 200, avec la longue série des guerres d'Orient qui aboutirent à l'annexion de la Macédoine (168) et de la Grèce (146); enfin et peut-être surtout (car la riche et florissante Asie importait plus, à cette date, que l'exsangue Grèce propre) avec l'annexion en 132 du royaume de Pergame : l'empire romain est désormais, ce qu'il restera toujours, un état bilingue dont les frontières englobent toute une série de provinces où l'on parle grec. Tous les historiens ont insisté, à bon droit, sur les transformations profondes que cette invasion de l'hellénisme a entraînées pour Rome : en nul domaine elles ne sont plus notables que dans celui de la culture de l'esprit et par suite de l'éducation.

Car la civilisation grecque que Rome achève, au IIe siècle, de découvrir n'est plus cette fleur délicate, intransportable, qu'avait été l'ancienne civilisation de la πόλις; c'est la civilisation cosmopolite de l'ère hellénistique, habituée à s'exporter : n'était-elle pas parvenue jusqu'au fond du Turkestan, jusqu'au cœur de l'Inde ? Alors qu'elle réussissait à s'implanter en Egypte, en Mésopotamie, en Iran, pays de vieille culture pourtant, comment n'aurait-elle pas conquis ces Italiens, encore neufs, déjà préparés au demeurant par la pénétration antérieure de l'hellénisme, ces Romains, si intelligents, si entendus de leur propre intérêt ? Ils ne furent pas longs à se rendre compte de tout le parti qu'ils pouvaient tirer de cette culture grecque évoluée et mûre, par contraste surtout avec leur culture nationale attardée à un stade d'évolution relativement si archaïque.

Déjà, peut-être, Ap. Claudius Caecus, le célèbre censeur de 312, s'était laissé modeler par l'hellénisme [6]; au IIe siècle, il est normal de voir des hommes politiques romains s'adresser aux Grecs dans leur langue, avec aisance, voire avec éclat, comme on le rapporte du père des Gracques (censeur en 169) qui avait adressé aux Rhodiens un discours dont le souvenir n'était pas effacé au temps de Cicéron [7], ou de Crassus Mucianus qui, au

6. CIC. *Tusc.* IV, 4. — 7. CIC. *Br.* 79.

cours de sa mission en Asie (131), rendait la justice en utilisant tour à tour les cinq dialectes grecs qu'il possédait à fond [8] (10). Le grec fut d'abord, pour les aristocrates romains, la langue internationale, la langue diplomatique, celle de leurs adversaires, puis bientôt de leurs sujets orientaux.

Mais bien vite ils surent découvrir un avantage plus général à adopter la culture grecque : celle-ci n'était-elle pas tout entière orientée vers la maîtrise de l'art oratoire ? Or précisément en vertu de son évolution retardée, Rome, au IIe siècle, faisait à la parole une place aussi belle qu'au Ve siècle l'Athènes des Sophistes : à Rome, comme dans les démocraties grecques, l'homme politique devait savoir conquérir la faveur de la foule, entraîner le vote d'une assemblée, ranimer le courage d'une troupe, persuader un tribunal.

Assez tôt, les plus avisés d'entre les Romains découvrirent à l'école des Grecs [9] quel surcroît d'efficacité la connaissance de la rhétorique pouvait apporter à un politicien ambitieux et bien né. C'est, semble-t-il [10], dès le temps de Caton le Censeur (234-139), qu'apparurent les premiers orateurs latins de formation grecque, quoique Cicéron, meilleur juge que nous, fasse descendre jusqu'à M. Aemilius Lepidus Porcina, consul en 137, l'honneur d'avoir été le premier artiste du verbe digne d'être comparé aux orateurs attiques [11].

Avec la rhétorique et la formation littéraire qui lui servait de base, Rome, de proche en proche, découvrait tous les aspects de la culture grecque. Il faut écouter Polybe nous expliquer complaisamment combien de services la connaissance de l'astronomie peut rendre à un général en campagne, pour régler les étapes et la marche de son armée [12] : on entend là comme un écho des doctes entretiens par lesquels les jeunes nobles du milieu si éclairé où grandit Scipion Emilien se formèrent en écoutant les leçons de leurs maîtres et de leurs amis grecs.

Ce serait cependant se faire, de ce milieu, une idée injuste que de l'imaginer composé de grossiers gentilshommes campagnards, accessibles seulement à des considérations d'intérêt immédiat (11). Ils n'ont pas pu demeurer insensibles aux valeurs proprement humaines de cette culture grecque, à ses aspects les plus nobles et les plus désintéressés : on ne peut pas douter de la sincérité

8. QUINT. XI, 2, 50 ; VAL. MAX. VIII, 7, 6. — 9. CIC. *de Or.* I, 14. — 10. ID. *Br.* 77-81. — 11. *Id.* 96. — 12. POL. IX, 15.

et de la profondeur du philhellénisme d'hommes comme le premier Africain et surtout comme Flamininus, le vainqueur de Cynoscéphales (197), ou Paul-Emile, celui de Pydna (168), et, bien entendu, à la génération suivante, du cercle si remarquable groupé autour du fils de Paul-Emile, Scipion Emilien (12). Entre tant d'anecdotes concernant celui-ci, rappellerai-je comment, voyant flamber Carthage, il fut saisi d'un douloureux pressentiment en songeant, devant la ruine de la ville ennemie, que le même sort pourrait échoir à sa propre patrie [13]. De tels sentiments ne sont pas le fait d'un barbare, ni d'un rustre; il est remarquable que pour les traduire, Emilien cite des vers d'Homère [14] :

Un jour viendra où elle périra la sainte Ilion et Priam et le peuple de Priam à la bonne pique...

Et c'est encore un vers d'Homère [15] qui tombe, lapidaire, de sa bouche quand il apprend la mort de son beau-frère, le tribun révolutionnaire Ti. Gracchus [16] :

Meure comme lui qui voudra l'imiter!

Dans ce milieu, les plus grands noms de la science grecque coudoient ceux de la plus haute noblesse romaine, qu'il s'agisse de l'historien Polybe ou du philosophe Panaitios. Rappellerai-je enfin, un peu plus tard, l'influence d'un Poseidonios sur la société de son temps ?

Ce philhellénisme n'est pas le fait seulement d'un petit cercle aristocratique : Rome tout entière en est imprégnée, comme l'atteste le théâtre qui fait le plus large accueil aux modèles, aux sujets et aux types grecs. Mais, pour ne pas sortir du milieu aristocratique, nous pouvons mesurer la curiosité intelligente de la jeunesse romaine en face des aspects les plus élevés de la culture grecque, à l'accueil enthousiaste qu'elle réservait aux conférenciers hellénistiques qui, venus à Rome en mission diplomatique, y donnèrent, comme ils l'eussent fait en pays grec, des « auditions », ἀκροάσεις : ce fut le cas, en 159 (13), du critique stoïcien Cratès de Mallos, ambassadeur du roi de Pergame [17], en 154 celui des envoyés d'Athènes, les philosophes Carnéade, Diogène de Babylone et Critolaos [18].

13. APP. *Pun.* 132; DS. XXXII, 24. — 14. HOM. *Il.* VI, 448. — 15. ID. *Od.* I, 47. — 16. PLUT. *Ti. Gr.* 21. — 17. SUET. *Gram.* 2, 1. — 18. PL. *N. H.* VII, 112; GELL. VII, 14, 8.

« Ce fut comme un vent qui remplit la ville..., on ne parlait plus d'autre chose [19] », si bien que Caton se hâta d'obtenir du Sénat un décret d'expulsion contre ces disputeurs, « ces hommes qui pouvaient facilement persuader et faire accroire tout ce qu'ils voulaient ».

Car cette invasion des disciplines grecques, accueillies par la plupart avec enthousiasme, se heurtait cependant, dans un secteur de l'opinion, à une violente hostilité, alimentée par l'esprit traditionnel et l'orgueil national : les « vieux Romains », dont Caton le Censeur se fit le porte-parole et demeure à nos yeux le pittoresque symbole, reprochaient à la culture grecque de véhiculer des germes de mollesse et d'immoralité.

Le sénatus-consulte de 154 avait été précédé de plusieurs mesures analogues : en 173, le Sénat avait banni les deux philosophes épicuriens Alcios et Philiscos [20]; en 161, une mesure d'ordre général ordonnait l'expulsion de tous les philosophes et rhéteurs [21].

Il resta toujours quelque chose de cette opposition, même sous l'empire, comme on le voit par Juvénal [22], mais il ne s'agit là que d'une mauvaise humeur, réaction trop naturelle contre la suffisance et le nationalisme exaspéré des *Graeculi*. Elle ne s'est guère traduite dans les faits que par une fausse pudeur, un peu hypocrite, de la part des hommes politiques romains qui rougissaient en public de cet hellénisme dont en fait ils étaient profondément imprégnés : Cicéron, par exemple, affecte encore, dans les *Verrines* [23], d'ignorer le nom de Polyclète, tout comme, deux générations plus tôt, les grands orateurs Crassus et Antoine avaient estimé utile, pour leur publicité, de « paraître, l'un, mépriser, l'autre, ne pas même connaître ces Grecs », avec lesquels pourtant ils avaient un commerce si intime [24].

En réalité, dès le milieu du IIe siècle, la cause de l'hellénisme est gagnée dans le milieu sénatorial. Les personnages les plus graves, et non pas seulement les petits-maîtres dont se gausse Caton [25], s'honorent de parler grec. Caton lui-même, qui adjurait si pathétiquement son fils de fuir les lettres et la médecine grecques [26], estima nécessaire, vers la fin de sa vie, de se mettre à l'étude du grec, de Thucydide et de Démosthène [27] : peut-être, d'ailleurs, ne l'avait-il pas tellement ignoré jusque-là [28].

19. PLUT. *Cat. ma.* 22. — 20. ATH. *XII*, 547 A. — 21. SUET. *Gram.* 25, 1; GELL. XV, 11. — 22. III, 60-108. — 23. *Verr.* IV, 5. — 24. CIC. *de Or.* II, 4. — 25. Ap. MACR. *Sat.* III, 14, 9; POL. XXXIX, 1. — 26. PL. *N. H.* XXIX, 14. — 27. CIC. *Sen.* 3; PLUT. *Cat. ma.* 2. — 28. *Id.* 4, 18.

L'éducation grecque à Rome. Ainsi l'aristocratie romaine adopta, pour ses fils, l'éducation grecque : elle trouvait à domicile un personnel enseignant parmi les nombreux esclaves que la conquête lui procurait; l'exemple le plus ancien en est fourni par Livius Andronicos, un Grec de Tarente, emmené comme esclave à Rome après la prise de sa cité (272); il fut par la suite affranchi par son maître dont il avait élevé les enfants [29] : on sait combien la société romaine fut prodigue de l'affranchissement, qui rachetait par un réflexe humanitaire la barbarie de ce recrutement forcé.

Très tôt, à côté de ce préceptorat privé au sein des grandes familles, apparut un enseignement public du grec, donné dans de véritables écoles : Andronicos déjà enseigne à la fois *domi forisque,* comme précepteur et comme maître d'école [30]. A côté d'affranchis établis à leur compte, on trouvait des esclaves dont les propriétaires exploitaient les talents pédagogiques : un esclave capable d'enseigner était d'un bon rapport (Caton le savait bien [31]), et faisait prime sur le marché [32]. Tous les professeurs de grec n'étaient pas d'origine servile : qu'on songe à Ennius, né dans un municipe allié de Messapie. L'existence d'une clientèle avide d'apprendre attira bientôt dans la capitale nombre de Grecs en quête de fortune : vers 167, Polybe note la présence à Rome d'un grand nombre de maîtres qualifiés [33].

Les familles romaines, soucieuses d'assurer à leurs enfants l'éducation la plus complète, n'épargnaient rien pour leur procurer la meilleure formation grecque : on le voit bien par le cas de Paul-Emile qui entoure ses fils de tout un personnel de professeurs grecs spécialisés [34], qui leur offre la riche bibliothèque du roi Persée, prélevée sur le butin fait en Macédoine [35]. Ou par celui de Cornélie, la mère des Gracques, qu'une anecdote fameuse montre attendant, pour en tirer orgueil, ses deux fils au retour de l'école [36]. Elle dirigeait elle-même leurs études et savait leur choisir les maîtres les plus autorisés : son aîné, Tiberius, eut comme professeur d'éloquence l'illustre Diophane de Mytilène [37] et comme maître de philosophie et directeur de conscience le stoïcien Blossios de Cumes [38].

29. HIER. *Chron.* 187 a. — 30. SUET. *Gram.* 1, 1. — 31. PLUT. *Cat. ma.* 20. — 32. PL. *N. H.* VII, 128; SUET. *Gram.* 3, 3. — 33. POL. XXXI, 24. — 34. PLUT. *Aem.* 6. — 35. *Id.* 28. — 36. VAL. MAX. IV, 4, pr. — 37. CIC. *Br.* 104. — 38. PLUT. *Ti. Gr.* 8; 17; 20.

Ne nous étonnons pas du rôle ainsi joué par une mère romaine; les femmes, elles aussi, avaient accès à la culture grecque; la même Cornélie tenait un véritable salon littéraire, ouvert à tout ce que la Grèce comptait d'esprits d'élite [39] et son cas ne fut pas isolé : il paraît normal à Salluste de trouver Sempronia, la mère de Brutus, le meurtrier de César, « également versée dans les lettres grecques et latines [40] ».

En quête d'une formation grecque complète, les jeunes Romains ne se contenteront plus des maîtres qu'ils peuvent trouver ou attirer à Rome, mais iront la compléter en Grèce où ils partageront les mêmes études que les Grecs de naissance : dès 119-118 des Romains se font admettre au sein du collège éphébique d'Athènes [41]; plus significatif encore est le cas de ces jeunes gens qui vont se mettre à l'école des philosophes et des rhéteurs d'Athènes ou de Rhodes, les plus grands centres universitaires du monde grec, tel le jeune Cicéron lui-même [42] ou tel de ses contemporains [43].

Adaptation à l'esprit latin. Au début, dans la ferveur de la découverte, c'est toute la culture grecque que réclament les jeunes Romains. Paul-Emile donne à ses fils non seulement des professeurs de lettres grecques, grammairiens, sophistes et rhéteurs, mais aussi des peintres, des sculpteurs, des écuyers et des veneurs [44]. Pourtant les arts plastiques n'occupaient qu'une place bien effacée dans l'éducation hellénistique. Mais Paul-Emile avait voulu donner à ses fils une éducation vraiment royale, à laquelle aucun des aspects de l'humanisme grec ne serait étranger.

Un certain engouement se manifesta pour la musique, le chant et la danse, si caractéristiques de la vie hellénique [45]; mais bien vite il se trouva l'objet d'une vive réaction de la sensibilité nationale, au nom de la « gravité » romaine : déjà Scipion Emilien [46] ne parle des écoles de musique et de danse que pour flétrir le penchant de ses jeunes contemporains pour cet art déshonnête et impudique, bon pour des histrions, non pour des enfants de naissance libre et *a fortiori* de rang sénatorial. Il fut bientôt admis que c'était là des plaisirs de mauvais ton, qu'on abandonnait aux fêtards et aux

39. ID. *C. Gr.* 19. — 40. SALL. *Cat.* 25, 2. — 41. *IG.* II², 1008. — 42. CIC. *Br.* 307; 312; 315-316. — 43. *Id.* 245. — 44. PLUT. *Aem.* 6. — 45. MACR. *Sat.* III, 14, 7; 10; CIC. *de Or.* III, 87; *Pis.* 22. — 46. Ap. MACR. *Sat.* III, 14, 7.

débauchés [47] et qui ne convenaient pas à la dignité d'un Romain de bonne naissance [48].

L'étude de la musique était un peu mieux tolérée chez les jeunes filles, à titre d'art d'agrément [49]; et pourtant, même là, une certaine austérité proprement romaine trouvait à s'exercer : Salluste, dans le passage où il nous présente la mère de Brutus, qui se trouva compromise dans le milieu suspect de Catilina, nous dit qu'elle jouait de la lyre et dansait « mieux même qu'il n'eût convenu à une honnête femme », *elegantius quam necesse probae* [50].

Ce jugement nuancé exprime bien la position à laquelle semble s'être finalement tenue la société romaine : les arts musicaux ont bien été intégrés à la culture, comme un des éléments nécessaires du luxe et de la vie élégante, mais plutôt à titre de spectacle que comme un art d'amateurs (14). Dès lors, la musique et la danse tendent à être, sinon tout à fait abandonnées, du moins négligées par l'éducation libérale [51] : non qu'on les ait jamais formellement exclues de celle-ci. D'Auguste aux Sévères, l'usage persistera, imité des pays grecs, de faire chanter un hymne par des chœurs de jeunes garçons et de jeunes filles nobles à certaines fêtes solennelles, et notamment aux jeux séculaires [52]. Plus significative encore est la place qui reste faite à la musique [53] et aux arts plastiques [54] dans les biographies impériales. Il n'importe pas à notre propos de classer et de critiquer ces témoignages, de valeur bien diverse : il me suffit de constater qu'ils attestent qu'aux Ier-IIe siècles de notre ère, comme aux IVe-Ve, l'art fait toujours partie de l'idée qu'on se fait de l'éducation d'un empereur et l'empereur, on le sait (15), définit le type idéal de l'humanité.

Opposition à l'athlétisme. Même réaction, plus nette peut-être encore, vis-à-vis de l'éducation physique, si essentielle pourtant à la παιδεία de type grec. L'athlétisme n'entrera jamais dans les mœurs latines :

47. CIC. *Cat.* II, 23; SEN. *Contr.* I, pr. 8. — 48. NEP. *Epam.* I, 2. — 49. OVID. *Am.* II, 4, 25 s.; *AA.* III, 311 s. — 50. SALL. *Cat.* 25, 2. — 51. QUINT. I, 12, 14; cf. MART. V, 56. — 52. HOR. C. *Sec.* 6; cf. C. IV, 6, 31; CATULL. 34, 2; DESSAU, 5050, 147 s.; *Aép.* 1932, 70, 58-9; 84. — 53. SUET. *Tit.* 3, 2; *Ner.* 20, 1; *Cal.* 54, 1; cf. TAC. *Ann.* XIII, 3, 7; SHA. *Hadr.* 14, 9; *Elag.* 32, 8; *Alex. S.* 27, 7; 9. — 54. TAC. *Ann.* XIII, 3, 7; SUET. *Ner.* 52; SHA. *Hadr.* 14, 8; *M. Aur.* 4, 9; *Alex. S.* 27, 7.

il demeurera, aux yeux des Romains, l'attribut spécifique de l'hellénisme [55]. A la différence des Osques de Campanie, ils ne se décideront pas à l'adopter : j'ai déjà montré dans quel sens original s'orientera le développement du sport proprement romain tel que le pratiqueront les associations de jeunesse sous l'Empire, le cirque et l'amphithéâtre y supplantant le stade et la palestre.

Scipion, le premier Africain, en 204, affectait bien, en Sicile, de s'habiller à la grecque et de prendre part aux exercices du gymnase, mais c'était peut-être là une politique voulue pour se concilier les Siciliens, et sa conduite souleva un vif scandale [56]. Il ne fut pas suivi : les compétitions athlétiques pénétreront bien à Rome (elles figurent dans le programme des jeux à partir de 186 avant Jésus-Christ [57] et se multiplient sous l'Empire) (16), mais, plus encore que la musique, à titre de spectacles, dont les performances sont réservées à des professionnels. Les efforts dépensés, en particulier par Néron [58], pour attirer sur le stade les membres de l'aristocratie se heurtèrent à une violente réaction de l'opinion et n'eurent que des succès exceptionnels [59].

Si la pratique des exercices gymniques entra dans la vie romaine, ce fut sous la catégorie de l'hygiène et non du sport, à titre d'accessoire de la technique des bains de vapeur. Architecturalement, la « palestre » romaine est une dépendance des thermes, hypertrophiés par rapport aux aménagements de sport, si on les compare à leurs modèles grecs; quant au « gymnase » romain, ce n'est plus qu'un jardin de plaisance, un « parc de culture » (17).

En face de la gymnastique grecque, les Romains réagirent bien comme des « Barbares » : leur pudeur était choquée par le nu et ils voyaient dans la pédérastie (dont le gymnase était le milieu naturel) une honte et non un titre de gloire pour la civilisation grecque [60]. Avec leur santé morale, c'était leur sens du sérieux profond de la vie qui s'opposait au goût grec du sport, cette activité gratuite, inutile. Le Romain de la République n'a pas de temps à consacrer à des loisirs élégants : Polybe, qui félicite son jeune ami Scipion Emilien de son goût vraiment royal pour la chasse, qu'il partageait avec lui, en bon gentilhomme achéen, frère spirituel de Xénophon, note que la plupart des autres jeunes nobles romains n'avaient pas le temps de s'y adonner, vu qu'ils

55. VITR. V, 11; STRAB. V, 246. — 56. LIV. XXIX, 19, 12. — 57. ID. XXXIX, 22, 2. — 58. TAC. *Ann.* XIV, 20; 47, 4. — 59. *Schol.* JUV. IV, 53. — 60. ENN. ap. CIC. *Tusc.* IV, 70; PL. *N. H.* XV, 19; TAC. *Ann.* XIV, 20, 5-6; PLUT. *Qu. Rom.* 274 CD; *Cat. ma.* 20.

ne songeaient à rien autre qu'à plaider ou à faire de la politique [61], — à remplir leurs devoirs de citoyens.

Ainsi sur ces deux points, l'art et le sport, l'esprit national romain opposa une réaction originale qui vint corriger la tendance, par ailleurs triomphante, à adopter, telle quelle, l'éducation hellénistique. Cependant, il convient de rappeler que la musique et la gymnastique, ces traits si caractéristiques de la plus ancienne éducation grecque, étaient déjà en voie de régression dans la culture grecque des derniers siècles avant notre ère. Comme tous les caractères régressifs d'une culture, ils subsistaient par prescription, mais leur vitalité n'était plus assez forte pour s'imposer et s'exporter. En réalité, même en Grèce, la musique et le sport tendaient également à devenir la chose de professionnels et de spécialistes et, pour le commun du public, à n'être plus que des spectacles. C'est sous cette dernière forme que la musique et le sport hellénistiques sont réellement vivants : il est remarquable de constater que c'est précisément sous cette forme qu'ils s'introduisent dans la culture et la vie romaines. Mais en tant qu'éléments de l'éducation libérale, leur prestige rémanent était déjà trop affaibli dans leur patrie d'origine pour pouvoir s'imposer à l'imitation des Latins.

Naissance des écoles latines. L'influence grecque sur l'éducation romaine se révèle beaucoup plus étendue encore : elle se présente sous une double forme; en même temps que l'aristocratie romaine élève ses enfants à la grecque, en fait des Grecs cultivés, elle double cette éducation étrangère d'un cycle parallèle d'études, exactement calqué sur celui des écoles grecques, mais transposé en langue latine. En face des écoles où s'enseignaient les disciplines grecques, on vit s'ouvrir une série parallèle d'écoles latines : primaires, secondaires et supérieures. L'apparition de cet enseignement nouveau s'est effectuée, pour chacun des trois degrés, à une époque et dans un contexte historique différents. L'école primaire apparaît dès le VIIe-VIe siècle, l'enseignement secondaire au IIIe, le supérieur au Ier seulement.

61. POL. XXXI, 25.

Écoles primaires. Les origines de l'école primaire remontent très haut : Plutarque, sans doute, assure que le premier à avoir ouvert une école payante fut un certain magister du nom de Sp. Caruilius, un affranchi du consul de 234[62]; mais, si le renseignement est valable, il ne porte que sur le caractère mercantile et public de l'institution. Les textes pittoresques de Tite-Live qui prétendent évoquer des écoles primaires du type classique à Rome en 445 (449)[63], chez les Falisques peu après 400[64], ne peuvent bien entendu être pris en considération, mais il n'est pas douteux cependant que l'enseignement élémentaire des lettres a dû apparaître à Rome bien avant le IVe siècle.

Nécessairement lié à l'usage normal de l'écriture, il doit, comme l'adoption de celle-ci, remonter à la période étrusque de la Rome royale. On sait en effet que les Latins ont emprunté leur alphabet aux anciens Étrusques. Or, par une chance inattendue, nous pouvons entrevoir ce qu'étaient les méthodes de l'enseignement primaire étrusque (nous possédons à son sujet des documents directs plus anciens que ceux que nous a fournis la Grèce). De 600 avant Jésus-Christ environ date la charmante tablette d'ivoire (18) de Marsigliana d'Albegna qui porte gravée sur le bandeau supérieur de son cadre un alphabet archaïque très complet, évidemment destiné à servir de modèle au scribe novice qui s'exercerait sur la cire de la tablette. Nous possédons sept autres exemples de tels alphabets modèles, échelonnés tout au long du VIIe siècle; l'un d'eux est accompagné d'un syllabaire : il est clair que la pédagogie étrusque suivait la même progression que la grecque; nul doute que les Etrusques n'aient emprunté leurs méthodes pédagogiques en même temps que le secret de l'écriture à leurs premiers maîtres grecs (19).

Par analogie, nous pouvons supposer que les mêmes méthodes étaient à la même époque celles de l'enseignement élémentaire latin; la célèbre fibule d'or de Préneste, qui porte, gravée à l'étrusque, de droite à gauche, la dédicace :

MANIOS : MED : PHE·PHAKED : NVMASIOI

« Manius m'a faite pour Numerius[65] », atteste que dès le VIIe siècle l'usage de l'écriture (et donc son enseignement) était assez

62. PLUT. *Qu. Rom.* 278 E. — 63. LIV. III, 44, 6; cf. DH. XI, 28. — 64. LIV. V, 27. — 65. CIL. I², 3 = DESSAU 8561.

commun, et cela non seulement à Rome même, tête de pont de l'influence étrusque au-delà du Tibre, mais aussi, déjà, dans le reste du Latium.

Enseignement secondaire. L'enseignement secondaire latin apparaît beaucoup plus tard, au milieu du IIIe siècle avant Jésus-Christ. Ce retard ne saurait étonner : l'enseignement secondaire classique reposait en Grèce sur l'explication des grands poètes et d'abord d'Homère. Comment Rome aurait-elle connu l'équivalent d'une telle étude, puisqu'elle ne possédait pas de littérature nationale ? D'où ce paradoxe, qui n'a peut-être pas été assez souligné : la poésie latine fut précisément créée pour fournir une matière d'exégèse à l'enseignement, sans doute pour répondre à une exigence du nationalisme romain qui ne se serait pas longtemps satisfait d'une éducation uniquement donnée en grec.

Le premier poète latin, qui est aussi le premier professeur de littérature latine, est ce même Livius Andronicos de Tarente que nous avons signalé comme le premier en date des maîtres de grec ayant enseigné à Rome. Il traduisit l'*Odyssée* en latin, en se servant du vieux mètre indigène, le saturnien. Cette traduction était très littérale, vers par vers : ainsi α1, « Dis-moi, ô Muse, l'homme aux mille tours », était rendu par :

Virum mihi Camoena insece versutum [66].

Mais il ne faudrait pas imaginer qu'elle ait eu, dans sa pensée, le but d'aider, telle une traduction juxtalinéaire, ses élèves à s'initier au grec d'Homère. Cette traduction était pour Andronicos un texte, qu'il expliquait, *praelegebat,* parallèlement aux classiques grecs [67].

Sans doute, ce ne fut pas là l'unique source de la première poésie latine (20), mais longtemps celle-ci conserva ce caractère, étrange pour nous, d'être intimement liée à la nécessité d'alimenter les programmes de l'enseignement secondaire : deux générations après, Ennius, un demi-Grec lui aussi, continue à expliquer, à côté des auteurs grecs, ses propres poèmes, promus, eux aussi, dès leur apparition, au rang de « classiques [68] ».

66. GELL. XVIII, 9, 5. — 67. SUET. *Gram.* 1, 1. — 68 *Ibid.*

Assez tôt, au moins, semble-t-il, vers le temps des Gracques, cet enseignement devint autonome et fut pris en main par des *grammatici Latini,* parallèles aux grammairiens chargés du grec. Mais il continua longtemps à être gêné par le manque de prestige et le peu de valeur culturelle des textes expliqués : le vieil Andronicos restait au programme [69], Ennius lui disputait bien le premier rang, mais c'était là une piètre concurrence à Homère! On peut conjecturer [70] que dès le IIe siècle les comiques latins furent adoptés par les écoles : pouvait-on dédaigner ce renfort ? Et comment ne pas accueillir les imitateurs et émules de ce Ménandre qui était par ailleurs inscrit au programme des grammairiens grecs ?

Mais c'est seulement au temps d'Auguste que l'enseignement secondaire latin prit sa forme définitive et put rivaliser en valeur éducative avec le grec, lorsqu'un affranchi d'Atticus, Q. Caecilius Epirota, peu après 26 avant Jésus-Christ, prit l'initiative hardie de choisir comme auteurs à expliquer « Virgile et les autres poètes nouveaux [71] », au premier rang desquels il faut sans doute compter Horace. Dès lors, aussi longtemps que subsistera l'école antique, jusqu'aux ténèbres des temps barbares, le programme restera immuable : avec les comiques, et surtout Térence, ce sont les grands poètes du siècle d'Auguste, et Virgile avant tous, qui resteront à la base de la culture littéraire latine. Désormais un Romain cultivé est un homme qui possède son Virgile, comme un Grec Homère : trésor de sagesse et de beauté déposé au plus profond de la mémoire, dont les vers remontent à la conscience chaque fois qu'on éprouve le besoin d'exprimer, de souligner ou de cautionner un sentiment ou une idée.

Quant à l'autre aspect de l'enseignement secondaire, l'étude théorique de la langue, il n'a été connu à Rome, bien entendu, qu'après sa création à Rhodes par Denys le Thrace : le premier traité consacré en latin à cette science nouvelle paraît avoir été le *De Grammatica* qui constituait le *lib.* I des *Disciplinarum libri* de Varron (116-27 avant Jésus-Christ) (21).

Enseignement supérieur : les rhéteurs latins.

L'enseignement supérieur, sous sa forme dominante, la rhétorique, n'est apparu à Rome, sous sa forme latine, qu'au Ier siècle avant notre ère et ne s'est pas acclimaté sans difficulté. La première école de rhéteurs latins fut

69. HOR. *Ep.* II, 1, 70-71. — 70. Cf. GELL. XV, 24. — 71. SUET. *Gram.* 16, 2.

ouverte en 93 par L. Plotius Gallus, un client de Marius [72]; dès l'année suivante, elle était fermée par un édit des censeurs aristocrates Cn. Domitius Ahenobarbus et L. Licinius Crassus [73], comme une innovation contraire à la coutume et à la tradition des ancêtres.

La mesure avait certainement une portée politique (22) : il faut y voir plus qu'un geste hostile de ces censeurs aristocrates contre une initiative émanant du clan rival. C'est l'esprit même qui animait l'école nouvelle qui pouvait inquiéter les conservateurs. Nous pouvons nous faire une idée précise de la pédagogie de Plotius grâce au manuel anonyme que représente la *Rhétorique dédiée à Herennius,* composé entre 86 et 82 par un élève de cette école.

Il reflète un enseignement de type très « moderne », nettement opposé à la rhétorique classique des écoles grecques : bien qu'il soit évidemment nourri de celle-ci (et notamment d'Hermagoras), l'auteur cherche à réagir contre l'encombrement des règles [74]; il veut rapprocher l'enseignement de la pratique et de la vie. Aux sujets traditionnels de déclamation, du type Oreste et Clytemnestre [75], il préfère délibérément des thèmes empruntés à la vie romaine réelle : questions de droit maritime ou successoral [76], et surtout débats reflétant la vie politique contemporaine. Le questeur Cépion doit-il être condamné pour s'être opposé à la loi frumentaire du tribun Saturninus [77] ? Peut-on absoudre le meurtrier du tribun P. Sulpicius (tué en 88 sur l'ordre de Sylla) [78] ? Le Sénat délibère, pendant la guerre sociale (91-88), sur la question d'accorder le droit de cité aux Italiens [79]. Mort tragique de Tibérius Gracchus... [80].

Sans doute, tous les sujets ne sont-ils pas empruntés à une aussi brûlante actualité et l'argumentation n'est-elle pas systématiquement orientée dans le sens favorable au *populares* (un bon rhéteur doit savoir plaider le pour et le contre) [81] : il n'est pas douteux, pourtant, que l'atmosphère générale de l'école ne se ressente de la position politique de son fondateur.

Il y a plus : l'enseignement traditionnel de la rhétorique, précisément parce qu'il se donnait en langue grecque, qu'il supposait des études plus longues et plus difficiles, était de nature à satisfaire les conservateurs : interdire l'enseignement des rhéteurs latins était pour eux un moyen de réserver aux fils des familles

72. *Id.* 26 (CIC.); SEN. *Contr.* II, pr. 5; HIER. *Chron.* 88 a. — 73. SUET. *Gram.* 25, 2; GELL. XV, 11; CIC. *de Or.* III, 93-94; TAC. *D.* 35. — 74. [CIC.] *Her.* I, 1. — 75. *Id.* I, 17; 25; 26. — 76. *Id.* I, 19; 20; 23. — 77. *Id.* I, 21. — 78. *Id.* I, 25. — 79. *Id.* III, 2. — 80. *Id.* IV, 55. — 81. *Id.* cf. I, 21; II, 17...

riches et nobles le bénéfice de cet art prestigieux de la parole, si utile dans les luttes du forum, que l'école marianiste de L. Plotius Gallus offrait en quelque sorte au rabais aux jeunes ambitieux sortis du peuple.

L'œuvre de Cicéron. Contré par cette mesure, l'enseignement latin de l'éloquence ne se releva qu'à la fin du siècle, à la suite de l'œuvre entreprise par Cicéron. Résultat paradoxal, car Cicéron, élevé dans un milieu aristocratique, avait été écarté de l'école latine et avait appris lui-même la rhétorique en grec (23).

Mû par un sincère patriotisme, le grand orateur consacra une bonne partie de ses efforts, tout au long de sa carrière, à rendre possible l'étude de son art en latin. D'abord ses propres discours représentaient les modèles mêmes que les jeunes Latins pourraient étudier et imiter, plus utilement pour eux que les chefs-d'œuvre attiques. D'autre part, ses traités, poursuivant l'œuvre amorcée par l'école de Plotius, fournissaient le matériel technique permettant de se passer des théoriciens grecs : qu'il s'agisse de manuels comme le *De Inuentione,* œuvre de sa jeunesse, simple adaptation latine de l'enseignement de son maître Molon, ou les *Partitions oratoires,* ou des grands traités d'esthétique et d'histoire, *De Oratore, Brutus, Orator.*

C'est peut-être Cicéron lui-même qui donna l'exemple : nous savons qu'il révélait les secrets de son art à ses jeunes disciples; de toute façon, il paraît certain que dès le temps d'Auguste (24), un enseignement latin de la rhétorique double normalement, pour les Romains, celui du rhéteur grec.

L'œuvre philosophique de Cicéron, du *De Republica* au *De Officiis,* avait la même portée que son œuvre oratoire : créer en latin une langue technique qui permît de « *volgarizzare* » l'étude de la pensée grecque : dès lors, il devenait possible d'instituer un enseignement proprement romain de la philosophie.

La philosophie reste grecque, Mais, sur ce plan, son influence fut beaucoup moins féconde que sur celui de l'éloquence. Il n'y eut jamais d'école latine pour la philosophie, sans doute parce que celle-ci ne s'adressait qu'à une minorité d'esprits d'élite que ne pouvait rebuter l'effort supplémentaire de la langue.

Il y eut, certes, une philosophie romaine, à dominante « pythagoricienne », puis épicurienne sous la République, stoïcienne sous l'Empire, néo-platonicienne aux IIIe-Ve siècles; il y eut, après Cicéron, des philosophes qui pensèrent et écrivirent en latin. Mais on constate que beaucoup, sortis pourtant d'un milieu social réellement romain, n'en ont pas moins utilisé le grec comme moyen d'expression : c'est le cas des Sextii, de Cornutus, de Musonius, de l'empereur Marc-Aurèle. Fait plus significatif encore, même ceux qui composèrent leur œuvre en latin avaient fait en grec leurs études philosophiques : la chose est bien visible pour Sénèque (25) et Apulée [82].

Ainsi que la science. On fera la même constatation en ce qui concerne le haut enseignement scientifique, lui aussi demeuré uniquement grec. En fait d'études mathématiques, les Latins n'ont développé de leur côté que celles, plus techniques que proprement scientifiques, de l'architecture et de l'arpentage (26), — celle-ci de façon d'ailleurs très originale, comme en témoigne la curieuse littérature du *corpus* des *Agrimensores*. On pourra, si l'on veut, retrouver là, comme les Latins nous le suggèrent eux-mêmes [83], l'esprit pratique des Romains, peu portés à la recherche désintéressée. Mais il faut rappeler aussi que ces études scientifiques n'occupaient que peu de place dans l'éducation hellénistique : plus encore que la philosophie, elles n'intéressaient qu'une infime minorité de spécialistes; à quoi bon créer, pour ces vocations exceptionnelles, un enseignement spécial en latin : l'obstacle de la langue ne comptait pas et d'ailleurs, comme la philosophie, l'objet de ces études n'était-il pas une Vérité qui transcendait tout langage ?

La médecine romaine. Seul l'enseignement de la médecine finit par être naturalisé à Rome; mais il est remarquable que ce fut à une date tardive. Sous la République et pendant tout le Haut-Empire, l'enseignement professionnel de la médecine se donne encore en grec. Les traités latins de médecine,

82. *Flor.* 20. — 83. CIC. *Tusc.* I, 5.

comme ceux de Varron ou de Celse, relèvent simplement de cet encyclopédisme pratique à l'usage du *paterfamilias* dont j'ai esquissé le programme. Il existe bien un enseignement officiel de la médecine confié aux médecins-chefs du service de santé publique, *archiatri* (27) (le nom comme la chose étaient venus d'Orient), mais il se donnait en grec.

C'est seulement au Bas-Empire, au IVe et surtout au Ve siècle, qu'apparaît une littérature médicale (et vétérinaire) en latin : elle est d'ailleurs composée, pour l'essentiel, de traductions de manuels grecs (28). Cette floraison tardive s'explique par la réaction naturelle du milieu social (l'Occident ne pouvait se passer de médecins) devant un phénomène qu'il nous faut maintenant étudier : le recul des études grecques et bientôt l'oubli du grec en Occident, fait caractéristique de l'histoire culturelle de la basse antiquité.

CHAPITRE III

La question des langues : grec et latin

Ainsi, un Romain cultivé le sera dans les deux langues, le grec et le latin, *utriusque linguae,* selon l'expression consacrée, depuis Horace [1] (1). Trait remarquable, par lequel le classicisme romain ouvre la voie aux formes modernes de l'humanisme qui reposent sur l'étude d'une langue auxiliaire, d'une langue de culture, véhicule d'une tradition à laquelle on reconnaît une supériorité essentielle et une valeur exemplaire.

Les Latins ont toujours respecté dans la culture grecque la source de leur propre développement spirituel [2], je dirai même qu'ils ne se sont jamais tout à fait dépouillés d'un certain complexe d'infériorité à cet égard [3]; en particulier, ce fut toujours [4] un lieu commun chez eux que de déplorer la « pauvreté » de leur langue vis-à-vis de la splendeur du grec.

Les premiers, ils ont su systématiquement exploiter le bénéfice de l'étude d'une langue étrangère pour approfondir la maîtrise de leur langue nationale : comme nos écoliers, les petits Romains pratiquaient l'exercice de la traduction du grec en latin et du latin en grec [5]; ils s'appliquaient à mettre en parallèle Cicéron et Démosthène [6], Homère et Virgile [7] (on se souvient que la « comparaison », σύγκρισις, est un des *progymnasmata* qui conduisent à la rhétorique); de Varron [8] au Bas-Empire [9], les grammairiens latins recourent à l'étude parallèle des deux langues, préludant à notre « grammaire comparée du grec et du latin (2) ».

Nous sommes bien à l'origine des méthodes caractéristiques de notre propre enseignement classique. Il faut en faire honneur aux Latins : l'humanisme hellénistique s'est toujours refusé à accor-

1. *C.* III, 8, 5. — 2. QUINT. I, 1, 12; PL. *Ep.* VIII, 24, 4. — 3. VIRG. *En.* VI, 847 s.; LUCR. I, 832; cf. 139. — 4. ID. III, 260; PL. *Ep.* IV, 18. — 5. QUINT. X, 5, 2-3; PL. *Ep.* VII, 9; SUET. *Gram.* 25, 5. — 6. QUINT. X, 1, 105 s. — 7. JUV. VI, 436; XI, 180. — 8. VARR. *LL.* V, 96 s. — 9. MACR. *Diff.*; *Gram. Lat.* IV, 566 s. (SERV.).

der une place, dans son programme d'éducation libérale, à aucune des langues étrangères, — à ses yeux « barbares ». La culture grecque, à la différence de la latine, se sait et se sent originale et autonome.

Bien entendu, il y aura, de Polybe à Plutarque, des Grecs pour s'intéresser aux choses romaines avec intelligence et sympathie, mais ce seront des spécialistes, des agents de liaison culturels, non des représentants de la culture normale.

Cette attitude, faite d'ignorance et de dédain [10], est assez naturelle sous la République, quand la culture latine est encore à peine éclose et quand Rome n'est pour les pays grecs qu'une étrangère, une ennemie, un conquérant, un maître tyrannique. Mais elle ne s'est pas sensiblement modifiée sous l'Empire lorsque les Grecs ont pratiquement abdiqué leur ressentiment de vaincus (3) et se sont sentis intégrés [11], au même titre que les Italiens et les Occidentaux, à cette vaste patrie, dilatée aux limites du monde civilisé, qu'était devenue la cité romaine [12].

Le monde romain est bilingue. L'empire romain n'a pas connu d'unification linguistique répondant au double mouvement d'unification politique et culturelle (issu l'un de Rome, l'autre de la Grèce) qui avait si puissamment soudé les deux moitiés du monde méditerranéen : il demeura divisé en deux zones d'influence, appartenant chacune à l'une de ses deux langues de culture. On peut tracer sur la carte la frontière qui les sépare (4); elle s'est établie à travers des pays d'abord peu civilisés où le grec et le latin s'étaient substitués ou du moins surimposés aux parlers nationaux : il n'y eut pas à signaler de conquête notable de l'une sur l'autre, à part la latinisation de la Grande-Grèce et de la Sicile et la résorption, au profit de l'hellénisme, des colonies essaimées par Rome en pays grec le long de la *Via Egnatia* (5).

C'est que l'Etat romain, précisément à cause du prestige dont jouissait la culture grecque, n'a jamais sérieusement tenté [13] d'imposer le latin à ses sujets orientaux. L'administration romaine a toujours ignoré les langues barbares (celtique, germanique, etc.); par contre, elle reconnaît en quelque sorte officiellement l'existence

10. CIC. *de Or.* II, 77. — 11. ARSTD. XXVI K. — 12. RUT. NAM. I, 63 s. — 13. Contra : VAL. MAX. II, 2; AUG. *Civ. Dei*, XIX, 7.

du grec : les actes officiels, sénatus-consultes, édits, concernant les provinces orientales, sont traduits et affichés en grec; la chancellerie impériale, de Claude au Bas-Empire [14], possède deux directions parallèles pour la correspondance, dirigées respectivement à partir d'Hadrien par les procurateurs *ab epistulis Latinis* et *ab epistulis Graecis* (6). Sans doute, le grec n'obtint jamais d'être reconnu comme l'égal du latin : celui-ci reste la « langue nationale », πάτριος φωνή, comme dira encore Justinien [15] : les testaments sont obligatoirement rédigés en latin jusqu'à Sévère Alexandre, et souvent encore après [16]. En principe, les magistrats sont tenus de se servir du latin dans l'exercice de leurs fonctions [17], et le souvenir de cette « vieille loi » se conservera longtemps [18]; c'est seulement sous Arcadius que les juges seront autorisés à rendre leurs sentences directement en grec [19]. Mais, en fait, les fonctionnaires romains, qui comprenaient et parlaient le grec, trouvaient expédient de se passer d'interprètes : devant les tribunaux, l'interrogatoire et les débats se faisaient en grec [20] : pour n'en citer qu'un exemple, une inscription [21] nous a restitué le compte rendu d'un procès plaidé à Antioche devant l'empereur Caracalla le 27 mai 216 : l'intitulé est en latin (comme devait l'être la sentence), mais au cours des débats, tout le monde parle grec, à commencer par l'empereur.

Seule l'armée est tout entière latine, de cadres et de langue. L'administration civile recrute sur place, dans l'Orient grec, une bonne partie du personnel qu'elle y emploie : non seulement les employés subalternes, mais, pour la grosse majorité, les procurateurs de rang équestre.

Peu de Grecs apprennent le latin.

Dans ces conditions, on ne peut s'étonner que les Grecs aient marqué si peu d'empressement à étudier le latin. Seuls font exception les jeunes gens appartenant à la petite élite des familles aristocratiques que la faveur impériale admet aux honneurs du Sénat : tel Hérode Atticus qui vient apprendre le latin à Rome même, dans la maison d'un ami de sa famille, le consulaire P. Caluisius Tullus, grand-père maternel de son futur élève, l'empereur

14. *Not. Dign. Or.* 17. — 15. JUST. *Nov.* VII, 1. — 16. *P. Oxy.* XXII. — 17. VAL. MAX. II, 2, 2. — 18. LYD. *Mag.* III, 68; cf. II, 12; III, 42. — 19. *C. Just.* VII, 45, 12. — 20. VAL. MAX. VIII, 7, 6; SUET. *Ti.* 71. — 21. *Syria*, 23 (1942-1943), 178-179.

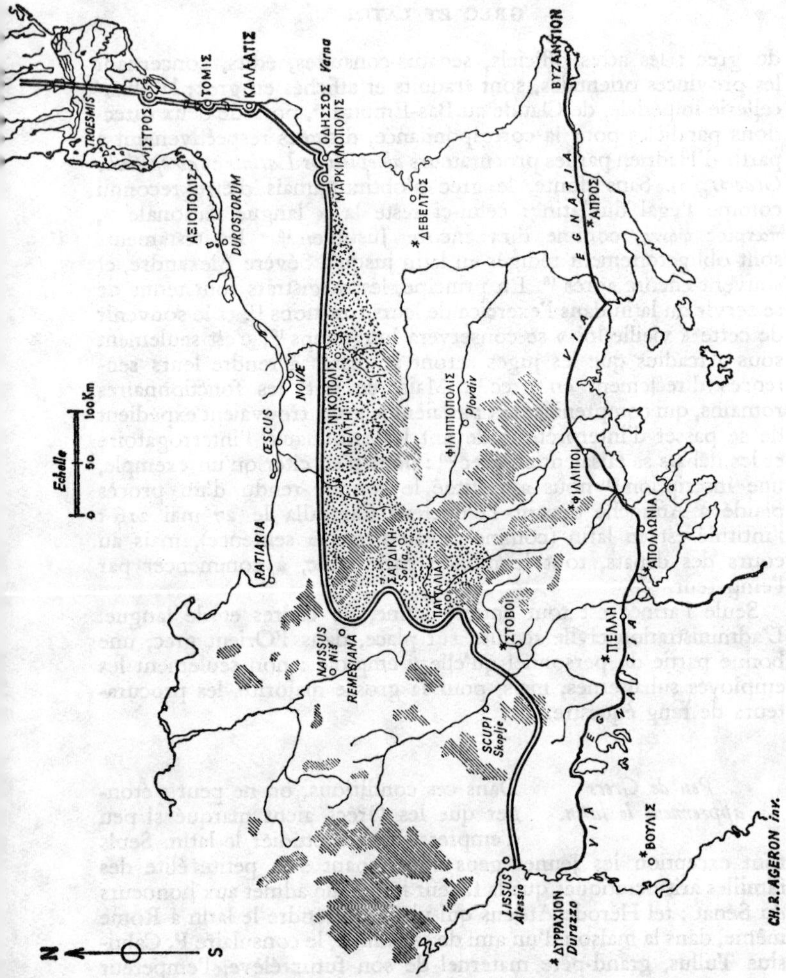

La frontière linguistique de l'Empire romain.

Le trait double marque la frontière entre les zones d'influence du latin (au Nord et à l'Ouest) et du grec (au Sud), au second siècle de notre ère. Le grisé indique les progrès réalisés par le latin à la fin du IIIe siècle. L'astérisque désigne les colonies romaines dont l'élément latin fut progressivement résorbé par l'hellénisme. En hachure, les régions montagneuses au-dessus de mille mètres d'altitude.

Marc-Aurèle [22]. Ou encore ceux qui se destinent à servir dans l'armée ou qui aspirent aux hautes carrières administratives; en fait, la plupart des Grecs qui entrent dans l'administration appartiennent au cadre local des provinces orientales où, le plus souvent, se déroule toute leur carrière : ils ne quittent guère l'Orient que pour Rome, si leur avancement les porte assez haut pour qu'ils soient appelés aux bureaux de la capitale (7).

Il est exceptionnel de rencontrer en pays grec des lettrés s'intéressant à la littérature romaine [23] : l'étude du latin n'y a jamais été intégrée au programme de l'éducation libérale; elle y conserve toujours un caractère d'enseignement technique : c'est avant tout une introduction à l'étude du droit, cette discipline proprement latine [24].

On pourrait peut-être citer quelques exemples de ces jeunes Grecs attirés au latin par l'espoir d'une carrière officielle dès le Ier siècle de notre ère [25]; mais leur nombre ne se multiplie qu'à partir du IIIe, avec cette dynastie des Sévères où, avec Iulia Domna, l'Orient accède à la pourpre : nous connaissons alors beaucoup de jurisconsultes d'origine grecque (Papinien, Ulpien...); nous voyons des jeunes gens, comme le futur saint Grégoire le Thaumaturge et son frère, quitter, vers 239, leur province natale de Cappadoce pour aller se former dans le centre d'études latines et juridiques qu'était devenu Beyrouth [26]. Le mouvement s'amplifie au Bas-Empire : ce n'est pas un hasard si tous les papyrus scolaires latins que nous trouvons en Egypte datent des IVe-Ve siècles; bien des témoignages attestent qu'alors les familles orientales songent volontiers à pousser leurs fils dans cette voie [27] et un rhéteur comme Libanios s'inquiète de la concurrence que lui font les écoles latines de Rome ou de Palestine, entendez : Beyrouth [28].

Ce n'était pas seulement un effet du développement de la machine bureaucratique de l'Etat : il semble bien [29] qu'il y ait eu chez Dioclétien et ses successeurs une politique consciente, visant à développer en Orient la connaissance de la « langue nationale », envisagée comme un facteur d'unité pouvant renforcer la cohésion de l'empire. Aussi voit-on la place occupée par le latin devant les tribunaux d'Egypte aller croissant au cours des IVe et Ve siècles (8). La fondation de Constantinople installe au cœur du pays grec

22. FRONT. *M. Caes.* III, 2. — 23. GELL. XIX, 9, 7. — 24. GREG. TH. *Pan.* 5, 1066 B. — 25. PHILSTR. *V. Ap.* VII, 42. — 26. GREG. TH. *Pan.* 5, 1066 C. — 27. CHRYST. *Adv. opp.* III, 5. — 28. LIB. *Or.* I, 214; XLIII, 5; XLVIII, 22; XLIX, 27. — 29. *Id.* I, 234.

un foyer durable de latinité (9). De fait, c'est au IVe siècle que nous rencontrons des écrivains latins d'origine orientale, hauts fonctionnaires civils comme Claudien d'Alexandrie [30], officiers comme Ammien Marcellin d'Antioche [31].

Mais ce progrès ne fut que relatif et s'arrêta bientôt : dès la fin du IVe siècle, le grec se substitue au latin dans la pratique de l'enseignement à l'école de droit de Beyrouth. A partir de Justinien, comme on le voit par ses *Novelles* [32], l'empereur se résout à légiférer normalement en grec : l'empire, de fait, est devenu un empire hellénique.

Le grec à Rome. Pendant ce temps, en pays latin, le système d'éducation bilingue institué au IIe siècle avant Jésus-Christ n'a jamais été mis en question : il subsiste, au moins en théorie, aussi longtemps que se perpétue la tradition antique. Il est toujours entendu qu'un lettré digne de ce nom doit avoir, dans son enfance, étudié Homère et Ménandre : c'est vrai, pour la Gaule, non seulement pour le temps d'Ausone [33], mais aussi pour celui de Sidoine Apollinaire (né vers 430) (10); pour l'Afrique, non seulement de saint Augustin, mais aussi de saint Fulgence de Ruspe (né en 467) [34]. Le seul problème qui se pose à l'historien, problème d'ailleurs bien délicat (11), est de mesurer aux différentes époques l'authenticité, la profondeur de l'hellénisme ainsi inculqué aux jeunes Romains.

Remontons à l'origine : nous avons constaté combien était réelle la culture grecque d'un Scipion Emilien. A son époque, être cultivé, c'est avant tout savoir le grec. Tout au long du IIe siècle, nous voyons s'affirmer de plus en plus l'importance de cette connaissance pour les Romains : il suffit de feuilleter le *Brutus* de Cicéron, ce monotone catalogue des orateurs du temps passé, pour s'en rendre compte [35]. Dans les années 90 il est normal qu'un Romain cultivé parle le grec comme sa langue maternelle [36]. On trouve même des snobs qui affectent de mépriser leur langue nationale [37]; c'était depuis longtemps une mode chez les lettrés romains d'écrire en grec, notamment des livres d'histoire [38].

30. *Carm. min.* XIX, 3. — 31. XXXI, 16, 9. — 32. JUST. *Nov.* VII, 1. — 33. *Protr.* 46. — 34. FERRAND. 1. — 35. *Br.* 107, 167... — 36. CIC. *de Or.* II, 2-3. — 37. ID. *Br.* 247. — 38. POL. XXXIX, 1.

Le grec de Cicéron. Au terme de cette évolution, Cicéron nous montre l'hellénisme latin parvenu à son plein épanouissement. Cicéron non seulement sait parfaitement le grec, mais a assimilé toute la culture grecque de son temps : à Athènes, à Rhodes, il a poussé ses études de rhétorique et de philosophie [39] aussi loin que pouvait le faire un étudiant grec. Culture profonde : ce n'est pas un vernis superficiel, une affectation. Il traduit Aratos [40], Platon [41], des orateurs [42]; il déclame en grec comme sophiste [43], rédige en grec une partie de sa correspondance [44], émaille de citations et de mots grecs ses lettres familières : avec quelle aisance et quel bonheur d'expression le grec vient s'enchâsser dans le tissu de son latin! On sent qu'il pense en grec et qu'il écrit à des lettrés, comme lui capables d'apprécier ces finesses. Le grec lui sert souvent, en effet, à préciser une nuance de sa pensée, grâce à la richesse de son vocabulaire. Il lui sert aussi à varier l'effet, à plaisanter. Cet emploi, quelquefois intempérant, du grec caractérise sous sa plume un genre particulier de latin familier (c'est dans la correspondance la plus intime qu'il se manifeste surtout) où, par jeu, le lettré qu'est Cicéron s'amuse à utiliser la langue chère à l'homme vraiment cultivé : l'équivalent de l'usage de l'anglais dans les notes personnelles d'un Français de nos jours (je pense à Ch. du Bos ou V. Larbaud), ou mieux du français sous la plume d'un Allemand au temps du baron Grimm. Et ce grec spontané est un grec vivant, qui n'a rien de livresque (Cicéron est même le seul témoin d'un bon nombre des mots grecs qu'il emploie, empruntés au vocabulaire de la κοινή de son temps) (12).

Le recul du grec. Il me paraît certain que Cicéron occupe le sommet de la courbe : après lui, à partir du début de l'Empire, la connaissance du grec n'a pu que décroître à Rome. La chose était inévitable, en présence du progrès et de l'enrichissement propre de la culture latine.

Jusqu'au temps de Cicéron, la partie n'était pas égale entre les deux langues : que comptait Ennius en face d'Homère ? Le grec était alors l'instrument obligatoire de la vraie culture. Il n'en est plus de même après la réforme scolaire de Q. Caecilius Epirota :

39. CIC *Br.* 304-316. — 40. ID. *Arat.* — 41. ID. *Tim.* — 42. ID. *de Or.* I, 155. — 43. ID. *Br.* 310; 315. — 44. PLUT. *Cic.* 24.

du moment que la langue latine se montrait capable, à l'égal de la grecque, de véhiculer les plus hautes valeurs, les deux langues, en un sens, se faisaient concurrence.

Ainsi, après l'œuvre de Plotius Gallus et de Cicéron, il n'est plus indispensable de passer par le grec pour s'initier aux secrets merveilleux de l'art oratoire : l'étude de la théorie rhétorique grecque faisait en somme double emploi.

D'autre part, le temps, les forces de l'enfant sont limités : comment vouloir qu'un jeune Latin pousse l'étude des classiques grecs, qui ne représentent au plus pour lui que la moitié de son programme, aussi loin que le faisaient ses camarades orientaux qui, eux, n'étudiaient rien d'autre ? Etre cultivé, pour un Latin, c'est désormais, avant tout, connaître Virgile et Cicéron. Il s'est passé, à Rome, quelque chose d'analogue à ce que nous observons depuis le XVIIe siècle : le grec a reculé devant le latin comme chez nous les études anciennes devant la concurrence croissante de la littérature moderne. Pédagogiquement, un bilinguisme rigoureux n'est pas une méthode normale : l'expérience de certains pays modernes (13) confirme l'opinion qu'exprimait déjà pour son compte, avec une charmante naïveté, le propre petit-fils d'Ausone, Paulin de Pella, au début du Ve siècle : « Faire apprendre deux langues à la fois convient très bien à une élite et donne de brillants résultats avec les bons élèves. Pour un esprit médiocre, comme le mien, la dispersion de l'effort épuise vite ses moyens... [45] »

Que le grec ait reculé devant le latin ne saurait être mis en doute : au Bas-Empire, la belle unité de la culture hellénistico-romaine est rompue et il existe désormais deux cultures méditerranéennes, un Occident latin et un Orient grec nettement différenciés. La difficulté est de préciser les étapes de ce recul, et en particulier d'en déceler les premiers symptômes : difficulté réelle, car, en apparence, rien n'est changé, l'école romaine ne cessera jamais d'enseigner le grec; ce qu'il faut apprécier, c'est la qualité de cet enseignement, la valeur de ses résultats.

Cependant, dès la fin du Ier siècle, certains symptômes de fléchissement peuvent déjà, si je ne m'abuse, s'observer chez Quintilien. Bien entendu, celui-ci maintient la nécessité d'étudier le grec [46], qu'il connaît bien pour sa part. Il connaît à fond le système de la rhétorique grecque et son vocabulaire compliqué (14), mais c'est là le secteur technique de sa culture, sa spécialité. Il

45. P. PEL. 81-84. — 46. QUINT. I, 1, 12; X, 5, 2 s.; X, 1, 22 s.

connaît bien aussi ses classiques (Homère, etc.)[47], et sait les citer à l'occasion; mais il le fait beaucoup moins souvent et de façon moins naturelle qu'il ne cite Virgile ou Cicéron : ceux-ci sont ses vrais auteurs, ceux dont il se souvient sans effort et auxquels sa pensée se réfère instinctivement. L'hellénisme de Quintilien est déjà plus scolaire qu'humaniste, il est beaucoup moins profond que celui de Cicéron.

Il ne faut pas exagérer la rapidité de cette évolution : en 97, deux ans après la mort de Quintilien, il se trouve cinquante-deux concurrents pour disputer le prix de poésie grecque aux IIIe Jeux Capitolins, et parmi eux se trouvaient des Romains, tel l'enfant prodige, Q. Sulpicius Maximus, qui, âgé de onze ans, concourut avec un poème sur Phaéton, d'ailleurs exécrable, mais qui atteste du moins une bonne connaissance de la langue[48].

Une génération plus tard, Pline le Jeune nous introduit dans un milieu où le grec est resté en honneur (15) : ses amis sont des esprits cultivés *utraque lingua,* qui possèdent les deux langues[49] composent en grec des épigrammes[50] ou des livres d'histoire[51], citent volontiers Homère, jusqu'en plein Sénat[52]. Lui-même a bien appris le grec (enfant prodige à sa manière, il avait composé, à quatorze ans, une tragédie grecque[53]); il a fait sa rhétorique en grec, sous l'illustre Nicétas de Smyrne, en même temps qu'il suivait, en latin, les cours de Quintilien[54]; il fréquente les philosophes[55], écoute les conférences des sophistes[56]. Il se souvient des classiques, cite volontiers dans ses lettres Homère, les comiques, Thucydide, Démosthène : on se croirait toujours au temps de Cicéron!

Mais cette ressemblance est si complète qu'on en éprouve quelque soupçon : n'y a-t-il pas, de la part de Pline et des siens, un peu d'affectation? Visiblement, Pline veut que sa correspondance rappelle celle de Cicéron et il l'imite, consciencieusement, jusque dans son usage du grec : mais qu'il y a loin de cette application, souvent pédante[57], au badinage spontané des lettres à Atticus!

Avançons encore dans le IIe siècle : l'*Histoire Auguste* nous montre Marc-Aurèle[58] ou Lucius Verus[59] étudiant, sous des maîtres distincts, grammaire et éloquence à la fois en latin et en

47. ID. X, 1. 46 s. — 48. DESSAU 5177. — 49. PL. *Ep.* III, 1, 7; VII, 25, 4. — 50. *Id.* IV, 3, 3; IV, 18. — 51. *Id.* VIII, 4, 3. — 52. *Id.* IX, 13, 20. — 53. *Id.* VII, 4, 2. — 54. *Id.* VI, 6, 3. — 55. *Id.* I, 10, 2; III, 11, 5. — 56. *Id.* II, 3. — 57. *Id.* IX, 26, 8-9 (cf. SEN. *Ep.* 27, 5-6). — 58. SHA. *M. Aur.* 2, 2-4. — 59. ID. *Ver.* 2, 5.

grec : pour une fois, on peut accepter son témoignage, puisque nous savons par ailleurs qu'ils ont bien, en effet, étudié la rhétorique à la fois sous Fronton et Hérode l'Athénien. Sans doute, c'était là éducation princière, mais il n'y a pas de raison pour supposer que le siècle des Antonins, si conservateur, n'ait pas de son mieux maintenu la tradition. L'évolution a dû se précipiter au IIIe siècle, et surtout dans la terrible crise qui ébranle le monde romain à partir de 235. Elle se trouve, je l'ai dit, pratiquement accomplie au siècle suivant (16) : rien ne le montre mieux que la situation que présente alors l'Eglise chrétienne.

Longtemps tout entière d'expression grecque, elle avait vu, à partir de la fin du second siècle, les communautés d'Afrique, puis d'Italie adopter le latin comme langue liturgique et théologique. Au IVe siècle, les Eglises d'Orient et celles d'Occident vivent de leur vie propre, chacune un peu à part. Rien ne le montre mieux que les longues difficultés de la crise arienne : pour n'en retenir qu'un épisode, qu'on pense à la situation inextricable où se sont trouvés, dans les années 368-377, les « néo-orthodoxes » ralliés par saint Basile : rien ne les séparait réellement du pape Damase et des Latins; mais ils n'arrivaient pas à le leur faire reconnaître [60], car, littéralement, ils ne pouvaient pas s'entendre, tant les uns et les autres avaient évolué de façon indépendante (17).

Quand les Latins savent encore le grec, c'est un grec scolaire, livresque : dans l'appel pathétique qu'il adresse à Damase du fond de son désert de Syrie, saint Jérôme se refuse à admettre, croyant y déceler je ne sais quel relent d'arianisme, la formule « une ousie, trois hypostases » (celle pourtant que l'orthodoxie devait finalement retenir), « car, dit-il, en grec classique, οὐσία est synonyme d'ὑπόστασις et l'un et l'autre signifient : substance [61]. Il ne paraît pas se douter que le grec est une langue vivante, qu'il existe un grec chrétien, une langue technique de la théologie, qui évolue et se différencie de jour en jour.

Pour expliquer ces difficultés, les contemporains [62] et à leur suite les modernes ont de nouveau invoqué l'insuffisance du latin et la pauvreté de son vocabulaire. Cela ne me paraît pas très juste, car il existait aussi un latin théologique qui s'adaptait rapidement, mais les deux langues évoluaient chacune de son côté : les mots latins vivaient de leur vie propre et ne correspondaient plus aux

60. BAS. *Ep.* 214, 789 AC. — 61. HIER. *Ep.* 15, 3-4. — 62. BAS. *Ep.* 214, 789. GREG. NAZ. *Or.* XXI, 35, 1124 D-1125 A.

mots grecs sur lesquels ils avaient été calqués à l'origine : *substantia* n'est pas l'équivalent d'ὑπόστασις, et *persona* est quelque chose de beaucoup plus riche que πρόσωπον.

Bien entendu, les théologiens du Latran ne représentent pas à eux seuls tout l'Occident. Il faudrait distinguer avec précision les divers milieux, sociaux et culturels. Le grec s'est mieux maintenu dans certains que dans d'autres : la médecine (18), la philosophie surtout, restent des disciplines tributaires du grec ; c'est parmi les fervents du néo-platonisme que se recruteront les derniers hellénistes, Claudien Mamert en Gaule au ve siècle, Boèce en Italie au siècle suivant. Mais ce sont là des vocations exceptionnelles, des esprits d'élite.

Socialement, le dernier milieu qui ait maintenu ferme la tradition du grec est celui des grandes familles aristocratiques de la ville de Rome, traditionnellement conservatrices, attachées aux vieilles coutumes (n'est-ce pas, pour beaucoup, la raison de leur tenace fidélité au paganisme ?) et que tant de liens, familiaux ou économiques, rattachaient à l'Orient : le milieu formé par les amis de Macrobe, celui d'où sort saint Ambroise, où se recrutent les filles spirituelles de saint Jérôme : l'étude du grec s'y est mieux conservée que dans la bourgeoisie provinciale à laquelle appartiennent saint Jérôme lui-même ou saint Augustin, où la culture est moins poussée, plus utilitaire peut-être.

Il ne s'agit d'ailleurs là que de nuances, que de plus ou de moins : même dans ces milieux privilégiés, la qualité de l'hellénisme n'est pas bien éclatante (19), et d'autre part, encore une fois, il demeure toujours entendu que tous doivent apprendre le grec, étudier Homère et Ménandre : c'est encore le programme qu'Ausone prescrit à son petit-fils (Paulin de Pella ou un de ses cousins)[63]. La famille d'Ausone nous fournit précisément un bon témoignage sur l'état du grec en Gaule au IVe siècle : Ausone lui-même, qui pourtant nous encombre de son grec avec un pédantisme exaspérant[64], ne le sait déjà plus très bien[65] ; Paulin, on l'a vu, moins encore[66] : et pourtant il s'agit d'une grande famille, d'un milieu universitaire ayant des propriétés en Épire et en Grèce, pouvant placer des domestiques grecs au berceau de l'enfant... Le grec se meurt en Occident : les maîtres compétents se font rares : dès 376, l'empereur Gratien reconnaît qu'il devient difficile d'en recruter

63. AUS. *Protr.* 46. — 64. ID. *Epigr.* 21 ; 47 ; 49-51 ; 57... — 65. ID. *Prof.* 8, 13-16. — 66. P. PEL. 81-84.

pour Trèves [67]; les traductions qui se multiplient ne sont plus, comme à la belle époque, des exercices littéraires, mais des entreprises de librairie, destinées à mettre à la portée du public latin une littérature étrangère qui lui est désormais inaccessible directement.

La méthode directe. Ce recul progressif du grec s'est reflété dans les méthodes de l'enseignement. A l'origine, et ce sera toujours l'usage suivi dans les familles aristocratiques, l'éducation était réellement bilingue : l'étude des deux langues était menée de front.

Dès ses jeunes années, l'enfant était confié à une servante ou à un esclave grecs [68], exactement comme ce fut longtemps l'usage dans la bonne bourgeoisie française de confier l'enfant à une gouvernante étrangère, « Fräulein » ou « Miss ». Avec cette nourrice ou ce pédagogue, il apprenait à parler d'abord en grec, avant même de découvrir le latin : usage si bien établi que Quintilien insiste sur la nécessité de ne pas trop tarder pour mettre l'enfant au latin, de peur qu'il ne le parle ensuite avec un accent étranger [69], péril qui n'était pas imaginaire [70].

Parvenu à l'âge scolaire, il pouvait aborder l'étude des lettres dans les deux langues à la fois : il apprenait pour commencer à lire et à écrire dans les deux langues, en commençant, semble-t-il, par le grec [71]; méthode qui nous paraît absurde, mais n'oublions pas que, jusqu'à ce que les écoles de Port-Royal fissent triompher la priorité du français, nos vieux collèges apprenaient aux enfants à lire en latin. Plus tard, l'écolier suivait parallèlement les cours du *grammaticus Graecus* et ceux de son confrère latin, puis ceux d'un *orator Graecus* et d'un *orator Latinus*.

Cette méthode était évidemment très efficace, à ceci près qu'elle exigeait d'un enfant latin un double effort : elle le plaçait, pour le grec, à égalité avec un Grec de naissance. Mais elle supposait un train de vie aristocratique qui en limitait la diffusion. Un petit bourgeois d'Afrique comme saint Augustin n'a pas connu le luxe d'une gouvernante grecque : le grec, et il s'en plaint [72], lui a été enseigné à l'école, comme une langue étrangère, *lingua peregrina,*

67. *C. Theod.* XIII, 3, 11. — 68. TAC. *D.* 29, 1. — 69. QUINT. I, 1, 12-14; HIER. *Ep.* 107, 9, 1. — 70. P. PEL. 75-80; cf. 72. — 71. DIEHL, 742. — 72. *Conf.* I. 14 (23).

alors que le latin lui avait été révélé, sans effort, dans l'inconscience et les jeux de la petite enfance.

Manuels scolaires bilingues. C'est pour cet enseignement scolaire qu'ont été élaborés, tout au début du IIIe siècle, ces curieux manuels bilingues, que nos érudits appellent les *Hermeneumata Pseudodositheana* (20); ils inaugurent la méthode suivie de nos jours encore par tant de manuels pratiques de vocabulaire ou de conversation.

Rédigés probablement à l'usage du public grec, ils étaient conçus de manière à pouvoir aussi être utilisés par des Latins; de fait, ils ont beaucoup circulé en Occident, pendant toute l'antiquité et jusqu'au Moyen Age. Nous en possédons au moins six recensions diverses : ils commencent avec un vocabulaire grec-latin, d'abord par ordre alphabétique, puis rangé selon le sens en *capitula* (noms de dieux, de déesses, ... de légumes, de poissons, d'oiseaux, ... vocabulaire maritime, médical). Viennent ensuite de petits textes, très simples, analogues à ceux que nous avons vu servir de thème aux « narrations » de l'école hellénistique. Je citerai par exemple, parmi d'autres anecdotes relatives à l'empereur Hadrien :

Quelqu'un lui demandait à s'engager dans l'armée. Hadrien lui dit : « Où veux-tu servir ? » L'autre dit : « Dans les cohortes prétoriennes. » Hadrien lui demanda : « Quelle est ta taille ? — Cinq pieds et demi. » Hadrien dit : « En attendant, sers dans les cohortes urbaines, et si tu es un bon soldat, après trois ans de service, tu pourras passer dans les Prétoriennes [73]. »

Ces textes se présentent sur deux colonnes, texte grec et traduction latine en regard :

αἰτοῦντος τίνος	*petente quodam*
ἵνα στρατευῆται	*ut militaret,*
Ἀδρίανος εἶπεν·	*Adrianus dixit :*
Ποῖ θελῖς	« *Ubi uis*
στρατεύεσθαι;	*militare ?* » etc.

Nous trouvons présentés de la sorte des fables d'Esope, un petit traité juridique *De manumissionibus,* un manuel élémentaire de

73. *C. Gloss. Lat.* III, 31, 24 s.

mythologie (la *Généalogie* d'Hygin), un résumé de l'histoire de la guerre de Troie, enfin et surtout un manuel de conversation courante, *quotidiana conversatio*, ὁμιλία καθημερινή ou συναστροφή, qui est constitué par de petits dialogues familiers, d'un ton très savoureux, très révélateurs de la vie romaine sous l'empire (j'aurai l'occasion de les utiliser plus loin) :

Et le *paterfamilias* s'avance à la rencontre de son ami et dit : « Bonjour, Gaïus », et il l'embrasse. L'autre lui rend son salut et dit : « Ça va, Lucius ? Plaisir de te voir !... [74] Si tu veux, viens avec moi. — Où ? — Chez notre ami Lucius ; allons lui faire une visite. — Qu'est-ce qu'il a ? — Il est malade. — Depuis combien de temps ? — Depuis quelques jours. — Où habite-t-il ? — Pas loin. — Si tu veux, allons !... [75] »

Faute de documents reflétant la pratique scolaire, nous sommes mal renseignés sur l'usage que les Latins faisaient de ces manuels dans leur étude du grec. En sens inverse, nous sommes mieux placés pour savoir comment les Orientaux apprenaient le latin, grâce à l'apport des papyrus d'Egypte. Nous apprenons ainsi que l'on commençait par l'alphabet :

α	βη	κη	δη	ε	ιφφε	γη	δασια
a	b	c	d	e	f	g	h

c'est-à-dire ἡ δασεῖα προσῳδία, « l'esprit rude », l'aspiration,

ι	κα	ιλλε	ιμμε	ιννε	ο	πη	κου	ιρρε	ισσε	τη	ου
i	k	l	m	n	o	p	q	r	s	t	u[76].

Puis on devait aborder l'étude de petits textes élémentaires du type de ceux de nos *Hermeneumata* (eux-mêmes, on l'a vu, au moins en partie analogues aux premiers textes de lecture courante de l'école grecque). On s'exerçait à les traduire : tel papyrus nous a conservé un essai de traduction de trois fables de Babrius, d'un mot à mot servile et d'un latin bien incorrect [77]. Ayant ainsi acquis une connaissance suffisante de la langue, on pouvait aborder l'étude des classiques (21) : la même méthode servait à « expliquer » l'*Enéide* (car Virgile, bien entendu, occupe le premier rang [78]) et

74. *Id.* 647, § 4. — 75. *Id.* 649, § 6. — 76. *P. Antin.* 1 ; *P. Oxy.* 1315. — 77. *P. Amh.* II, 26. — 78. *P. Milan.* 1 ; *P. Ryl.* 478 ; *PSI.* 756 ; *P. Oxy.* 1099.

les *Catilinaires*[79] de Cicéron; c'est la méthode même dont nous nous servons aujourd'hui encore; les petits Grecs d'Egypte étaient entraînés à faire leur « préparation mot à mot », transposition à une langue étrangère de la méthode que l'école hellénistique avait mise au point pour l'étude des textes poétiques, d'Homère en particulier : le travail se disposait sur deux colonnes, à gauche le texte, à droite sa traduction en grec courant :

En., III, 447 :	*illa manent*	ἐκεῖνα μένει
	immota	ἀκίνητα
	locis	ἐν τοῖς τόποις
	neque ab ordine	οὐδὲ ἀπὸ τῆς τάξεως
	cedunt...	εἴκει...[80] (22).

On a retrouvé dans un poste perdu du désert du Neguev, sur la route entre Akabah et Gaza, quelque trente pages d'un tel codex bilingue de Virgile[81] : alors que pour les ch. I-II tous les mots sont traduits, arrivé au ch. IV, on a fait un choix, comme si l'usager était supposé avoir désormais acquis une maîtrise relative du vocabulaire.

79. *P. Ryl.* 61; *W. S.* 55 (1937), 95 s. — 80. *P. Fouad I,* 5, 12 s. — 81. *P. Colt Nessana* 1.

CHAPITRE IV

Les écoles romaines :
1. Enseignement primaire

Les trois chapitres qui vont suivre sont, en un sens, presque inutiles : les écoles romaines, qu'il s'agisse de leur cadre, de leur programme, de leurs méthodes, ne font qu'imiter les écoles hellénistiques; l'adaptation au milieu linguistique latin n'entraîne pas de modifications profondes dans la pédagogie : le lecteur s'étonnera certainement du caractère littéral de cette transposition, un transfert pur et simple beaucoup plus qu'une imitation.

Plus on avance dans le temps, plus l'éducation latine tend à s'identifier complètement avec l'éducation grecque de la même époque : en effet, plus les générations s'écoulent, plus s'effacent les survivances de la tradition archaïque où Rome affirmait, en face de la Grèce, son originalité. Plus on avance, plus la culture romaine met l'accent sur les éléments livresques : l'éducation, par suite, tend à se réduire davantage à l'enseignement scolaire; or l'école, encore une fois, est tout entière, dès l'origine, d'inspiration grecque.

La véritable portée de ces chapitres sera précisément de vérifier par le menu la vérité de cette formule : par là nous serons amenés à redresser bien des jugements portés par les historiens qui nous ont précédés dans l'étude de l'éducation romaine. Mal informés sur l'éducation hellénistique, ils ont souvent, en comparant uniquement l'éducation romaine à l' « ancienne » éducation grecque, celle des VIe-Ve siècles avant Jésus-Christ, attribué à une originalité latine ce qui n'était chez les Romains qu'un trait de modernisme, un reflet direct ou un parallélisme rigoureux de l'éducation des Grecs de leur temps.

A Rome donc, comme en pays de langue grecque, il y a trois degrés successifs d'enseignement [1], auxquels correspondent, normalement (1), trois types d'écoles confiés à trois maîtres spécialisés :

1. APUL. *Flor.* 20, 3; SHA. *M. Aur.* 2, 2-4; *Ver.* 2, 5; AUS. *Protr.* 63 s.

à sept ans [2], l'enfant entre à l'école primaire, qu'il quitte vers onze [3] ou douze [4] pour celle du *grammaticus ;* à l'âge où il reçoit la toge virile, dès quinze ans quelquefois [5], il passe chez le rhéteur : les études supérieures durent normalement jusqu'aux environs de vingt ans [6], quoiqu'elles puissent se prolonger au-delà.

Pour désigner le maître primaire, les Latins ont quelquefois utilisé le mot *litterator* [7] forgé sur le modèle du grec γραμματιστής, « celui qui apprend les lettres », mais ils préfèrent dire *primus magister* [8] et, le plus souvent, « maître d'école », *magister ludi* [9], *magister ludi litterarii* [10] : préférence significative; à Rome, comme en Grèce, l'enseignement collectif au sein d'une école est la règle générale.

Education privée. Non que l'exception, l'éducation domestique confiée à un maître privé, normalement un esclave ou un affranchi de la maison, n'y soit pas représentée; elle l'est même mieux qu'en pays grec. Dans les Etats hellénistiques, avant la conquête romaine, l'éducation privée ne se rencontre guère que dans les familles régnantes; mais précisément les grandes familles sénatoriales du peuple-roi adoptèrent, après la conquête de l'Orient grec, le genre de vie, le cadre d'existence et d'abord la culture des monarques hellénistiques que Rome avait subjugués (2).

Normal au début, au IIIe ou au IIe siècle avant Jésus-Christ, l'enseignement privé restera toujours cher à l'aristocratie : on voit par Quintilien [11] ou Pline le Jeune [12] quel était encore son prestige à la fin du Ier siècle et au début du IIe; les confessions de Paulin de Pella [13], né en 376, nous le montrent en pratique dans les grandes familles de la fin du IVe siècle (on sait que Paulin est le petit-fils d'Ausone et qu'avec celui-ci les plus hautes dignités de l'empire et la richesse s'étaient accumulées dans la maison).

Education des esclaves. C'est aussi sans faire appel à l'école publique que dans les mêmes grandes familles aristocratiques on formait les jeunes esclaves au service

2. QUINT. I, 1, 15-18; JUV. XIV, 10. — 3. SUET. *Ner.* 7. — 4. *V. Pers.* — 5. DESSAU 4976. — 6. *C. Theod.* XIV, 9, 1. — 7. SUET. *Gram.* 4; SHA. *M. Aur.* 2, 2. — 8. DIEHL, 720; AUG. *Conf.* I, 13 (20). — 9. DIEHL, 718. — 10. DESSAU 7763, 5. — 11. QUINT. I, 2. — 12. PL. *Ep.* III, 3, 3. — 13. P. PELL. 60 s.

du maître. On comprend sans peine que parmi les centaines, les milliers d'esclaves que possédaient les riches Romains de l'empire (3), se trouvaient nécessairement un nombre d'enfants assez considérable : ils étaient rassemblés, pour leur éducation, en une école domestique ou *paedagogium* (4) : nous connaissons bien celle des jeunes esclaves de l'empereur, placée sous la direction d'un « pédagogue des (jeunes) serviteurs de César », assisté de sous-pédagogues [14].

La formation qu'ils recevaient était, bien entendu, orientée avant tout vers les besoins du service; on dressait en particulier aux bonnes manières des enfants et des adolescents pour les préparer à remplir le rôle de ces pages dont le faste romain aimait à s'entourer. Mais les mieux doués au moins étaient aussi initiés aux choses de l'esprit : toute grande maison possédait un bon nombre d'esclaves « lettrés » ou « érudits », qui remplissaient les fonctions de lecteur ou de secrétaire et avec qui un maître ami des lettres comme Pline le Jeune aimait à s'entretenir [15].

L'école primaire. Ces exceptions reçues, il reste que pour le plus grand nombre des enfants, l'école est de règle; les fillettes, semble-t-il [16], la fréquentaient au même titre que les garçons, quoique pour elles le préceptorat privé ait pu être plus utilisé [17] (solution qui d'ailleurs pouvait n'être pas sans péril : le célèbre pédagogue Q. Caecilius Epirota fut au moins suspecté dans ses rapports avec la fille de son patron qu'il avait été chargé d'instruire [18]). D'ailleurs, au point de vue moral, les dangers de la rue et de l'école n'étaient pas moindres, dans l'antiquité, pour les garçons que pour les filles. Aussi les Romains avaient-ils adopté l'usage grec de l'esclave accompagnateur, qu'ils désignaient de son nom grec de *paedagogus* (5).

Lorsqu'il était bien choisi, il pouvait s'élever au rôle de répétiteur [19], et surtout d'un véritable gouverneur, assumant la formation morale de l'enfant : nous avons conservé, par exemple, la touchante épitaphe que son élève reconnaissante a consacrée à celui qui avait été « son pédagogue et son éducateur », *paedagogo suo* καὶ καθηγητῇ (et son tuteur d'ailleurs aussi : il s'agit d'un

14. DESSAU, 1825-1836. — 15. *Ep.* IX, 36, 4; V, 19, 3; VIII, 1, 2. — 16. MART. IX, 68, 2. — 17. PL. *Ep.* V, 16, 3. — 18. SUET. *Gram.* 16, 1. — 19. QUINT. I, 1, 8.

homme libre, sacristain du temple de Diane, non comme d'ordinaire d'un esclave ou d'un affranchi de la famille [20]).

Le pédagogue conduisait son petit maître à l'école, appelée (par antiphrase, croyait-on [21],) *ludus litterarius* (6) : nous connaissons un peu mieux son cadre matériel que celui de l'école grecque. Non, certes, qu'il fût plus monumental : le *magister* latin se contente, pour s'établir, d'une boutique, *pergula* [22]; on aime en particulier utiliser celles qui s'ouvrent sur les portiques du forum : nous le constatons à Rome [23] comme à Pompéi (7) ou à Carthage [24]. La classe se tient presque en plein vent, sommairement isolée des bruits et des curiosités de la rue par une tenture, *velum* [25]; les enfants, assis sur des escabeaux sans dossier (ils n'ont pas besoin de tables, écrivant sur leurs genoux) sont groupés autour du maître qui trône [26] dans sa chaire, *cathedra* [27], surélevée sur une estrade (8), assisté quelquefois d'un adjoint, *hypodidascalos* [28].

Ne nous laissons pas impressionner par cette mise en scène; le maître d'école reste à Rome comme en Grèce un pauvre hère; son métier est le dernier des métiers, *rem indignissimam* [29], fatigant et pénible [30], mal payé [31] (9) : en 301 après Jésus-Christ, l'*Edit* de Dioclétien fixe le salaire du *magister* au même tarif que celui du pédagogue, soit 50 deniers par élève et par mois [32] : en un temps où le boisseau de froment coûtait 100 deniers [33], il fallait réunir une classe de trente élèves pour s'assurer un gain équivalent à celui d'un ouvrier qualifié, un maçon ou un charpentier par exemple [34] et il n'est pas certain malgré les progrès de la pédagogie antique que beaucoup de classes aient atteint ce chiffre. Aussi ne faut-il pas s'étonner de voir tel maître d'école de Campanie chercher un métier auxiliaire dans la rédaction de testaments [35].

Tout salaire passait pour dégradant aux yeux de l'aristocratique société antique, c'est vrai des Latins comme des Grecs [36]; le métier d'instituteur (le mot est déjà en usage au temps de Dioclétien dont l'*Edit* déjà cité parle du *magister institutor litterarum*) ne procure aucun prestige à celui qui l'exerce; il est bon pour des esclaves, des affranchis ou de petites gens : *obscura initia* dit Tacite d'un par-

20. DESSAU, 4999. — 21. FEST. s. v. *Schola,* 470. — 22. SUET. *Gram.* 18, 1. — 23. LIV. III, 44, 6; DH. XI, 28. — 24. AUG. *Conf.* I, 16 (26). — 25. *Id.* I, 13 (22). — 26. Qu. div. 83, 64, 3. — 27. JUV. VII, 203. — 28. CIC. *Fam.* IX, 18, 4. — 29. FLOR. *Verg.* 3, 2. — 30. PL. *Ep.* I, 8, 11. — 31. HOR. *S.* I, 6, 75; cf. JUV. X, 116; OV. *F.* III, 829. — 32. DIOCL. *Max.* 7, 65-66. — 33. *Id.* I, 1. — 34. *Id.* 7, 2-3 a. — 35. DESSAU, 7763, 7. — 36. SEN. *Ep.* 88, 1; AUG. *Conf.* IX, 2 (2); 5 (13).

venu qui avait commencé par là [37]. Ajoutons enfin que le maître d'école est souvent suspect au point de vue moral [38] : tel s'honore, dans l'*elogium* de son épitaphe d'avoir été, rare exception, « d'une parfaite correction à l'égard de ses élèves », *summa castitate in discipulos suos* [39].

Faute d'avoir retrouvé un calendrier scolaire analogue à celui que nous avons étudié à Cos [40], nous ne pouvons pas reconstituer avec précision l'année de l'écolier romain : le calendrier romain a fini par comporter beaucoup de fêtes, mais nous ne savons pas quelles étaient celles que les écoles chômaient (10). Par contre, l'usage est bien attesté de vacances d'été, de la fin juillet à la mi-octobre [41] : « Pendant les chaleurs, si les enfants se portent bien, ils travaillent assez », nous dit Martial :

Aestate pueri si valent, satis discunt [42].

Comme en Grèce, la journée du petit écolier commence très tôt le matin, dès l'aube [43], en hiver même à la clarté fumeuse des lampes [44]. Aussi bien puis-je offrir au lecteur un témoignage particulièrement vivant à ce sujet : les *Hermeneumata Pseudodositheana,* ces manuels de conversation gréco-latins dont j'ai déjà fait état, mettent en scène un jeune écolier romain et lui font raconter sa journée; nous sommes, on s'en souvient, dans les années 200-210 après Jésus-Christ :

Au point du jour, je m'éveille [45], j'appelle l'esclave, je lui fais ouvrir la fenêtre, il l'ouvre aussitôt. Je me dresse, m'assieds sur le bord du lit; je demande chaussons et souliers parce qu'il fait froid

(sinon, l'enfant, sans doute, aurait chaussé directement ses sandales sans enfiler d'abord des *hypodesmata*).

Une fois chaussé, je prends une serviette : on m'en apporte une bien propre. On m'apporte de l'eau pour la toilette, dans un pot : je m'en verse sur les mains, le visage, dans la bouche; je frotte dents et gencives; je crache, me mouche et m'essuie comme il convient à un enfant bien élevé [46].

37. *Ann.* III, 6, 4. — 38. QUINT. I, 3, 17; JUV. X, 224. — 39. DESSAU, 7763, 6. — 40. DITT. *Syll.* 1028. — 41. MART. X, 62; AUG. *Conf.* IX, 2 (2). — 42. MART. X, 62, 12. — 43. OV. *Am.* I, 13, 17; MART. IX, 68; XII, 57, 5; XIV, 223. — 44. JUV. VII, 222-227. — 45. *C. Gloss. Lat.* III, 645, § 2. — 46. *Id.* 379, 74 s.

J'ôte ma chemise de nuit, je prends une tunique de corps, mets une ceinture; je me parfume la tête et me peigne; j'enroule un foulard (11) autour du cou; j'enfile par-dessus ma pèlerine blanche. Je sors de la chambre avec mon pédagogue et ma nourrice pour aller saluer papa et maman. Je les salue tous deux et les embrasse [47].

Je cherche mon écritoire et mon cahier et les donne à l'esclave. Ainsi tout eſt prêt et je me mets en route, suivi de mon pédagogue, par le portique qui mène à l'école.

Il n'eſt pas queſtion du déjeuner : l'enfant sans doute se contente, en fait de *jentaculum,* d'un petit gâteau ou d'un pâté acheté en passant à la boutique de quelque boulanger [48].

Mes camarades viennent à ma rencontre : je les salue et ils me rendent mon salut. J'arrive devant l'escalier; je monte les marches bien tranquillement comme il se doit. Dans le veſtibule, je dépose mon manteau; un coup de peigne [49], j'entre et je dis : « Salut, maître. » Lui m'embrasse et me rend mon salut. L'esclave me tend tablettes, écritoire et règle.

« Salut, camarades. Donnez-moi ma place (mon banc, mon tabouret). Serre-toi un peu. — Venez ici. — C'eſt ma place! — Je l'ai prise avant toi! » Je m'assieds et me mets au travail [50].

C'eſt essentiellement la matinée qui eſt consacrée au travail scolaire [51], celui-ci pourtant déborde sur la seconde moitié de la journée :

J'ai fini d'apprendre ma leçon. Je demande au maître qu'il me laisse aller déjeuner à la maison; il me laisse partir; je lui dis : « Porte-toi bien », et il me rend mon salut [52]. Je rentre à la maison, je me change. Je prends du pain blanc, des olives, du fromage, des figues sèches et des noix; je bois de l'eau fraîche. Ayant déjeuné, je repars pour l'école. Je trouve le maître en train de lire; il nous dit : « Au travail [53]! »

Il n'y a plus, comme au début de la période helléniſtique, de temps prévu pour les exercices physiques : l'enfant ne paraît pas aller au gymnase, mais seulement aux thermes, car la journée s'achève par le bain :

Il faut aller se baigner! — Oui, c'eſt l'heure. J'y vais, je fais prendre des serviettes et je suis mon serviteur. Je cours à la rencontre de ceux qui vont au bain et je leur dis, à tous et à chacun : « Ça va ? Bon bain! Bon souper [54]! »

47. *Id.* 645, § 2 s. — 48. MART. XIV, 223. — 49. *C. Gloss. Lat.* III, 380, 40 s. — 50. *Id.* 646, § 2; 637, § 3 s. — 51. AUS. *Protr.* 28; AUG. *Conf.* VI, 11 (18). 52. *C. Gloss. Lat.* III, 377, 70 s.; 638 § 7. — 53. *Id.* 646 s. — 54. *Id.* 378, 22 s.

L'instruction primaire. Le programme de l'école primaire est toujours d'une ambition très limitée : on y apprend à lire et à écrire, rien de plus; tout ce qui est au-delà relève déjà du secondaire [55]. On commence bien entendu par l'alphabet, et par le nom des lettres, avant d'en connaître la forme : dans l'ordre, de A à X [56] (Y et Z, qui ne servent qu'à transcrire des mots grecs, sont considérés comme étrangères), puis à l'envers de X à A, puis par couples, AX, BV, CT, DS, ER [57], puis en brouillant l'ordre par des combinaisons variées [58]. Des lettres on passe aux syllabes, dont on étudie toutes les combinaisons [59], puis à des noms isolés : étapes successives, lentement franchies; le jargon scolaire distingue, parmi les petits écoliers, les catégories successives des *abecedarii*, des *syllabarii*, des *nominarii* [60]. Ensuite, avant d'aborder la lecture de textes suivis, on s'exerce sur des petites phrases, des maximes morales d'un ou deux vers [61] : comme les petits Grecs d'Egypte recopiaient les sentences monostiques attribuées à Ménandre, les écoliers romains peinaient sur les Distiques de [Dionysius] Caton :

> *Plus vigila semper neu somno deditus esto ;*
> *nam diuturna quies vitiis alimenta ministrat...* [62].

« Veiller est bon, dormir fait les gens nices; en long repos se nourrissent les vices », comme le dit une vieille traduction française, car ces textes, qui apparaissent au début du IIIe siècle, ne cessèrent jamais d'être en usage pendant toute la fin de l'antiquité et tout au long du Moyen Age : à la base de l'enseignement élémentaire du latin, ils ont sans cesse été recopiés et traduits dans toutes les langues de l'Europe occidentale, romanes, germaniques et slave (12).

On le voit, c'est, jusqu'en ses plus petits détails, la méthode des écoles grecques; même pédagogie analytique, même sage lenteur; Quintilien ne cesse de répéter : « Ne pas chercher à abréger, ne pas se hâter, ne pas sauter d'étapes [63] »; même dédain de la psychologie enfantine : comme en Grèce, on choisit à dessein, dans ces pre-

55. QUINT. I, 4, 1. — 56. ID. I, 1, 24; P. PEL. 65. — 57. BABELON, *Monn. Rep.* I, 327; *CIL.* IV, 2541; *BAC.* 1881, 132. — 58. QUINT. I, 1, 25; HIER. *Ep.* 107, 4, 2; *In Jer.* 25, 26. — 59. QUINT. I, 1, 30. — 60. ORIG. (RUFIN) *In Num.* 27, 13. — 61. QUINT. I, 1, 34-35; HIER. *Ep.* 107, 4, 4; 128, 1, 3. — 62. *Dist. Cat.* I, 2. — 63. QUINT. I, 1, 30-34.

mières lectures, des mots rares, γλῶσσαι[64], des formules d'une prononciation aussi difficile que possible, χαλινοί[65].

L'enseignement de l'écriture est mené de front avec celui de la lecture : l'enfant écrit sur sa tablette les lettres[66], le mot ou le texte qu'il doit lire[67]; pour ses débuts, on emploie tour à tour deux méthodes : l'une qui remonte aux origines de l'école grecque et qui consiste à guider la main de l'enfant pour lui apprendre le *ductus* à suivre; l'autre, plus moderne, et peut-être propre à l'école latine, où on utilise des lettres gravées en creux sur la tablette et que le poinçon de l'enfant retrace en suivant le sillon à travers la cire[68]. Comme dans les écoles d'Egypte, l'enfant s'exerce tour à tour à écrire au poinçon et à l'encre : citons encore nos *Hermeneumata :*

Je copie le modèle; quand j'ai écrit, je montre au maître qui me corrige en calligraphiant...[69]. Je ne sais pas copier : copie pour moi, toi qui sais si bien! — J'efface : la cire est dure, elle devrait être molle[70].

Fais bien les pleins et les déliés. Mets un peu d'eau dans ton encre : tu vois, ça va bien maintenant! — Fais voir ta plume, ton canif (pour tailler la plume de roseau[71]). — Fais voir : comment as-tu écrit ? Ce n'est pas mal... Ou bien : Tu mérites le fouet! Allons, je te pardonne...[72].

A la lecture et à l'écriture est intimement associée la récitation : l'enfant apprend par cœur les petits textes sur lesquels il s'est exercé, à la fois pour se former et meubler sa mémoire[73].

Enfin, le calcul : comme en pays grec, c'est essentiellement l'apprentissage du vocabulaire de la numération pour lequel on s'aide de petits jetons, *calculi,* et surtout de la mimique symbolique des doigts[74] : on s'en souvient, c'est à l'époque romaine que l'usage est bien attesté de ce comput digital dont les rites survivront pendant de si longs siècles. Mais c'est surtout le vocabulaire compliqué des fractions duodécimales de l'unité, fondement de tout le système métrique de l'antiquité, qui demandait beaucoup d'efforts. Horace s'est amusé à les évoquer en vers :

Les petits Romains apprennent par de longs calculs à diviser l'unité de cent façons : « Réponds, fils d'Albinus; si de 5/12 on enlève 1/12, que

64. ID. I, 1, 35. — 65. QUINT. I, 1, 37. — 66. *NS.* 1912, 451. — 67. *Corp. Gloss. Lat.* III, 646. — 68. QUINT. I, 1, 27; HIER. *Ep.* 107, 4, 3; *CIL.* III, p. 962, XXVII, 1; II, 4967, 31; *BSNAF.* 1883, 139. — 69. *C. Gloss. Lat.* III, 646. — 70. *Id.* 377, 55 s.; 638, § 6. — 71. *Id.* 640. §. 7 — 72. *Id.* 640, § 10. — 73. QUINT. I, 1, 36; 3, 1; HIER. *Ep.* 107, 9, 1; 128, 4, 2. — 74. *C. Gloss. Lat.* III, 382, 36 s.

reste-t-il ? Allons, qu'est-ce que tu attends pour répondre ? — 1/3. — Bien : tu sauras défendre tes sous ! Si (au contraire) on y ajoute 1/12, qu'est-ce que ça fait ? — 1/2 [75].

La traduction française donne à tort l'impression d'un calcul de fractions : le latin ne dit pas 5/12, 1/12, 1/3, 1/2, mais un *quincunx,* une *uncia,* un *triens,* un *semis,* qui sont moins des nombres que des réalités concrètes.

Cependant, sous l'Empire, comme à la même époque en pays grec, une certaine pratique du calcul au sens moderne, opératoire, du mot s'était introduite à l'école : saint Augustin, évoquant ses années d'enfance, se souvient de « l'odieuse chanson » : un et un, deux; deux et deux, quatre... [76]. Ce n'était pas d'un niveau bien élevé ! La technique approfondie du calcul échappe à la compétence du *magister ludi ;* elle est enseignée par un spécialiste, le *calculator,* sur lequel, malheureusement, nous sommes peu renseignés : les textes, en le distinguant du *ludi magister,* le rapprochent de spécialistes : sténographes ou calligraphes : ce serait donc plutôt un professeur d'enseignement technique, s'adressant à une clientèle spéciale, qu'un adjoint du *litterator* qui partageait avec celui-ci la responsabilité de la formation générale de tous les enfants (13).

Sévérité et humanité. Les méthodes de la pédagogie romaine sont aussi grecques que ses programmes; méthodes passives : la mémoire et l'imitation sont les qualités les plus prisées chez l'enfant [77]. Elles recourent à l'émulation, dont les bienfaits compensent, aux yeux de Quintilien, le danger moral de l'éducation collective [78], mais plus encore à la coercition, aux réprimandes, aux châtiments. Le tableau fameux de Montaigne : « cris d'enfants suppliciés et maîtres enivrés en leur cholère », reste vrai de l'école latine comme il l'était de la grecque [79]; pour tous les Anciens, le souvenir de l'école est associé à celui des coups [80] : « tendre la main à la férule », *manum ferulae subducere,* est en bon latin une élégante périphrase pour signifier « étudier » [81]. La férule [82] n'est que l'arme normale dont le maître appuie son autorité; dans

75. HOR. *P.* 325-330; AUS. *Ecl.* 6. — 76. *Conf.* I, 13 (22). — 77. QUINT. I, 3, 1. — 78. ID. I, 2, 9 s. — 79. MART. X, 68, 11-12; JUV. XIV, 18-19. — 80. HOR. *Ep.* II, 1, 70; SUET. *Gram.* 9, 2; QUINT. I, 3, 14. — 81. JUV. I, 15; HIER. *Ep.* 32, 33; cf. OV. *Am.* I, 13, 17. — 82. MART. XIV, 80; PRUD. *Cath.* pr. 7-8.

les cas graves, il recourt à un supplice plus raffiné, comportant toute une mise en scène : le coupable est enlevé sur les épaules d'un camarade, requis pour ce service (d'où le terme, calqué du grec, de *catomidiare* [83], κατωμίζειν), et fustigé... de main de maître [84] (14).

Cependant, la sensibilité antique commence à s'émouvoir : à un esprit placide comme Ausone, qui encourage tranquillement son petit-fils à supporter sans terreur les épreuves dont pourtant il lui trace par avance un tableau peu réjouissant [85], s'oppose l'âme frémissante de saint Augustin qui n'a jamais pu oublier les souffrances de ses années d'école [86]; à soixante-douze ans le vieil évêque s'écrie encore à ce propos : « Qui donc ne reculerait d'horreur et ne choisirait la mort si on lui offrait le choix entre mourir et redevenir un enfant [87] ! »

Dès la fin du Ier siècle de notre ère, les théoriciens de l'éducation éprouvent quelque doute sur la légitimité et l'efficacité de ces méthodes brutales [88]; ils comptent davantage sur l'émulation, les récompenses, cherchent à faire aimer les études [89]. Ces préoccupations ont certainement influencé la pratique : surtout à propos des plus jeunes enfants, nous voyons recourir à de menues industries; on leur donne, comme jouets, des lettres d'ivoire ou de buis [90], et, pour souligner leurs premiers progrès, quelque petit gâteau [91], et en particulier des gâteaux en forme de lettres, reproduisant celles que l'enfant est en train d'étudier (15).

Il y a bien eu une évolution générale dans le sens d'un adoucissement de la discipline, d'une indulgence croissante, vers cette « éducation amollie » contre laquelle, bien entendu, se sentent tenus de protester les moralistes austères au nom de la vieille tradition [92] : *Nunc pueri in scholis ludunt,* « maintenant les enfants étudient en jouant ! » s'écrie, dès le temps de Néron, le satirique Pétrone [93] (16).

On le voit, il n'y a là rien de spécifiquement romain : on s'attendrait au contraire à voir la gravité latine insister plus encore que les Grecs sur la note de sévérité nécessaire. En réalité, lorsque l'école latine nous révèle des traits nouveaux en comparaison de son modèle original hellénistique, ce sont des traits *modernes,* et non des

83. PETR. 132, 2; SHA. *Hadr.* 18, 11. — 84. MART. X, 62, 8-10; AUS. *Protr.* 29-30. — 85. *Id.* 12-34. — 86. *Conf.* I, 9 (14-15). — 87. *Civ. Dei,* XXI, 14. — 88. QUINT. I, 3, 14-17; PLUT. *Lib. Educ.* 9 A. — 89. QUINT. I, 1, 20; HIER. *Ep.* 107, 4, 3-4. — 90. QUINT. I, 1, 26; HIER. *Ep.* 107, 4, 2. — 91. HOR. *S.* I, 25-26; HIER. *Ep.* 128, 1, 4-5. — 92. QUINT. I, 2, 6; TAC. *D.* 28, 2; EPICT. III, 19, 4-6; JUV. VII, 158. — 93. PETR. 4, 1.

particularités occidentales (l'équivalent, sauf accident, dû aux lacunes de notre documentation, se retrouve normalement, à la même date, dans les écoles d'Orient) : à l'époque romaine, la pédagogie a évolué, lentement sans doute et de façon homogène, sans altérer les caractères essentiels du système (car l'école qu'Ausone, saint Jérôme ou saint Augustin nous font connaître à la fin du IVe siècle reste en somme, à quelques nuances près, celle du temps de Quintilien ou même d'Horace). Et cette évolution, n'en déplaise aux moralistes réactionnaires, représentait souvent un progrès.

Celui-ci se manifeste non seulement dans cette humanisation croissante de la discipline, mais aussi dans un enrichissement de la pédagogie : on sait davantage exploiter les ressources de l'enseignement collectif [94]. Les classes, devenues, sauf exceptions [95], assez nombreuses, sont réparties en plusieurs divisions suivant la force des élèves [96] : l'auteur inconnu des *Hermeneumata Pseudodositheana* tient à souligner le soin qu'on y apporte à « tenir compte, pour chacun et pour tous, des forces, de l'avancement, des circonstances, de l'âge, des tempéraments variés et du zèle inégal des divers élèves [97] ». Dans l'école où il nous introduit s'esquisse même une sorte d' « enseignement mutuel » : les plus grands doublent le service du répétiteur et montrent aux petits les lettres et les syllabes [98]. Le « tableau », qu'ignorait l'école grecque, a fait son appation : on nous montre la classe groupée, debout, autour du πίναξ ou *titulus* [99].

94. QUINT. I, 2, 9 s. — 95. Cf. SUET. *Gram.* 16, 1 ; 24, 2. — 96. *Corp. Gloss. Lat.* III, 382, 46 s. — 97. *Id.* 381, 63 s. — 98. *Id.* 646. — 99. *Id.* 382, 32 s.

CHAPITRE V

Les écoles romaines :
2. Enseignement secondaire

Mais montons au degré suivant. Tous les enfants, bien entendu, n'y accédaient pas : la société romaine est restée une société aristocratique et les études approfondies font partie des privilèges de l'élite. L'instruction secondaire est beaucoup moins répandue que la primaire : dans le peuple, nombreux sont les gens qui, comme tel personnage du *Satiricon,* « n'avaient pas étudié les géométries, les littératures et autres histoires de fous, se contentant de savoir lire un texte en grosses lettres et de bien posséder les fractions, les poids et les mesures [1] ». Dans l'élite du moins, garçons et filles continuaient à étudier côte à côte [2], car, des grandes dames de la République [3] à celles du Bas-Empire [4], la société romaine a toutoujours connu, dans l'aristocratie du moins, bon nombre de femmes hautement cultivées [5], voire de femmes savantes, sur lesquelles les satiriques déversent le ridicule [6]; on ne saurait affirmer pourtant que ce soit la règle générale : Martial, dans ses rêves bourgeois, souhaite une femme qui ne soit « pas trop savante » et saint Augustin, imaginant une fiancée idéale, la voit « letérée, — ou du moins qui puisse aisément être instruite par son tpoux [7] » (17).

L'école du grammaticus.

Nous montons donc d'un degré; et il est bien vrai que l'école du grammairien où nous entrons maintenant a quelque chose d'un peu plus relevé : on nous montre volontiers le *grammaticus* gravement drapé dans son manteau [8] dirigeant sa classe que décorent les bustes des grands écrivains, Virgile, Horace... [9], et

1. PETR. 58, 7. — 2. OV. *Tr.* II, 369-370; MART. VIII, 3, 16. — 3. CIC. *Br.* 211; SALL. *Cat.* 25, 2. — 4. CLAUD. *Fesc.* 232 s. — 5. MART. VII, 69; PL. *Ep.* I, 16, 6; IV, 19, 2-3; V, 16, 3. — 6. JUV. VI, 434-456; LUC. *M. cond.* 36. — 7. MART. II, 90, 9; AUG. *Sol.* I, 10 (17). — 8. AUG. *Conf.* I, 16 (25); SID. *Ep.* II, 2. — 9. JUV. VII, 226-7.

même des cartes murales de géographie [10]. Mais nous ne sommes pas encore bien haut : cette classe est toujours une boutique du forum fermée d'une tenture auprès de laquelle le répétiteur, *subdoctor* ou *proscholus* [11], fait office d'huissier [12].

Le *grammaticus* proprement dit a sans doute une condition supérieure à celle du simple maître d'école (18). L'édit de Dioclétien (301 après J.-C.) prévoit pour le grammairien une rétribution quatre fois supérieure à celle de l'instituteur, soit 200 deniers par élève et par mois [13], ce qui ne fait toujours que l'équivalent de quatre journées de travail d'un ouvrier qualifié. Sans doute, les fastes universitaires compilés par Suétone conservent-ils le souvenir de carrières exceptionnellement brillantes : des grammairiens comme Q. Remmius Palaemon qui tiraient de leur enseignement un revenu annuel de 400.000 sesterces [14], soit le capital exigé pour le rang de chevalier, capital suffisant pour mener la vie bourgeoise d'un rentier (19). Mais, à côté, combien de professeurs célèbres, comme le fameux L. Orbilius [15], ont connu, au témoignage du même Suétone, une vie lamentable et sont morts de misère en quelque grenier [16] !

Il n'en faut pas douter : c'est le premier cas qui représente l'exception et le dernier la règle. Le métier de grammairien reste un métier en général mal rétribué [17], dont le maigre salaire, *rara merces*, n'est même pas régulièrement payé [18], tant les parents ont peu de considération pour des maîtres [19], qui offrent souvent bien peu de garanties au point de vue moral [20] et dont l'origine sociale n'assure guère le prestige : beaucoup sont d'origine servile [21] et c'est aussi un métier qui recueille les épaves sociales : enfants trouvés [22], ruinés [23] ou ratés [24].

L'enseignement du *grammaticus Latinus* est, quant aux méthodes, l'équivalent exact de celui de son collègue grec. Il présente les deux aspects caractéristiques de la grammaire hellénistique, *methodicè, historicè* [25], soit l'étude théorique de la bonne langue et l'explication des poètes classiques, *recte loquendi scientiam et poetarum enarrationem* [26].

10. *Pan. Lat.* IV, 20. — 11. AUS. *Prof.* 23. — 12. AUG. *Serm.* 178, 7 (8). — 13. DIOCL. *Max.* 7, 70. — 14. SUET. *Gram.* 23, 2; 3, 4. — 15. HOR. *Ep.* II, 1, 70; MACR. *Sat.* II, 6, 3. — 16. SUET. *Gram.* 9, 1; 20. — 17. JUV. VII, 215-242. — 18. *Id.* 157; 203; AUG. *Conf.* V, 12 (22). 19. SUET. *Gram.* 9, 1. — 20. *Id.* 16, 1; 23, 1; QUINT. I, 3, 17 (cf. I, 2, 15). — 21. SUET. *Gram.* 6, 10-13 (cf. PL. *N. H.* XXXV, 199); 15-20; 23. — 22. *Id.* 7, 1. — 23. *Id.* 9, 1. — 24. *Id.* 24, 1. — 25. QUINT. I, 9, 1. — 26. ID. I, 4, 2; *Gram. Lat.* IV, 486, 15-16 (SERV.).

La grammaire latine. Varron dès la République, Q. Remmius Palaemon sous Tibère et Claude (20) avaient adapté en latin la jeune science philologique que venait de créer dans les écoles de Rhodes le grand Denys le Thrace; la tradition grammaticale latine, qui aboutit aux grands classiques du Bas-Empire, Donat, Servius, Priscien (21), demeure très fidèle à son modèle grec. Sous le nom de grammaire on enseigne toujours, essentiellement, la même analyse abstraite des éléments du langage : lettres, syllabes, mots ou « parties du discours [27] », les mêmes distinctions et classifications méticuleuses : le « nom » (dont on ne sépare toujours pas notre « adjectif ») est étudié suivant ses six accidents (qualité, degré de comparaison, genre, nombre, figure, cas), les noms communs sont rangés en vingt-sept classes : corporels, incorporels, primitifs, dérivés, diminutifs, etc. [28].

Cette dépendance est si étroite que les grammairiens latins ne renoncent pas à parler de l'article, bien qu'il n'y ait pas de forme spéciale pour le représenter en latin [29] : c'est que, telle que Denys l'enseigne, la science grammaticale est une véritable analyse logique des catégories de l'entendement : les grammairiens romains se sentaient tenus de retrouver en latin l'équivalent de la catégorie « article », dont le rôle était par exemple assumé par certains emplois de l'adjectif démonstratif [30]. Pour la même raison, dans l'étude du verbe, nos *grammatici* distinguent de confiance un mode optatif et un mode subjonctif, quitte à reconnaître que les mêmes formes servent, en latin, pour les deux (22).

Sans doute, on trouve chez les grammairiens latins du Bas-Empire (dont les traités deviennent aussi prolixes que celui de Denys le Thrace était squelettique) bien des choses qui ne se lisaient pas chez le grand initiateur. Mais le même développement se constate dans le domaine grec : les écoles romaines enregistrent les progrès réalisés, de génération en génération, par la science et la pédagogie. Il y a bien en effet un progrès (dont les papyrus scolaires d'époque impériale nous ont d'autre part, pour l'Egypte grecque, apporté la preuve qu'il correspondait bien à un enrichissement de la pratique pédagogique) : la grammaire tend à descendre de l'empyrée des principes où Denys l'avait installée, pour se rapprocher de l'usage; elle s'oriente peu à peu dans le sens où la pédagogie moderne

27. QUINT. I, 4, 6 s. — 28. *Gram. Lat.* IV, 373, 11 s. (DON.). — 29. *Id.* II, 54, 16 (PRISC.); QUINT. I, 4, 19. — 30. *Gram. Lat.* V, 135, 5 s.; 210, 38 s. (POMP.).

s'est engagée à fond : l'apprentissage par l'enfant du système de la langue. C'est ainsi que l'on pratique des exercices de déclinaison et de conjugaison [31] : l'origine grecque de cette pratique se reflète dans le fait que les petits Romains déclinent :

nominativo	haec Musa
genitivo	huius Musae
dativo	huic Musae
accusativo	hanc Musam, etc. [32]

en faisant précéder le nom de l' « article » *hic*, *haec*, *hoc*, comme il était d'usage en grec de le faire précéder de ὁ, ἡ, τό. On cherche aussi à faire prendre conscience à l'enfant du mécanisme de la langue : la syntaxe (23), dédaignée par Denys, fait son apparition; alors qu'il classait les prépositions en mono- et dissyllabes, Donat les distingue suivant les cas qu'elles régissent [33]; on étudie les idiotismes, *idiomata :* ainsi, il faut construire avec le génitif *patiens laboris, misereor tui,* avec l'ablatif *dignus laude, utor divitiis,* etc. [34] (24). On pourchasse, ou du moins on catalogue les défauts à éviter : barbarismes [35], solécismes, défauts de prononciation, calembours, préciosité... (25); on étudie l'orthographe, les « figures de mots » dont la classification atteint bientôt une précision extrême (24); on développe l'étude de la métrique.

Ces progrès, pour être réels, n'en sont pas moins assez lents et n'arrivent pas à transformer profondément le caractère général de cette étude. Par exemple, il est remarquable de constater qu'il faut attendre Priscien pour voir consacrer une étude systématique à la syntaxe : or Priscien († 526) est très tardif, il enseigne à Constantinople au temps des empereurs Anastase et Justin, et l'intérêt qu'il porte à la syntaxe s'explique peut-être parce qu'il s'adresse en somme surtout à des Grecs à qui il faut faire assimiler le latin comme une langue étrangère.

Dans l'ensemble, malgré ces tendances nouvelles, l'étude de la grammaire reste très théorique, analytique et, si j'ose dire, contemplative. Plus que l'usage d'une langue vivante, le grammairien enseigne l'inventaire du matériel employé par les grands écrivains classiques, la langue que leurs chefs-d'œuvre codifient pour

31. QUINT. I, 4, 22; 27. — 32. *Gram. Lat.* IV, 356, 6 s. (DON.). — 33. *Id.* IV, 365, 13 s. (DON.). — 34. *Id.* I, 291 s. (CHARIS.). — 35. *Id.* IV, 392, 5 s. (DON).

l'éternité. L'idéal tyannique du classicisme domine cet enseignement : il n'a aucune idée de l'évolution naturelle de la langue, de la vie des mots. Le latin *est,* il existe enregistré à l'état définitif dans les grands écrivains; la science de la correction, *recte loquendi scientia,* repose en dernière analyse sur l'*auctoritas* [36] : nous retrouvons chez les Latins l'équivalent de l'atticisme des rhéteurs grecs de la Seconde Sophistique, leurs contemporains. Feuilletons les chapitres consacrés par les grammaires latines aux *vitia,* aux fautes de langue. En principe, la théorie distingue les barbarismes des « métaplasmes » ou licences poétiques amenées par le besoin du vers; comme le dit Consentius [37] : « Quand c'est fait maladroitement, c'est un barbarisme; quand c'est fait habilement et avec l'appui d'une autorité, c'est un métaplasme »; mais en fait Donat, par exemple, cite comme type de « barbarisme » la forme *relliquias* employée par Virgile [38] à la place de *reliquias* pour allonger la syllabe *re-* [39]. En fait, les *vitia* ainsi catalogués sont un recueil des anomalies de langage qu'on peut observer chez les bons auteurs, beaucoup plus que des fautes que l'écolier doit s'efforcer d'éviter (26).

Les classiques. En somme, malgré les progrès de la grammaire « méthodique », l'essentiel de l'enseignement du grammairien reste l'explication des auteurs, des poètes [40]. Nous avons déjà esquissé l'histoire des programmes de l'école romaine : on se souvient du rôle longtemps joué par les œuvres des poètes-professeurs comme Livius Andronicus ou Ennius, puis de la réforme hardie de Q. Caecilius Epirota qui, un peu après 26 avant Jésus-Christ, semble-t-il, osa introduire dans son école « Virgile et les autres poètes nouveaux [41] » : Virgile, à cette date, est encore vivant, l'*Énéide* n'est pas encore publiée... Pendant un siècle, les grammairiens latins restèrent fidèles à cette tendance moderniste, et par là leur pratique s'opposait à celle de leurs confrères grecs dont l'enseignement, sans exclure tout à fait les poètes récents (notamment pour les comiques : Ménandre, etc.), se fonde essentiellement sur le vieil Homère et les tragiques du ve siècle. A Rome, en effet, tout poète à succès se voit, dès son vivant, étudié dans les classes [42] : ce fut le cas pour Ovide [43], Néron [44],

36. *Id.* I, 439, 25 s. (DIOM.). — 37. *Id.* V, 396, 2 s.; cf. QUINT. I, 5, 5. — 38. *En.* I, 30. — 39. *Gram. Lat.* IV, 392, 11 (DON.). — 40. NEP. ap. SUET. *Gram.* 4, 1. — 41. *Id.* 16, 2. — 42. HOR. *S.* I, 10, 75; PERS. I, 28-29; MART. I, 35. — 43. SEN. contr. III, exc. 7, 2. — 44. *Schol.* PERS. I, 29.

Stace [45]; Lucain le sera moins d'une génération après sa mort [45 bis]. Mais vers la fin du Ier siècle se fit jour une réaction dont Quintilien en particulier est pour nous l'interprète; réaction archaïsante : on revient aux vieux poètes, *veteres Latini* [46], comme Ennius; mais surtout réaction classique : on tend à stabiliser *ne varietur* les programmes autour de quelques grands noms au prestige indiscuté.

Au premier rang, bien entendu, Virgile, qui est, pour les Latins, ce qu'Homère est pour les Grecs, le poète par excellence, le Poète tout court, celui dont l'étude est à la base de toute culture libérale : d'Hygin à Servius et Philargyrius, il est l'objet de commentaires sans cesse repris et approfondis (27).

Immédiatement après lui vient Térence, fait curieux à observer, car les critiques de l'époque républicaine n'avaient pas pour lui un culte aussi exclusif : Volcacius Sedigitus, par exemple [47], à la fin du IIe siècle avant Jésus-Christ, ne le classait encore qu'au sixième rang, loin derrière Caecilius, Plaute, etc. Sous l'Empire, au contraire, Térence est le poète dramatique le plus étudié [48], régulièrement commenté, de Valerius Probus au milieu du Ier siècle à Donat le Grand au IVe, Evanthius au Ve (28).

Les autres grands poètes latins, Horace par exemple [49], ne cessent pas d'être lus dans les écoles, mais leur rôle est plus effacé; quant aux prosateurs, historiens et orateurs, ils ne relèvent pas, en principe, de la compétence du *grammaticus :* c'est chez le rhéteur qu'on les lit et les commente [50], quoique la frontière entre les deux degrés soit, comme je l'ai dit, assez flottante : l'étude des historiens est quelquefois revendiquée par le grammairien [51].

Le choix fait par les maîtres antiques surprend ici aussi, par son exclusivisme. Parmi les historiens, César, Tacite sont ignorés; Tite-Live, malgré le vœu préférentiel émis par Quintilien [52], ne paraît pas avoir conquis sa place : l'historien classique par excellence, *historiae major auctor* [53], c'est Salluste, que la tradition littéraire [54], érudite [55] et scolaire [56] s'accorde à placer au premier rang des historiens romains.

Parmi les orateurs, le maître par excellence, celui qui avec Virgile résume toute la culture latine [57], c'est, bien entendu, Cicé-

45. STAT. *Theb.* XII, 815. — 45 *bis.* TAC. *D.* 20, 5-6 (cf. *CIL.* XIII, 3654). — 46. QUINT. I, 8, 8-11. — 47. GELL. XV, 24. — 48. AUS. *Protr.* 58-60; AUG. *Conf.* I, 16 (26). — 49. QUINT. I, 8, 6; AUS. *Protr.* 56. — 50. QUINT. II, 5, 1. — 51. ID. II, 1, 4; I, 8, 18. — 52. ID. II, 5, 19. — 53. *Ibid.* — 54. MART. XIV, 191. — 55. GELL. XVIII, 4. — 56. AUS. *Protr.* 61-65; AUG. *Civ. Dei,* III, 17, 1; PSI. (1) 110. — 57. MART. V, 56, 5.

ron. Il règne en maître sur l'école : on connaît la règle d'or formulée par Tite-Live et reprise par Quintilien [58] : étudier, en dehors de Cicéron, les autres écrivains dans la mesure où ils lui ressemblent, *ut quisque erit Ciceroni simillimus.* Toutefois, la réaction archaïsante ramène l'attention et quelquefois la vogue sur les auteurs de l' « antiquité » : le vieux Caton, les Gracques [59], mais il ne s'agit que d'une faveur passagère et qui n'a jamais mis en danger la place d'honneur accordée au grand orateur.

En résumé, le programme latin se ramène au « quadrige », pour reprendre le titre du manuel d'Arusianus Messius (29) : Virgile, Térence, Salluste et Cicéron.

L'explication des auteurs. Quant à la méthode suivie dans son étude, il y a peu à en dire, une fois constaté qu'elle était celle-là même que nous a fait connaître l'école hellénistique : lecture expressive [60] d'un texte préalablement corrigé [61], exercice qui présente la même difficulté que chez les Grecs à cause de l'absence normale de ponctuation et de séparation entre les mots [62] dans les éditions courantes. La lecture demandait une certaine préparation, matérielle (on surchargeait le texte de signes spéciaux [63], liant ou séparant les mots là où l'on pouvait hésiter, notant l'accent, la quantité, les pauses) (30) et intellectuelle (pratiquement, dans l'antiquité on ne peut pas bien lire un texte qu'on ne connaît pas ou du moins qu'on ne comprend pas [64]) : d'où l'expression technique *praelectio* [65] pour désigner la « lecture expliquée; » le maître lit le premier le texte en l'expliquant : ce n'est qu'après que l'élève peut utilement se risquer à le lire à son tour [66]. Les uns après les autres, les enfants lisent donc à leur tour le texte étudié [67], si du moins la classe n'est pas trop nombreuse [68]. A la lecture sera associée la récitation : apprendre par cœur sert à meubler et à former la mémoire [69].

L'explication, *enarratio,* qui doit aboutir à un jugement d'ensemble porté d'un point de vue esthétique, comprend deux aspects :

58. QUINT. II, 5, 20. — 59. ID. II, 5, 21; FRONT. *M. Caes.* II, 13; III, 18. — 60. QUINT. I, 8, 1; AUS. *Protr.* 48-50; *C. Gloss. Lat.* III, 381, 4 s. — 61. *Id.* 381, 61-63. — 62. AUG. *Doctr. Chr.* III, 2 (4) s. — 63. *Gram. Lat.* V, 132, 1 s. (POMP.); IV, 372, 15 s (DON.). — 64. GELL. XIII, 30. — 65. QUINT. I, 8, 13; II, 5, 4. — 66. *C. Gloss. Lat.* III, 381, 61-75. — 67. *Id.* 381, 4-60. — 68. Cf. QUINT. II, 5, 3; 6. — 69. ID. I, 1, 36; 11, 14; XI, 2, 41; AUG. *Conf.* I, 13 (20).

commentaire de la forme, commentaire du fond, *verborum interpretatio, historiarum cognitio* [70]. Grâce aux volumineux commentaires que la tradition manuscrite nous a conservés (Servius sur Virgile, Donat sur Térence, etc.), nous pouvons nous faire une idée précise de la manière dont les grammairiens du Bas-Empire conduisaient leur explication. Une introduction rapide, visiblement sacrifiée, puis vient, vers par vers, mot par mot, une lente et méticuleuse *explanatio*. En principe, il s'agit essentiellement [71] d'expliquer le rythme du vers, les mots rares ou difficiles, *glossemata*, les tournures poétiques, mais en fait ce commentaire est, aux yeux du lecteur moderne, d'une minutie, d'un détail tatillon et exaspérant : Priscien a pu consacrer tout un traité, assez volumineux [72], à l'explication des seuls vers initiaux de chacun des XII livres de l'*Enéide*. Soit le vers I, 1 : le maître demande successivement à son élève :

— Scande le vers :
Arma vi / rumque ca / no Tro / iae qui / primus ab / oris.
Combien de césures a-t-il ?
— Deux.
— Lesquelles ?
— La penthémimère et l'hephthémimère (*semiquinaria, semiseptenaria*, dit Priscien en un latin barbare).
— Comment ?
— Penthémimère : *Arma virumque cano* // ; hephthémimère : *Arma virumque cano Troiae* //.
— Combien a-t-il de « figures » ?
— Dix.
— Pourquoi ?
— Parce qu'il est fait de trois dactyles et de deux spondées (Priscien néglige le spondée final).
— Combien de mots (« parties du discours ») ?
— Neuf.
— Combien de noms ?
— Six : *arma, virum, Trojae, qui* (sic), *primus, oris.*
— Combien de verbes ?
— Un : *cano.*
— Combien de prépositions ?
— Une : *ab.*
— Combien de conjonctions ?
— Une : *-que*
— Etudie les mots un à un. Prenons *arma :* quelle partie du discours ?
— Un nom.

70. CIC. *de Or.* I, 187. — 71. QUINT. I, 8, 13 s. — 72. *Gram. Lat.* III, 459-515.

— Sa qualité ?
— Appellatif.
— De quelle espèce ?
— Général.
— De quel genre ?
— Neutre.
— Pourquoi ?
— Tous les noms qui au pluriel se terminent en *-a* sont neutres.
— Pourquoi *arma* ne s'emploie-t-il pas au singulier ?
— Parce que ce nom désigne des objets nombreux et variés, etc...

Le commentaire s'engage alors, sans rapport avec le contexte, dans de longues recherches sur le mot *arma,* son emploi, les mots apparentés, etc. Ce n'est qu'après plusieurs pages qu'on aborde le second mot du vers, puis le suivant.

Dès que le sens le permet (ici avec le mot *Troiae*), le professeur double ce commentaire littéral d'une explication non plus des mots mais des choses, du fond : c'est l'*enarratio historiarum*. Ce terme consacré d'*historiae* [73] ne doit pas être compris à contresens : il désigne non pas l'histoire au sens moderne et étroit du mot, mais de façon très générale tout « ce que raconte » le texte étudié.

L'érudition, plus littéraire, Il s'agit, bien entendu, d'abord de comprendre le sujet, d'identifier les personnages ou les événements, mais bientôt le commentaire prolifère en tous sens, accumulant les remarques et les informations les plus diverses, où le grammairien étale avec suffisance et naïveté une information livresque et minutieuse [74]. Il vise beaucoup moins à dégager et faire sentir à son élève les valeurs esthétiques qu'à satisfaire une curiosité érudite. Nous avons déjà noté ce caractère dans la pratique des écoles hellénistiques; il est, s'il se peut, encore plus accusé à Rome : toute la littérature latine, épanouie dans le cadre de cette civilisation hellénistique, est affectée de ce que nous nous plaisons à appeler le « complexe de culture »; rappellerai-je qu'on ne trouve pas une seule fois le mot *panis* chez Virgile : le pain chez lui se dit toujours *Ceres* [75]; à tout instant le terme propre se dérobe sous l'allusion pédante : les *Géorgiques* ne sont pas un « poème

73. CIC. *de Or.* I, 187; QUINT. I, 8, 18; AUG. *Ord.* II, 12 (13). — 74. QUINT. I, 13 s. — 75. *En.* I, 177; 701...

imité d'Hésiode » mais *Ascraeum carmen* [76], etc. Tout naturellement l'explication de tels passages s'engageait sur la voie de l'érudition. Le bon grammairien était celui qui était capable « de dire qui était la nourrice d'Anchise, le nom et la patrie de la marâtre d'Anchemolus (un héros qui fait une fugitive apparition dans deux vers de l'*Enéide* [77]), combien Aceste vécut d'années et combien d'urnes de vin de Sicile il donna aux Phrygiens [78] ».

La mythologie, la légende héroïque occupait en effet, dans cette érudition grammaticale, la place de choix; mais à côté d'elle l'histoire, la géographie, toutes les sciences étaient mises à contribution. Il convenait de savoir que l'Acheloüs était « un fleuve d'Etolie; il passe pour être le premier à être sorti de la terre; il prend sa source dans le Pinde, chez les Perrhébiens, et se jette dans la mer Maliaque. Il sépare l'Etolie de l'Acarnanie;... l'Amphryse est un fleuve de Thessalie où la légende veut qu'Apollon ait conduit les troupeaux d'Admète, etc. [79] ». On ne saurait trop insister sur l'importance prise dans l'éducation classique par cette érudition : j'ai montré ailleurs (31) qu'elle constituait comme un second pôle de la culture libérale : l'homme vraiment cultivé n'est pas seulement un « lettré » mais aussi un érudit, un savant, mais sous le nom de science il faut essentiellement entendre cette érudition acquise en marge des classiques.

Que scientifique. Sans doute, en théorie, les Romains restent, comme les Grecs, fidèles à l'idéal traditionnel qui édifie la haute culture sur la base de l'ἐγκύκλιος παιδεία [80] ou comme on dit le plus souvent en latin des *artes liberales* [81] dont le programme, on s'en souvient, double les « arts » littéraires des « disciplines » mathématiques. Mais celles-ci sont en fait bien négligées : les théoriciens, Cicéron [82], Quintilien, reprennent à leur compte l'enseignement de Platon et d'Isocrate sur la valeur formatrice de la géométrie qui « exerce l'intelligence, aiguise l'esprit, donne une promptitude d'intuition... [83] », mais on sent bien qu'ils le font sans illusion : c'est là définir un type idéal [84], que ne réalise guère la pratique usuelle. Quintilien, par exemple, a beau conclure que « sans mathématiques, pas d'orateur », *ut*...

76. *G.* II, 176. — 77. *En.* X, 388-389. — 78. JUV. VII, 232-236. — 79. VIB. SEQ. s. vv. — 80. VITR. I, 1 (3-10); QUINT. I, 10, 1. — 81. CIC. *de Or.* I, 72-73; III, 127; SEN. *Ep.* 88, 1. — 82. CIC. *Resp.* I, 30. — 83. QUINT. I, 10, 34. — 84. CIC. *de Or.* I, 78; *Or.* 7-10; 19, 101; QUINT. I, 10, 4.

nullo modo sine geometria esse possit orator[85], cette belle formule, en soi digne d'un Platon, voit sa portée pratique singulièrement atténuée : Quintilien ne permet pas à ces études scientifiques d'envahir l'emploi du temps, qui doit rester essentiellement consacré à la grammaire; il ne leur concède que les « retombées » de l'horaire scolaire, *temporum velut subcessiva*[86].

La pratique allait, en fait, encore moins loin. Il y avait bien, dans l'Empire romain, des professeurs de mathématiques, géomètres, « musiciens » : leur existence est attestée du Ier au IVe siècle[87], mais leur enseignement n'intéressait qu'une minorité d'élèves, et supposait chez ceux-ci une vocation spéciale, d'ordre scientifique ou technique (32). En règle générale, l'enseignement secondaire se limitait à celui du grammairien.

Là encore les modernes, et déjà les Anciens[88], parlent volontiers de l'esprit utilitaire, terre à terre des Romains, incapables de de s'adonner comme les Grecs à une étude scientifique désintéressée; mais un jugement aussi sommaire brouille la perspective historique : il ne sert à rien de comparer les Romains, disons du Ier siècle, aux Grecs du Ve; on l'a vu, cette dominante littéraire et érudite est le fait de toute l'éducation et de la culture hellénistiques, qu'elle soit d'expression grecque ou latine.

C'est des Grecs de leur temps que les Romains ont appris à ramener par exemple l'étude de l'astronomie à celle du texte, plus mythologique que mathématique, d'Aratos et de façon générale les sciences aux lettres, disons très précisément au commentaire des auteurs (33).

Exercices de style. Pour compléter ce tableau de l'enseignement du *grammaticus,* il ne reste en effet qu'à mentionner les e-ercices pratiques de style, ces « exercices préparatoires » par lesquels on préludait à l'apprentissage de l'éloquence : fable, sentence, « chrie », « éthologie »[89], etc. Terminologie et technique toutes grecques : la pédagogie romaine suit son modèle hellénistique jusque dans le détail de ses errements, lui empruntant même ses thèmes de devoirs. Le lecteur se souvient de la « chrie » d'Isocrate que nous commente le manuel d'Aph-

85. ID. I, 10, 49. — 86. ID. I, 12, 13. — 87. COLUM. I, pr. 1-7; *Dig.* L, 13, 1; DIOCL. *Max.* 7, 70; *C. Just.* IX, 18, 2; *C. Theod.* XIII, 4, 3. — 88. CIC. *Tusc.* I, 5; VIRG. *En.* VI, 849-850. — 89. QUINT. I, 9; SUET. 25, 5; *Rhet. Lat. Min.* 561 s. (EMPOR.); 551 s. (PRISC.).

tonios : les Latins reprenaient le même thème, attribué cette fois au vieux Caton, et leurs écoliers déclinaient avec application :

Marcus Portius Caton a dit que les racines des lettres étaient amères, mais que les fruits en étaient doux. De Caton est rapportée la parole que... A Caton il a plu de dire que... On rapporte que Caton a dit que... O Caton, n'as-tu pas dit que...

Puis au pluriel :

Les Marci Portii Catones ont dit que les racines des lettres étaient amères...

et ainsi de suite à chacun des cas [90].

Mais avec ces exercices nous parvenons à la frontière, disputée, qui réunit grammaire et rhétorique [91] : à Rome comme en Grèce celle-ci relève de l'enseignement supérieur dont elle constitue la forme principale.

90. *Gram. Lat.* I, 310 (DIOM.). — 91. QUINT. I, 9, 6; II, 1.

CHAPITRE VI

Les écoles romaines :
3. Enseignement supérieur

Il s'agit donc, d'abord de l'enseignement de l'art oratoire. Il est confié, lui aussi, à un maître spécialisé, appelé en latin *rhetor* [1], quelquefois aussi *orator* [2], quoique ce mot ait en principe une acception plus large [3].

Le rhéteur. Dans la hiérarchie des valeurs professionnelles et sociales, il occupe un rang nettement plus élevé que ses collègues des deux premiers degrés. Il est mieux payé : Juvénal, au début du second siècle, fournit le chiffre de 2.000 sesterces par élève et par an [4] soit un salaire quatre fois supérieur à celui qu'il prévoit pour un simple grammairien [5]; il est vrai qu'il s'agit de l'illustre Quintilien : l'éventail des traitements n'était peut-être pas aussi largement ouvert dans le cas des maîtres ordinaires. Au temps de Dioclétien, l'*orator* est moins favorisé vis-à-vis du grammairien : ils reçoivent respectivement 250 et 200 deniers (toujours par élève et par mois) en face des 50 du simple instituteur [6]. En 376, le rapport est fixé par une loi de Gratien du simple au double pour la Gaule, de trois à deux pour Trèves [7]. Aux yeux des anciens eux-mêmes [8] ce n'était pas là une situation tellement avantageuse. Il fallait d'ailleurs compter avec les difficultés communes à toutes les carrières libérales : la concurrence [9], les mauvais payeurs [10].

La carrière attire toujours les hommes de peu, affranchis [11] ou sénateurs en disgrâce [12]; néanmoins, plus souvent que pour les simples grammairiens, on voit des rhéteurs parvenir à la fortune,

1. DESSAU 7773; 2051; DIEHL, 104. — 2. *Id.* 105 adn.; AUS. *Prof.* 1; *C. Theod.* XIII, 3, 11. — 3. SEN. *Contr.* VII, 1, 20. — 4. JUV. VII, 186-187. — 5. *Id.* 243 (*Schol.*). — 6. DIOCL. *Max.* 7, 66. 70-71. — 7. *C. Theod.* XIII, 3, 11. — 8. JUV. VII, 187-188. — 9. TAC. *D.* 29, 7. — 10. JUV. VII, 157-158; 203; AUG. *Conf.* V, 15 (22). — 11. SUET. *Gram.* 6. — 12. *Id.* 28; PL. *Ep.* IV, 11.

aux honneurs [13], voire, au Bas-Empire, aux plus hautes charges dans l'État et, avec Eugène, jusqu'au trône même. Mais sauf s'il s'agit du préceptorat auprès d'un jeune prince (comme Fronton auprès de Marc-Aurèle et Vérus, comme Ausone auprès de Gratien), ce n'est pas, le plus souvent, le professorat lui-même qui conduisait aussi haut mais ses à-côtés littéraires et (au Bas-Empire) administratifs ou politiques.

Comme son humble confrère le *magister ludi,* le rhéteur enseignait à l'ombre des portiques des forums, mais il ne se contentait pas d'une sommaire boutique : l'État (au Bas-Empire, et peut-être dès Hadrien) mettait à sa disposition de belles salles en exèdre, aménagées comme un petit théâtre, ouvertes au fond de ces portiques : *schola* du forum de Trajan, exèdres du forum d'Auguste à Rome, exèdres du portique nord du Capitole à Constantinople (34) : type de construction et d'aménagement emprunté par les architectes latins aux salles que nous avons vues remplir une fonction analogue dans les gymnases grecs.

L'enseignement du *rhetor Latinus* a pour objet, comme celui du σοφιστής grec, la maîtrise de l'art oratoire, telle que l'assure la technique traditionnelle, le système complexe de règles, de procédés et d'habitudes progressivement mis au point par l'école grecque à partir de la génération des Sophistes. Enseignement tout formel : apprendre les règles, habituer à s'en servir.

Cicéron, sans doute sous l'influence de l'académicien Philon de Larissa (35), avait dépensé un grand effort pour arracher la jeunesse romaine à cette conception, naïvement utilitaire, des études rhétoriques et pour élargir l'idéal de l'orateur, retrouvant ainsi, dans sa noble simplicité, l'idéal premier d'Isocrate. Il voulait asseoir la formation de l'orateur sur la plus large culture [14], insistant en particulier (plus qu'Isocrate ne l'eût fait) sur la nécessité d'une solide préparation philosophique [15], à laquelle il joignait, en bon Romain, la connaissance du droit [16] et celle de l'histoire [17], cet enrichissement de l'expérience humaine, si précieuse en leçons pour l'homme d'Etat.

Mais Cicéron n'a pas réussi à persuader ses jeunes contemporains, ni les générations suivantes. Quintilien qui, un siècle après, reprit pratiquement la même doctrine (son néo-classicisme invoque expressément l'autorité de Cicéron [18]) (36), ne fut pas davantage

13. SUET. *Gram.* 25, 4. — 14. CIC. *de Or.* I, 20; 48-73; II, 5; *Br.* 322. — 15. ID. *de Or.* I, 53-57; 68-69; III, 76-80. — 16. *Id.* I, 166-203; *Or.* 120. — 17. *De Or.* I, 158-159; 201; *Or.* 120. — 18. QUINT. I, pr. 13.

écouté [19]. Pour la plupart des Romains de l'Empire, le droit est une spécialité, la philosophie une vocation exceptionnelle, à moins qu'elle ne se ramène à un vernis superficiel, à un répertoire d'idées générales, de développements passe-partout; de même l'histoire, en dehors des modèles de style qu'elle présente, se réduit à un répertoire d'*exempla*, de « faits et dits mémorables [20] », utiles à confier à la mémoire de l'orateur pour qu'il les ressorte à l'occasion. Les études supérieures se résument pratiquement à la rhétorique, au sens le plus formel du mot. Des œuvres théoriques de Cicéron, ce n'est pas le *De Oratore*, c'est le *De Inventione*, ce travail de jeunesse, si sec et si scolaire, qui est le plus étudié, le plus activement commenté [21].

La rhétorique est toute grecque.

Il n'y a pas de rhétorique proprement latine : cet art existait, inventé, mis au point, de plus en plus perfectionné par les Grecs. Le travail des *rhetores Latini* du Ier siècle avant notre ère puis de Cicéron avait simplement consisté à élaborer un vocabulaire technique, transposant celui des rhéteurs grecs, mot pour mot et souvent de façon très servile (ainsi à ἔντεχνος on fit correspondre *artificialis*). L'école latine n'eut jamais de tradition pédagogique propre : elle reste, tout au long de l'Empire, en contact très étroit avec la rhétorique grecque (37). Sa « latinité » marque même un certain recul sur la position assumée par les écrivains de la République. Ainsi la langue technique de Quintilien utilise beaucoup de termes grecs, simplement transcrits en lettres latines ou même, souvent, écrits en grec, pour lesquels pourtant la *Rhétorique à Herennius* ou Cicéron fournissaient des équivalents : Quintilien écrit ἀναγκαῖον, ἀνακεφαλαίωσις, ἀποσιώπησις εἰρωνεία, ἐτυμολογία, et non, comme ses prédécesseurs, *necessitudo, enumeratio, reticentia, dissimulatio, notatio* : il semble avoir considéré ces termes techniques comme si riches, si précis dans leur langue originale, qu'ils ne supportaient pas sans dommage cet effort de transposition (38).

Comme la théorie, l'enseignement pratique reflète étroitement l'exemple venu de Grèce. Une fois achevée la longue série des exercices préparatoires, l'élève était admis à composer des discours

19. TAC. *D.* 28-35. — 20. VAL. MAX. — 21. *Rhet. Lat. Min.* 155 s. (M. VICT.); 596 s. (GRILL.).

fictifs, sur un sujet donné par le maître et suivant les prescriptions et conseils de celui-ci. Appris par cœur, ces discours étaient récités en public (car l' « action » est une partie intégrante de l'art oratoire), non sans quelque pompe : l'auditoire comprend, outre le maître, les condisciples et, au moins quelquefois, des parents et amis du jeune orateur [22]. Le terme technique, pour désigner cet exercice, est en latin *declamatio (declamare)* qui correspond au grec μελέτη (μελετᾶν). Comme en Grèce, on distingue deux espèces dans le genre : la suasoire, qui relève de l'éloquence délibérative et traite volontiers des sujets historiques (« Hannibal, au lendemain de Cannes, se demande s'il marchera sur Rome » [23]) et la controverse, d'ordre judiciaire : c'est une plaidoirie, pour ou contre, dans un cas déterminé et défini en fonction d'un texte de loi.

Une fois de plus je soulignerai l'uniformité et la longue permanence de la pratique pédagogique antique : nous connaissons bien les sujets proposés aux jeunes rhétoriciens latins, grâce en particulier aux recueils de corrigés de Sénèque le Père, du (Ps.) Quintilien, de Calpurnius Flaccus et d'Ennode. Cette documentation s'échelonne sur six siècles : or ce sont toujours les mêmes types de sujets, ceux-là mêmes que nous a fait connaître l'école hellénistique (39), la même veine de fantaisie irréelle, le même goût du paradoxe et de l'invraisemblable. Ce ne sont toujours que tyrans et pirates, peste ou folie, enlèvements, viols, marâtres et fils déshérités, situations scabreuses et cas de conscience raffinés, lois imaginaires : qu'il me suffise d'en rapporter deux exemples :

La prêtresse prostituée

On supposera une loi fixant qu'une prêtresse doit être chaste et pure, issue de parents chastes et purs.

Une vierge, prise par des pirates, est vendue à un entrepreneur qui la livre à la prostitution. Aux clients qui se présentaient, elle demandait de lui payer son salaire tout en la respectant. Un soldat refuse de lui accorder cette grâce et veut lui faire violence : elle le tue. Accusée, elle est acquittée et rendue aux siens. Elle demande un sacerdoce. Plaider pour ou contre [24].

Le double séducteur

La loi sera ici : une femme séduite choisira entre la condamnation à mort de son séducteur ou le mariage avec lui sans dot.

La même nuit, un homme fait violence à deux femmes. L'une demande sa mort, l'autre choisit de l'épouser [25].

22. PERS. III, 45-47; QUINT. II, 2, 9-12; 7, 1; X, 5, 21; PL. *Ep.* II, 18, 1-2. — 23 JUV. VII, 160-164. — 24. SEN. *Contr.* I, 2. — 25. *Id.* I, 5; cf. IV, 3; VII, 8.

De si beaux sujets appelaient tout naturellement les subtilités, les traits d'esprit, les *concetti* : les rhéteurs latins n'en étaient pas plus chiches que leurs confrères grecs de la Seconde Sophistique. Voici le thème du *Fortis sine manibus* : un glorieux vétéran qui a perdu ses deux mains à la guerre surprend sa femme en flagrant délit d'adultère; écoutons le célèbre rhéteur M. Porcius Latro s'essayer là-dessus :

Adulteros meos tantum excitavi... « C'est à peine si mon arrivée a troublé les coupables... O cruelle évocation de ma valeur passée ! O triste souvenir de mes victoires... Seul de tous les maris trompés, je n'ai pu les chasser, ni les tuer ! Quoi, vous riez, leur dis-je : j'ai des mains ! Et j'appelai mon fils... [26]. »

Littérature et barreau. Tout a été dit, et dès l'antiquité même [27], sur l'absurdité d'une pédagogie aussi artificielle et qui paraît, de gaîté de cœur, tourner le dos à la vie (40). Ne nous hâtons pas de juger : il faut d'abord être sûr de comprendre. L'historien de l'Empire romain est trop porté à rattacher cette éloquence scolaire aux phénomènes annonciateurs de la « décadence » qu'il croit déceler partout dans la latinité de l'âge d'argent. Mais, on l'a vu, il ne s'agit pas là d'un trait propre à la Rome impériale; c'est toute la culture hellénistique qui est en jeu : cette pédagogie a été, de Démétrios de Phalère à Ennode (et, à Byzance, au-delà), soit pendant un millénaire (et même deux), acceptée comme la norme de toute culture supérieure. Faut-il accuser d'aveuglement prolongé une si longue suite de générations, traiter de routinière et de décadente une civilisation dont par ailleurs on ne peut contester la vitalité et la grandeur sur le plan de l'esprit ?

Je ne plaiderai pas les circonstances atténuantes (on pourrait, en effet, s'attacher à montrer que la rhétorique latine n'avait pas complètement oublié l'exemple de Plotius Gallus et savait faire une place à l'actualité, aux problèmes politiques concrets, à la réalité juridique) (41) : d'une part, comme je l'ai déjà montré à propos de la rhétorique hellénistique, c'était, de la part des Anciens, une option consciente que de préférer, à titre d'exercices, les sujets paradoxaux, plus difficiles, donc plus profitables, que ceux de la vie réelle [28].

26. *Id.* I, 4, 1. — 27. PETR. 1, 3; QUINT. II, 10; TAC. *D.* 31, 1; 35, 4-5. — 28. GELL. XVII, 12.

D'autre part, il n'est pas vrai, quoi qu'en ait dit un jour Sénèque [29], que l'école fût si éloignée de la vie, — littéraire s'entend. L'empire, la perte de la « liberté » politique a, dès Auguste, amené la culture romaine à s'aligner sur la culture hellénistique : l'éloquence, sous sa forme supérieure, n'est plus l'éloquence politique, mais celle, esthétique et désintéressée, du conférencier ; dès le temps d'Auguste, Asinius Pollion a inauguré à Rome l'usage des récitations publiques [30], qui vont dès lors, comme en pays grec, dominer toute la vie littéraire.

Plus on avance, plus s'atténuent les traits spécifiques qui opposeraient la tradition éducative latine à celle des Grecs : sous l'Empire, l'éducation romaine, comme l'hellénistique, est devenue d'essence esthétique. Par la littérature et l'art, elle aspire à réaliser un idéal d'humanisme que ne limite et n'oriente aucun souci sordide d'utilité immédiate et de formation technique.

L'éloquence d'école, dès lors, cesse d'apparaître comme une déplorable absurdité : elle s'oriente tout naturellement vers cet art du conférencier, vers cette éloquence d'apparat qui définit la forme supérieure de l'art aux yeux des lettrés latins de l'Empire comme à ceux de leurs contemporains grecs de la Seconde Sophistique. Et si on les juge du point de vue strictement littéraire, les sujets de déclamations ne sont pas sans mérite : le réalisme n'est pas la seule veine d'inspiration, il y a aussi la fantaisie, l'aventure. En fait, ces sujets ont eu une fortune singulière, qui déborde largement, en Occident, leur usage scolaire : ils ont inspiré au Moyen Âge les auteurs de nouvelles, qu'elles soient rédigées en latin, comme les *Gesta Romanorum* (42), ou en langue vulgaire, et constituent ainsi une des sources de la tradition romanesque de nos littératures modernes.

En même temps, il faut bien constater que, en dépit des apparences, cet apprentissage formel de l'art oratoire ne détournait pas les jeunes Romains de la vie active : nous verrons au chapitre suivant comment l'Empire (et c'est vrai de l'Empire libéral des deux premiers siècles comme de la monarchie bureaucratique des IVe-VIe) a trouvé dans les écoles de rhétorique une pépinière d'esprits alertes et déliés, fort capables de lui fournir le personnel de ses hauts cadres administratifs et gouvernementaux.

A prendre les choses en gros, on peut dire que l'enseignement de la rhétorique était bien, en fait, orienté vers la vie pratique :

29. SEN. *Ep.* 106, 12. — 30. SEN. *Contr.* IV, pr. 2.

il préparait normalement ses élèves à la carrière du barreau. Ouvrons Quintilien, dont l'œuvre datée des années 90 nous fournit un bon poste d'observation au milieu de l'ère impériale : il est clair que l'orateur qu'il cherche à former est destiné avant tout à faire un avocat [31], carrière bien achalandée, si l'on songe au développement du système juridique dans l'Empire romain (43). Sans doute, cette préparation nous paraît bien peu technique : Quintilien qui, à la suite de Cicéron, cherche à persuader son disciple de la nécessité d'étudier à fond le droit [32], nous a bien semblé réagir en vain contre une tendance profonde de son temps. Il faut bien voir que le développement même de la technique juridique romaine avait fait du droit une spécialité : il s'était établi dans la pratique comme une division du travail entre juriste et avocat. Celui-ci avait auprès de lui des conseillers techniques, *pragmatici,* qui dirigeaient la procédure et lui préparaient un dossier d'arguments légaux [33]. Le travail propre de l'avocat était de les faire valoir, de les amplifier en glissant du droit à l'équité, de leur prêter une voix émouvante et persuasive : son travail était, en somme, d'ordre plus littéraire que proprement juridique.

L'enseignement du droit. C'était en effet la grande originalité de l'enseignement latin que d'offrir à l'ambition des jeunes gens la carrière juridique. C'est le seul point où nous cessons de constater le parallélisme si parfait qui existe partout ailleurs entre les écoles grecques et latines : abandonnant aux Grecs la philosophie et (du moins pendant longtemps) la médecine, les Romains ont créé avec leurs écoles de droit un type d'enseignement supérieur original.

Il est banal de célébrer dans le droit la grande création du génie romain : de fait, il représente bien l'apparition d'une forme nouvelle de culture, d'un type d'esprit que le monde grec n'avait nullement pressenti. C'est un type original que le *juris prudens :* l'homme qui sait le droit, qui connaît à fond les lois, les coutumes, les règles de la procédure, le répertoire de la « jurisprudence », cet ensemble des précédents auxquels dans tel cas déterminé on pourra se référer pour invoquer l'autorité de l'analogie, de la tradition; l'homme aussi qui « dit » le Droit, qui sait mettre en œuvre, pour un cas

31. QUINT. XII, 1, 13 : 24-26; XII, 3; XII, 6. — 32. ID. XII, 3. — 33. ID. XII, 3, 4-9; TAC. *D.* 31-32.

déterminé, cette vaste connaissance, tous les matériaux que lui fournissent son érudition et sa mémoire, qui tranche le cas d'espèce, sait proposer la solution élégante qui triomphe de l'obscurité de la cause et de l'ambiguïté de la loi. La sagesse du Prudent n'est pas faite seulement de finasserie : elle s'appuie sur un sens élevé du juste et du bien autant que de l'ordre. Cette sagesse, longtemps intuitive, devient réfléchie, consciente et saura s'alimenter de tout l'apport formel de la pensée grecque, de la robuste armature logique de l'Aristotélisme comme de la richesse morale du Stoïcisme.

Il y a donc à Rome une science du droit; sa connaissance est un bien précieux, auquel aspirent beaucoup de jeunes Romains : elle ouvre une carrière profitable; plus encore que l'éloquence, le droit apparaît comme la savonnette à vilain, le moyen de parvenir [34]. Tout naturellement sont apparus, pour répondre à ce désir, le maître du droit, *magister juris* [35], l'enseignement du droit (44).

Au point de vue institution, celui-ci se présenta longtemps sous une forme embryonnaire : il se donnait, jusqu'au temps de Cicéron, dans le cadre de cette formation pratique que désigne l'expression *tirocinium fori*. Reportons-nous aux textes qui nous montrent le jeune Cicéron, par exemple, accompagnant l'un ou l'autre des Mucii Scaevolae [36]. Le maître est certes un praticien plus qu'un professeur [37]. Mais les jeunes disciples qui l'entourent assistent aux consultations juridiques qu'il donne à ses clients et s'instruisent en l'écoutant, car, bien entendu, il sait profiter de toute occasion pour leur expliquer les finesses du cas, l'enchaînement des conséquences, exactement comme fait le médecin dans l'enseignement clinique. C'est seulement à partir de la génération de Cicéron et largement, semble-t-il, grâce à son action et à sa propagande [38], que la pédagogie juridique romaine double cet enseignement pratique, *respondentes audire,* d'un enseignement systématique, *instituere :* Cicéron lui-même avait intitulé un de ses ouvrages, malheureusement perdu, *de iure ciuili in artem redigendo* [39]; mettant en œuvre toutes les ressources de la logique grecque, le droit romain s'efforce dès lors de se présenter aux débutants sous la forme d'un corps de doctrine, d'un système, constitué par un ensemble de principes, de divisions et classifications appuyés sur une terminologie et des définitions précises [40].

En même temps qu'il dégage les règles de sa méthode, l'ensei-

34. PETR. 46. — 35. DESSAU, 7748; *CIL.* VI, 1602. — 36. CIC. *Lae.* I. — 37. ID. *Br.* 306. — 38. ID. *de Or.* I, 166-201. — 39. GELL. I, 22, 7. — 40. CIC. *de Or.* I, 87-190.

gnement juridique tend à s'incarner dans des institutions mieux définies, de caractère plus officiel : il suit l'évolution que connaît d'autre part la fonction même de jurisconsulte à laquelle il demeure attaché. On sait qu'à partir d'Auguste les plus qualifiés des Prudents sont investis d'une autorité officielle en recevant le *ius publice respondendi*[41]. Au second siècle, nous constatons l'existence, bien établie, de bureaux de consultation qui sont en même temps des écoles publiques de droit, *stationes ius publice docentium aut respondentium*[42]. Ces écoles étaient établies à l'ombre des temples, sans doute pour profiter des ressources des bibliothèques spéciales qui s'y trouvaient annexées, comme celle dont Auguste avait doté le sanctuaire d'Apollon au Palatin[43].

Au même moment, la pédagogie juridique achève d'élaborer ses instruments : c'est du second siècle que datent les *Institutes* de Gaius qui, venant après d'autres, offre un modèle de traité systématique des éléments du droit romain, parfaitement adapté à l'initiation des débutants. Parallèlement se poursuit la rédaction de tout un ensemble de manuels de procédure, de commentaires à l'*Edit perpétuel* fixé par Hadrien, de recueils méthodiques, ou *Digesta,* d'extraits de jurisconsultes. Cette activité créatrice culmine au temps des Sévères avec l'œuvre admirable d'Ulpien, Papinien, Paul, etc.

Œuvre qui très tôt devient classique, au sens le plus précis du mot : en possession de textes d'une autorité reconnue, l'enseignement s'organise autour d'eux. Empruntant au *grammaticus* l'expérience séculaire qu'il avait acquise dans le commerce des poètes, le professeur de droit se consacre essentiellement à l'explication, à l'interprétation de ses auteurs.

Nous connaissons bien, en particulier, le programme et les méthodes suivis dans l'école de Beyrouth, le centre le plus florissant, en Orient, de l'étude du droit romain. Cette école a dû s'organiser au début du IIIe siècle, profitant de l'existence à Beyrouth d'un centre d'affichage et d'un dépôt d'archives des lois et constitutions impériales adressées à l'Orient (45). Dès 239, elle nous apparaît en pleine activité, attirant à elle des étudiants venus de provinces aussi lointaines que la Cappadoce[44]. Son prestige persiste pendant tout le IVe[45] et le Ve siècle[46] et ne sera que tardivement contre-balancé par celui de Constantinople.

41. JUST. *Inst.* I, 2, 8; *Dig.* I, 2, 2, 49. — 42. GELL. XIII, 13, 1. — 43. *Schol.* JUV. I, 128. — 44. GREG. THAUM. *Pan.* 5. — 45. LIB. *Or.* I, 214.— 46. ZACH. *V. Sev.* p. 46.

L'enseignement qui, à l'époque chrétienne, se donne, l'après-midi, à l'ombre de la cathédrale d'Eustathe (un peu comme aujourd'hui encore en pays musulman le haut enseignement s'abrite dans les mosquées), comprend normalement quatre années [47] : le maître lit, explique, commente les textes de base : la première année, avec les « conscrits », *dupondii*, il étudie les *Institutes* de Gaius et les *Libri ad Sabinum* d'Ulpien; la seconde année les *Libri ad edictum* du même Ulpien; la troisième les *Responsa Papiniani* et la quatrième les *Responsa Pauli*. Une cinquième année supplémentaire s'introduit, consacrée aux Constitutions impériales que rassemblent, à partir des années 291-295, les Codes : on sait que les premiers, *Code Grégorien, Code Hermogénien,* sont dus à l'initiative privée (il faudra attendre Théodose II et l'an 439 pour voir l'empereur promulguer un *Code* officiel) : il n'est pas interdit de supposer qu'ils ont été compilés en vue de faciliter l'enseignement. Celui-ci, à Beyrouth comme à Constantinople, se donne en latin : c'est seulement entre 381-382 et 410-420 que le grec s'y introduit, sans parvenir d'ailleurs à détrôner complètement le latin, qui avec des fortunes diverses maintiendra au moins en partie ses positions jusqu'à Justinien.

47. JUST. *Omnem*, 2-6.

CHAPITRE VII

L'œuvre éducatrice de Rome

L'importance historique de l'éducation romaine ne réside pas dans les petites nuances ou les compléments qu'elle a apportés à l'éducation classique du type hellénistique, mais bien dans la diffusion qu'elle a réalisée de ce type d'éducation, à travers le temps et l'espace.

La grandeur romaine. Les historiens modernes n'ont pas toujours su rendre justice à la grandeur de l'œuvre accomplie, dans le monde, par Rome. Héritiers du romantisme (pour qui la valeur suprême et, en un sens, unique est l'originalité, la création absolue), ils n'ont su voir dans la civilisation romaine qu'une déformation, un abâtardissement de la civilisation hellénique, seule originale (1).

Je ne crois pas nécessaire de démontrer l'insuffisance d'un tel point de vue. On notera que le même purisme a également inspiré les jugements, souvent aussi défavorables, qu'on a longtemps portés sur la civilisation hellénistique, rendue coupable à la fois de n'être pas demeurée l'égale de celle des VIe, Ve et IVe siècles, et de lui être restée trop fidèle (car, au fond, ce qu'on lui reproche, c'est son classicisme, le fait de n'avoir pas balayé l'héritage de l'époque précédente, de n'être pas repartie sur une nouvelle piste).

Mais, il faut bien le dire, les apologistes de Rome se sont parfois inutilement dépensés à poursuivre le fantôme d'une prétendue originalité latine, en fait inexistante ou du moins réduite à des différences de faciès d'ordre secondaire. La vérité est ailleurs : le rôle historique de Rome a été non de créer une civilisation nouvelle, mais d'implanter et d'enraciner solidement dans le monde méditerranéen cette civilisation hellénistique qui l'avait elle-même conquise.

Rome comme civilisatrice. Politiquement, on l'a vu, l'œuvre de Rome a été de « faire du monde entier une patrie unique [1] », de rassembler vainqueurs et vaincus dans une même communauté. Rappellerai-je, entre tant d'autres témoignages, les paroles enflammées avec lesquelles, s'adressant au bon empereur Antonin le Pieux, Aelius Aristide, porte-parole de l'aristocratie ionienne, célèbre la grandeur et les bienfaits de la paix romaine, qui a unifié l'univers entier comme un immense chœur qui chante (à l'unisson!), docile au coryphée impérial [2] : « Comme les chauves-souris, dans les grottes, s'accrochent aux pierres et les unes aux autres, ainsi tous sont suspendus à Rome, craignant par-dessous tout d'en être détachés [3] » (2).

Mais une communauté se juge d'après les valeurs dans lesquelles communient ses membres : l'idéal de la Rome impériale n'est pas limité aux valeurs proprement politiques : la justice, l'ordre et la paix ne constituent pas, à ses yeux, une fin; ce ne sont encore que des moyens qui permettent aux hommes de vivre dans la sécurité, l'aisance, le loisir, disons le mot : le bonheur, ce bonheur qui, aux yeux de tous les penseurs hellénistiques, représentait la valeur suprême, le τέλος, la raison de vivre de l'humanité. Nous touchons là l'essence, le *Wesen,* de la *Romanitas :* organiser le monde pour que puissent s'y épanouir les valeurs de la civilisation hellénistique, — la civilisation du bonheur.

Ecoutons encore Aelius Aristide :

> Le monde entier semble en fête. Il a déposé son ancien vêtement qui était de fer pour se donner en toute liberté à la beauté et à la joie de vivre. Toutes les cités ont renoncé à leurs anciennes rivalités, ou plutôt une même émulation les anime toutes : celle de paraître la plus belle et la plus charmante. Partout des gymnases, des fontaines, des propylées, des temples, des ateliers, des écoles [4].

Il ne faut pas juger l'œuvre de Rome sous la catégorie hégélienne du devenir : comme il convenait dans la perspective classique, Rome s'est pensée elle-même *sub specie aeternitatis,* sous la lumière immobile d'un éternel présent. Elle se croit éternelle parce que, grâce à elle, l'humanité civilisée a pu atteindre un stade normal de maturité, un ordre si stable qu'il ne subsiste plus de raisons de l'altérer ni de l'ébranler.

1. RUT. NAM. I, 63. — 2. ARSTD. XXVI K, 29. — 3. *Id.* 68. — 4. *Id.* 97.

Encore une fois, pour l'historien, la création originale n'est pas le seul titre dont une civilisation puisse tirer gloire. Sa grandeur historique, l'importance de son rôle dans l'humanité se mesurent non seulement à ses valeurs intrinsèques, mais aussi à son extension, à son enracinement dans le temps et dans l'espace. La civilisation pascuane possédait certes, elle aussi, de bien précieuses valeurs; mais elle eût été plus féconde, et moins fragile, si son aire n'avait pas été limitée à un îlot de 118 km², perdu au cœur du Pacifique austral. Si, pour en venir au fait, la civilisation minoenne n'avait pas essaimé hors de Crète, il n'y aurait pas eu le savoureux automne mycénien, ni la fécondation du haut Moyen Age hellénique, ni Homère... Si la civilisation grecque, à son tour, était restée le bien, jalousement gardé, de quelques cités égéennes, elle aurait disparu elle aussi depuis longtemps, sans avoir, comme elle l'a fait, renouvelé la face du monde.

C'est pour une bonne part à Rome qu'elle doit d'avoir accompli son destin. Le rôle historique de Rome a été, continuant celui d'Alexandre, d'implanter la civilisation hellénistique du Sahara aux lochs d'Ecosse, de l'Euphrate à l'Atlantique et de l'enraciner si profondément qu'elle a pu résister aux bourrasques des invasions germaniques et slaves, et même en somme à l'invasion arabe, sinon turque. C'est ce labour profond, garant des renaissances à venir, qui est le véritable honneur, la gloire impérissable de Rome.

Politique de romanisation. « Partout des gymnases..., des écoles » : il est remarquable de voir l'énumération d'Aelius Aristide s'achever sur ce mot. Nous avions fait du gymnase le symbole de l'installation de l'hellénisme en terre barbare. Rome aussi apporte avec elle un style de vie noble, le luxe, les plaisirs : on pourrait dire que les monuments caractéristiques de la Romanité sont les thermes, le théâtre, l'amphithéâtre et le cirque. Mais ce n'est là que l'écorce; Rome apporte quelque chose de plus précieux : ses écoles, et avec elles sa langue, ses deux langues, sa culture.

Partout, dans les pays « barbares » d'Occident, nous constatons les effets d'une politique, voulue et consciente, de romanisation. Prenons le cas de l'Espagne : dès 79 avant Jésus-Christ, Sertorius, qui, pour avoir rompu avec la légalité d'une République confisquée par l'aristocratie, ne s'en considérait pas moins comme le représentant de l'idée romaine, rassemble à Osca les fils des meilleures familles d'Espagne, évidemment pour s'assurer la fidélité des chefs indigènes, mais il fait élever à la romaine ces jeunes otages : on nous les montre, vêtus de la prétexte et la *bulla* au cou, s'initiant aux lettres grecques et latines [5]. Sous l'Empire, nous constatons les résultats de la politique ainsi inaugurée : du nord au sud de la péninsule, nous trouvons en place tout un réseau d'écoles. Il y a des écoles élémentaires jusque dans tel petit centre minier de la Lusitanie méridionale [6]; dans toutes les cités un peu importantes des grammairiens [7], latins [8] ou grecs [9], des professeurs de rhétorique, latine [10] ou grecque [11]. Comment s'étonner dès lors de voir la péninsule ibérique jouer un rôle aussi actif dans la vie romaine, lui apporter, en retour, tant de grands écrivains (les Sénèque, Lucain, Quintilien, Martial), tant d'administrateurs et d'hommes politiques, et à partir de Trajan jusqu'à des empereurs ? (3)

On pourrait répéter la même esquisse à propos de chacune des grandes régions de l'Occident. En Afrique, où le latin commençait à se répandre dès le temps de César, nous rencontrons aussi, sous l'Empire, un peu partout, des maîtres, grammairiens [12] et rhéteurs [13], des hommes cultivés, comme ce jeune homme de Sétif, *summarum artium liberalium, litterarum studiis utriusq. linguae perfecte eruditus, optima facundia praeditus* [14], ou encore comme ces bourgeois de Sala, au bord de l'Atlantique, à l'extrémité sud-ouest du monde romain, que nous voyons, en 144, rédiger en l'honneur d'un de leurs préfets un décret honorifique d'une rare somptuosité verbale [15].

La Gaule ne le cède guère à l'Afrique [16] : elle aussi était une terre d'élection pour la grammaire [17] et l'éloquence [18]; là aussi, appuyée sur un réseau d'écoles où enseignent bientôt des maîtres célèbres [19], la romanisation a réalisé, très tôt, d'immenses progrès. Dès 48 après Jésus-Christ, l'empereur Claude, parlant au Sénat en faveur de l'octroi du *ius honorum* aux notables de la Gaule Chevelue, pouvait affirmer que les Gaulois étaient devenus les égaux des Romains par les mœurs et la culture, *moribus, artibus* [20].

La romanisation progresse au même rythme dans tout l'Occident : dès Tibère, Velleius Paterculus atteste que « dans toutes les provinces pannoniennes, avec la paix romaine, la langue latine et,

5. PLUT. *Sert.* 14. — 6. DESSAU, 6891, 57. — 7. SEN. *Contr.* I, pr. 2; DESSAU, 7765; *CIL.* II, 5079. — 8. *Id.* 2892. — 9. DESSAU, 7766. — 10. *CIL.* II, 354. — 11. *Id.* 1738. — 12. DESSAU, 7762. — 13. ID. 7772. — 14. ID. 7761; cf. 7742. — 15. CARCOPINO, *Maroc*, 200 s. (= *Aép.* 1931, 36). — 16. JUV. VII, 148. — 17. SUET. *Gram.* 3, 4. — 18. JUV. XV, 11. — 19. SUET. *Gram.* 3, 4. — 20. TAC. *Ann.* XI, 24, 13.

chez beaucoup, la culture littéraire, s'étaient très généralement répandues [21] ». Le long du Danube, la latinité, appuyée sur l'armée, progresse jusqu'à la mer Noire.

En Dobrogea, elle recouvre les campagnes et vient battre les murs des vieilles colonies grecques de la côte, Callatis, Tomi, Istros. Cette province de Scythie mineure, à l'extrémité de l'*orbis Romanus,* donnera à l'Eglise latine Jean Cassien aux IVe-Ve siècles, Denys le Petit au VIe. Rien ne montre mieux l'authenticité de la culture latine en cette province lointaine que l'épisode des moines scythes (519-520) : ce n'est pas seulement la hardiesse de leur christologie qui détonne à Constantinople; c'est aussi le fait que ces Danubiens ne sont pas sortis du même moule que les théologiens byzantins : ce sont de purs Latins; ils vont discuter à Rome, correspondent avec les évêques africains exilés en Sardaigne; leur maître de pensée reste saint Augustin, qu'ignorent si complètement les Orientaux (4).

Partout Rome avait, pour commencer, appliqué la même méthode : élever dans des écoles romaines les enfants remis en otages par les notables des pays récemment soumis; comme en Espagne au temps de Sertorius, nous la trouvons appliquée en Rhénanie sous Caligula [22], en Grande-Bretagne par Agricola [23]. Même dans cette province poussée si loin vers le nord, l'usage du latin et avec lui toute la culture classique réussirent à s'implanter (5) : nous connaissons un grammairien grec, un ami de Plutarque, qui est allé y chercher fortune [24]. C'est en pensant à la Bretagne que Juvénal est amené à formuler ce jugement si profond et si exact, malgré l'outrance plaisante de la pointe finale :

Au temps du vieux Metellus (l'adversaire de Sertorius, le gouverneur sullanien de l'Espagne Ultérieure), aurait-on imaginé un Cantabre stoïcien ? Aujourd'hui le monde entier possède la culture grecque et la culture latine,

Nunc totus Graias nostrasque habet orbis Athenas ;

la Gaule éloquente a formé des avocats bretons et Thulé parle déjà d'offrir un poste à un rhéteur [25] !

21. II, 110. — 22. SUET. *Cal.* 45, 3. — 23. TAC. *Agr.* 21, 2. — 24. DESSAU, 8861 (PLUT. *Def. Or.* 422 D; 423 A). — 25. JUV. XV, 108-112.

Limites de la romanisation. Cependant, il faut marquer les limites dans lesquelles s'est enfermée cette diffusion de la langue et de la culture latines. La culture, à Rome comme partout dans l'antiquité, est demeurée un privilège des classes dirigeantes. Ce caractère aristocratique devait être pour elle, à l'heure des grandes catastrophes, au moment des invasions barbares, une cause redoutable de fragilité. Il avait certainement contribué à limiter ce mouvement de conquête.

Les premières écoles s'ouvrent d'abord en faveur des enfants des plus grandes familles; leur clientèle se recrutera toujours en premier lieu dans l'élite sociale et de toute façon parmi ces privilégiés que sont les habitants des villes, de ces cités dont le cadre continue à s'imposer à la civilisation antique, avec ce qu'elles supposent de raffinements matériels et de ressources spirituelles (on mesure le degré de romanisation d'un pays au nombre et à l'importance des centres urbains qui y sont créés). Les classes populaires et les milieux ruraux seront toujours sacrifiés et, par suite, longtemps réfractaires à la romanisation.

Sans doute, le cas du village minier de Lusitanie que j'ai cité n'est pas isolé : le jurisconsulte Ulpien parle comme d'une chose normale d'écoles élémentaires installées dans les bourgades rurales, *uici* [26]. Mais elles n'ont pas suffi à atteindre les masses dans leur ensemble. En fait, on parlait encore « punique » aux environs d'Hippone au temps de saint Augustin (6), celtique dans les campagnes de Gaule aux IIIe et IVe siècles : c'est, semble-t-il, seulement la propagande chrétienne qui a achevé chez nous d'implanter dans les campagnes l'usage du latin, car, de même qu'au XVIe siècle dans la France méridionale, c'est en français et non en occitan que s'est faite la propagation du protestantisme, c'est en latin que, dans l'antiquité, la religion nouvelle a été prêchée aux masses (7). Il faut ajouter, il est vrai, que ce fait même suppose la latinisation déjà assez avancée : le celtique ne devait plus être aussi vivant que le copte ou le syriaque, sur lesquels les Eglises d'Egypte ou d'Orient ont jugé utile ou nécessaire de s'appuyer, de préférence au grec.

La carte scolaire. Ces limites reconnues, il reste vrai que l'ensemble de l'Empire était couvert par un réseau assez dense d'institutions scolaires : des maîtres d'école

26. *Dig.* V, 5, 2, 8.

élémentaire un peu partout, des grammairiens puis des rhéteurs dans les centres plus importants.

Prenons, pour la Cisalpine au temps de César, le cas de Virgile : né dans un village, Andes, dépendant de la cité de Mantoue [27], c'est sans doute dans cette ville qu'il a fait ses classes primaires. A douze ans [28], il se rendit à Crémone suivre les leçons du grammairien; une fois reçue, à quinze ou seize ans, la toge virile [29], il commença ses études supérieures de rhétorique à Milan d'abord [30], puis à Rome, attiré par le renom du rhéteur M. Epidius qui devait compter aussi parmi ses élèves Marc-Antoine et Octave [31]. La vive curiosité du futur poète le porta aussi vers les sciences, médecine et surtout mathématiques [32] : ceci orientait sa culture vers la philosophie; touché par la lumière de la vérité, il se convertit à cette foi épicurienne qui exerçait alors une si vive attirance sur l'intelligence romaine, comme en témoigne Lucrèce : il alla s'inscrire, à Naples [33], à l'école du philosophe Siron [34] et se lia avec le cercle épicurien d'Herculanum qui gravitait autour de Philodème [35] (8).

A plus de quatre cents ans de distance, c'est une situation analogue que nous révèle, pour l'Afrique, la carrière scolaire de saint Augustin : né dans la petite cité de Thagaste en Numidie, il n'y reçoit qu'une instruction primaire et, comme Virgile, doit aller dans une cité plus active, en l'espèce Madaure, la patrie d'Apulée, faire sa grammaire et commencer sa rhétorique [36]. Après une interruption, due à des raisons matérielles, au cours de sa seizième année, il continue ses études supérieures à Carthage [37]. Orphelin besogneux, il doit les interrompre sans les pousser jusqu'au bout : lui aussi venait, à dix-huit ans, de se « convertir » à la philosophie [38], mais c'est en autodidacte qu'il continue sa formation sur ce plan [39]. D'autres, plus favorisés socialement, comme son disciple, ami et futur collègue Alypius, poussent plus avant leurs études, passent la mer et vont à Rome faire leur droit [40].

Ainsi les ressources scolaires étaient bien différentes suivant les cités. On trouvait des grammairiens et des rhéteurs, plus ou moins compétents, dans un assez grand nombre de centres : en Gaule par exemple, nos documents nous en font connaître à Limoges [41],

27. *V. Virg.* DON. 7; SERV. 4. — 28. HIER. *Chron.* 59 a. — 29. *V. Virg.* DON. 20 s.; PHILARG. 25 s. — 30. *Id.* DON. 24; SERV. 6. — 31. *Id. Bern.* 7. — 32. *Id.* DON. 47 s. — 33. *Id.* SERV. 6. — 34. [VIRG.] *Epigr.* V; SERV. *En.* VI, 264. — 35. *P. Herc.*², I, 93, XI, 3; VII, 196, XII, 4. — 36. AUG. *Conf.* II, 3 (5). — 37. *Id.* III, 1 (1) s. — 38. *Id.* III, 4 (7). — 39. *Id.* IV, 16 (28). — 40. *Id.* VI, 8 (13). — 41. DESSAU, 7764.

Bordeaux [42], Toulouse [43], Narbonne [44], Marseille [45], Arles [46], Vienne [47] Lyon [48], Avenches [49], Autun [50], Besançon [51], Reims [52], Trèves [53], Cologne [54]... Liste à vrai dire un peu artificielle, car elle juxtapose des données échelonnées sur quatre siècles : nous ne disposons pas de témoignages assez nombreux pour pouvoir écrire l'histoire de chacune de ces écoles. Par contre il est assez facile de situer les grands centres « universitaires » où enseignaient côte à côte un nombre relativement élevé de maîtres dont le renom attirait, parfois de loin, une nombreuse clientèle, qu'ils se disputaient aussi âprement que leurs collègues grecs d'Orient.

En Afrique, c'est évidemment Carthage qui remplit vraiment, sur ce plan intellectuel comme sur tous les autres, son rôle de capitale secondaire (9).

En Gaule, la concentration est beaucoup moins nette. Au début de l'Empire, les écoles les plus célèbres sont d'abord celles de Marseille, qui héritent de leur passé grec, puis celles d'Autun, la capitale de ce pays héduen qui avait donné à César ses premiers alliés, à la Gaule ses premiers sénateurs après le sénatus-consulte claudien. Bien attestées au Ier siècle [55], elles réapparaissent en pleine lumière vers 297, sous Constance Chlore [56]. Plus avant, dans le IVe siècle, c'est Bordeaux que nous apercevons le mieux, mais c'est peut-être simplement parce que l'œuvre et la personnalité d'Ausone sont là pour attirer sur elle notre attention (10).

En Italie, nous voyons surtout Naples (11) et Milan dont le prestige sera renforcé, au temps de saint Ambroise et de saint Augustin, par la présence de la cour impériale d'Occident. Mais en Italie et dans tout l'Empire latin, le centre universitaire par excellence demeure bien entendu Rome qui l'emporte sur tous les autres,

Quantum lenta solent inter uiburna cupressi.

Sa primauté, sur le plan intellectuel comme sur les autres, est bien plus accusée en Occident que ne l'est en Orient celle d'aucun autre centre : Constantinople ne réussira à l'emporter que pendant la seconde période de l'histoire byzantine, tant aura été durable le prestige d'Athènes, d'Alexandrie, d'Antioche et (pour le droit) de

42. AUS. *Prof.* — 43. HIER. *Chron.* 56 p. — 44. *CIL.* XII, 5074. — 45. *IG.* XIV, 2434. — 46. *CIL.* XII, 714, 12. — 47. *Id.* 1918-1921. — 48. *Id.* XIII, 2038. — 49. *Id.* 5079. — 50. TAC. *Ann.* III, 43. — 51. AUS. *Grat. act.* VII, 31. — 52. *Gram. Lat.* V, 349 (CONS.). — 53. DESSAU, 7765. — 54. *CIL.* XIII, 8356. — 55. TAC. *Ann.* III, 43. — 56. *Pan. Lat.* IV; XI.

Beyrouth. C'est à Rome que se rencontrent les grammairiens et les rhéteurs, latins ou grecs, les plus fameux : nous verrons que la faveur impériale s'est dépensée pour les y attirer et les retenir. Dans tout l'Occident, c'est à Rome seulement que l'on trouve peut-être un enseignement organisé de la philosophie; c'est là surtout que se trouve le seul centre officiel de l'enseignement du droit pour l'Ouest de l'Empire. Cette discipline, particulièrement achalandée, attire à Rome un grand nombre d'étudiants provinciaux, venus non seulement de l'Italie tout entière, mais d'Afrique [57], de Gaule [58], des provinces danubiennes [59] et même de l'Orient grec [60].

Mais l'histoire de ces divers centres d'études ne s'éclaire pleinement que si l'on tient compte du rôle joué par l'Etat romain dans le développement de l'éducation.

57. *C. Theod.* XIV, 9, 1; AUG. *Conf.* VI, 8 (13). — 58. RUT. NAM. I, 209; *AA. SS. Jul.* VII, 202; cf. HIER. *Ep.* 125, 6, 1. — 59. DIEHL, 740. — 60. DESSAU, 7742; LIB. *Or.* I, 214.

CHAPITRE VIII

L'État romain et l'éducation

Aussi longtemps que dura la République, Rome n'eut pas, à proprement parler, de politique scolaire; un Grec comme Polybe, habitué à voir les cités hellénistiques s'intéresser de près aux problèmes de l'éducation, s'étonne de cette « négligence »[1] : l'État romain abandonne l'éducation à l'initiative et à l'activité privées. C'était là un des aspects de l'archaïsme relatif des institutions romaines par rapport au monde hellénistique. Sous l'Empire, Rome en quelque sorte rattrape son retard et tend à se conformer aux normes en vigueur dans le monde grec.

Les COLLEGIA IVVENVM. Ainsi, dès Auguste, l'institution caractéristique de l'éphébie trouve son équivalent dans les « clubs de jeunes gens », *collegia iuuenum,* que nous voyons dès lors prospérer, notamment dans l'Italie centrale (1). A l'origine, il paraît bien qu'il faille apercevoir là une initiative d'Auguste lui-même : c'est un aspect de l'effort de restauration nationale entrepris par le grand empereur[2]. Il doit avoir, à Rome même, repris en main la jeunesse des classes sénatoriale et équestre, à laquelle on redonne le goût de la préparation militaire, des exercices physiques du Champ de Mars, et notamment de l'équitation : abandonnés, semble-t-il, au temps de Cicéron[3], ils sont maintenant célébrés à l'envi par les poètes lauréats[4]. Les jeunes nobles disputent les *ludi seuirales*[5]; enfants, ils participent déjà au carrousel sacré du vieux *ludus Troiae*[6]. Dûment encadrée, la jeunesse est officiellement passée en revue, chaque année, lors de la *transuectio equitum* dont la pompe se déroule au

1. AP. CIC. *Resp.* IV, 3; cf. [AP. TYAN.] *Ep.* 54. — 2. DC. LII, 26, 1 s. — 3. CIC. *Cael,* 11. — 4. HOR. *C.* I, 8; III, 12, 7 s.; VIRG. *En.* VII, 162-165; IX, 606. — 5. DC. LV, 10, 4, SHA. *M. Aur.* 6, 3. — 6. SUET. *Aug.* 43, 5.

grand cirque [7]. Vers 51 av. J.-C. cette organisation trouve son couronnement, quand les (petits-)fils d'Auguste, Caïus et Lucius Césars, reçoivent le titre, caractéristique, de *principes iuuentutis,* « chefs de la jeunesse [8] ». Ce titre, qui apparaît alors à Rome pour la première fois, sera souvent repris, dès les Julio-Claudiens, toujours au bénéfice d'un jeune prince de la maison régnante [9], et devient, à partir des Sévères, d'un usage régulier pour désigner l'héritier du trône : valeur que dès sa création sa forme même suggérait [10].

On aperçoit bien les racines profondes que l'institution ainsi créée ou rénovée par Auguste plongeait dans le passé national : la division même de la société en deux classes d'âge, la « jeunesse », les *iuuenes,* opposés aux *seniores,* remonte peut-être au-delà des origines mêmes de Rome, jusqu'à la plus lointaine pré-histoire indo-européenne (2). Le titre de « prince de la jeunesse » paraît attesté chez les Ausones dès la fin du IVe siècle [11]; des collèges de jeunes gens paraissent avoir existé depuis longtemps, groupés autour de ces anciens sanctuaires que la renaissance augustéenne relevait avec piété; nous trouvons même, à Tusculum, une *sodalitas* de jeunes filles [12] organisée à l'ombre d'un vieux culte municipal (3).

Mais, comme nous l'avons observé à propos de la jeunesse pompéienne, VEREIIA PVMPAIIANA, déjà, dans l'Italie pré-romaine, ces organisations de jeunesse avaient été profondément influencées, au moins en Campanie, par l'éphébie hellénistique. Sous l'Empire, l'analogie devient plus accusée encore (qu'il y ait eu imitation voulue, influence inconsciente ou évolution parallèle) : tels que nous les voyons se développer, à partir d'Auguste, dans le Latium, puis dans la Campanie, l'Ombrie, l'Etrurie, le Picenum, et, au-delà, dans la Cisalpine, la Narbonnaise et jusqu'en Espagne, les *collegia iuuenum* apparaissent comme morphologiquement équivalents aux collèges éphébiques de la Grèce hellénistique.

Comme ces derniers, ce sont essentiellement des clubs recrutés parmi les jeunes gens des meilleures familles de la cité; objets des faveurs des empereurs de tendance aristocratique, de la dynastie d'Auguste à celle des Gordiens [13], ils sont au contraire regardés avec méfiance par les Sévères qui paraissent avoir craint de les voir servir de refuge à une opposition aristocratique [14] (4).

En fait, ces clubs de jeunes gens avaient certainement un rôle

7. *Id.* 38, 2. — 8. AUG. IMP. *RG.* 14, 2; TAC. *Ann.* I, 3, 2. — 9. SUET. *Cal.* 15, 4; DESSAU, 222, 4. — 10. OV. *AA.* I, 194. — 11. LIV. IX, 25, 4. — 12. DESSAU, 6211-6212. — 13. SHA. *Gord.* 4, 6. — 14. *Dig.* XLVIII, 19, 28, 3.

politique, au moins à l'échelon municipal : l'épigraphie pompéienne nous les montre jouant un rôle actif en période électorale. Comme l'éphébie de l'Athènes hellénistique, la petite république que constituait leur société, avec ses magistrats élus, était pour eux l'occasion de s'essayer à la vie parlementaire.

Conformément à leurs origines italiques, l'activité des *collegia iuuenum* est d'abord d'ordre religieux : beaucoup se consacrent au culte d'une divinité déterminée, Hercule en particulier [15] (Heraklès, en pays grec, est aussi un des dieux protecteurs du gymnase); mais il est bien évident que les cérémonies du culte, processions, sacrifices (donc : banquets), etc., ont avant tout, à cette époque, une valeur de fête et de mondanité. A Pompéi, on croit avoir identifié le club, *schola,* de la jeunesse locale : une belle salle, somptueusement décorée, à la fresque, de trophées d'armes et de symboles de victoire; c'est là que les *iuuenes* devaient se rassembler pour se former en cortège, lors de leur défilés officiels (5).

Mais l'activité caractéristique de ces clubs est, comme celle des éphèbes, d'ordre sportif. Nous trouvons, à Rome comme dans les municipes, de nombreux exemples de jeux disputés par les jeunes gens : *ludi iuuenales, Iuuenalia :* de Néron [16] à Gordien Ier [17], les empereurs en ont souvent pris l'initiative. Très exceptionnellement, comme aux Quinquatries de Minerve fondées à Albano par Domitien [18], on y dispute des épreuves d'ordre littéraire, comme nous l'avons vu faire quelquefois à Athènes; mais le plus souvent, comme en Grèce, ce sont des jeux sportifs, la seule différence est qu'il s'agit non des jeux du stade, mais de ceux du cirque et de l'amphithéâtre : j'ai déjà parlé du rôle que jouaient ainsi, dans l'éducation de la noblesse impériale, l'équitation, l'escrime et la « chasse », entendez les combats contre des fauves.

Il n'y a pas de doute que dans la pensée d'Auguste, comme dans celle des Athéniens des années 338-335, cette institution n'ait eu d'abord comme but d'orienter la formation de la jeunesse vers les choses de l'armée. Mais, sous l'Empire comme dans la Grèce hellénistique, ce caractère para- ou prémilitaire s'est bien vite estompé : les *collegia iuuenum* sont avant tout des clubs aristocratiques et mondains où une jeunesse dorée s'initie à la vie de société et aux sports élégants. Je parle ici des *collegia iuuenum* d'Italie. Ce jugement ne serait pas vrai au sujet d'autres formations de jeunesse

15. DESSAU, 7306; *CIL.* IX, 1681; cf. *Aép.* 1911, 67; 1926, 126. — 16. SUET. *Ner.* 11; TAC. *Ann.* XIV, 15; *Hist.* III, 62. — 17. SHA. *Gord.* 4, 6. — 18. SUET. *Dom.* 4, 11.

que nous voyons apparaître, surtout à partir du IIe siècle, dans les régions frontières le long du Rhin et du Danube, ni non plus, dans une large mesure, de celles d'Afrique [19] : de recrutement moins exclusif, ces formations (qui portent d'ailleurs le nom de *Iuuentus* plutôt que celui de *collegium iuuenum*) paraissent davantage liées à la préparation militaire et au recrutement de l'armée; mais par là elles échappent à l'histoire proprement dite de l'éducation.

Politique scolaire. A l'égard des écoles, l'Empire romain fut amené à pratiquer une politique active d'intervention et de patronage (6). A la différence de ce que nous ont montré les cités hellénistiques, il n'y eut jamais, à Rome, de magistrature spéciale chargée de la surveillance ou de l'inspection des établissements d'enseignement (7). Par contre, comme les cités grecques, l'Etat romain octroie au corps enseignant des faveurs d'ordre fiscal et assume lui-même, au moins en certains cas, la charge de leur traitement. C'est à Vespasien que revient l'honneur d'avoir inauguré cette double politique.

Exemptions fiscales. Les mesures prises par César [20] ou Auguste [21] en faveur des professeurs n'intéressaient encore que les étrangers et relèvent, par suite, plutôt de l'effort fait par Rome pour attirer chez elle les maîtres grecs. Avec Vespasien apparaît une véritable politique d'immunité fiscale : tous les professeurs de l'enseignement secondaire et supérieur bénéficient désormais des exemptions des charges municipales, *munera,* qu'Auguste n'avait encore accordées qu'aux seuls médecins [22]. Il ne s'agit d'abord que de l' « hospitalité », du logement des troupes en quartier [23], mais les empereurs successifs qui, à partir d'Hadrien [24], ont repris et confirmé ces privilèges, les ont progressivement étendus, à partir d'Antonin [25] et de Commode [26], à d'autres charges : tutelle, puis gymnasiarchie, agoranomie, sacerdoces, etc. La même politique est réaffirmée, avec quelques nuances, par les Sévères [27], Gordien [28], Dioclétien [29], Constantin [30], Valen-

19. *ILA.* 3079 (= *Aép.* 1921, 21). — 20. SUET. *Caes.* 42, 2. — 21. Id. *Aug.* 42, 3; OROS. VII, 3. — 22. DC. LIII, 60 (= ZON. X, 30). — 23. *Dig.* L, 4, 18, 30; *SPAW,* 1935, 968, 7. — 24. *Dig.* ibid. — 25. *Id.* XXVII, 1, 6, 1. — 26. *Id.* 8. — 27. *Id.* 9. — 28. *C. Just.* X, 53, 2. — 29. *Id.* 4. — 30. *C. Theod.* XIII, 3, 1-3.

tinien [31], Théodose II [32], et définitivement entérinée par le *Code Justinien* [33]. Il est vrai que, chemin faisant, elle avait beaucoup perdu de sa portée, puisque les immunités ainsi accordées aux professeurs leur sont devenues communes, depuis Caracalla [34], avec leurs étudiants, et, depuis Constantin [35], avec un grand nombre de métiers, considérés comme également utiles au bien public.

La répétition, monotone, de ces mesures de faveur (8) pourrait éveiller notre admiration envers la sollicitude constante du pouvoir impérial à l'égard des universitaires. Je crains qu'elle ne révèle surtout une évidente mauvaise volonté des autorités municipales qui répugnent à accepter la multiplication de ces exemptions qui, en déchargeant certains assujettis, faisaient retomber plus lourdement sur les autres le poids des fonctions communes : c'est un témoignage, entre tant d'autres, de l'usure du système municipal, fondé, on s'en souvient, sur l'émulation et le zèle spontané de riches « bienfaiteurs », heureux de contribuer à alimenter généreusement le budget communal.

Aussi voyons-nous les mêmes empereurs s'attacher à limiter le nombre des bénéficiaires de ces exemptions : ils en excluent les simples maîtres primaires [36], les professeurs de l'enseignement technique [37], les professeurs de droit hors de Rome [38] et parfois même les philosophes [39]. Inquiet sans doute du nombre croissant de notables qui s'efforçaient d'échapper aux *munera* en se faisant reconnaître, peut-être à titre honoraire, le titre de professeur, Antonin fixa un chiffre maximum [40], que les municipalités étaient d'ailleurs laissées libres d'abaisser encore [41]; texte intéressant qui nous donne une idée de ce que pouvait être l'effectif du personnel enseignant dans la Grèce d'Asie au IIe siècle (car la décision d'Antonin, reconnue ensuite valable pour tout l'Empire, a été adressée au *koinon* d'Asie) : l'empereur distingue trois catégories d'importance croissante, que le jurisconsulte Modestin identifie avec les métropoles de provinces, les sièges d'un ressort judiciaire et enfin les cités ordinaires; suivant la catégorie, on y admet dix, sept ou cinq médecins, cinq, quatre ou trois rhéteurs, et le même nombre de grammairiens.

De même l'immunité conférée par Caracalla aux étudiants pouvait, et dut en fait, ouvrir la voie à des abus : d'où le sévère règle-

31. *Id.* 10. — 32. *Id.* 16-18. — 33. *C. Just.* X, 53. — 34. *Frag. Vat.* 204. — 35. *C. Theod.* XIII, 4. — 36. *Dig.* L, 4, 11, 4; 5, 2, 8. — 37. *C. Just.* X, 53, 4. — 38. *Dig.* XXVII, 1, 6, 12. — 39. *Id.* 1, 6, 7; 8; L, 5, 8, 4. — 40. *Id.* XXVII, 1, 6, 2. — 41. *Id.* 3.

ment de police édicté par Valentinien Ier en 370 [42]. Les étudiants provinciaux qui viennent faire leurs études à Rome doivent se munir d'une autorisation délivrée par leur cité d'origine; ils se feront inscrire, à Rome, dans les bureaux du préfet de la ville, qui les recense chaque mois, les soumet à une stricte surveillance et reçoit le droit de les expulser et de les faire rapatrier en cas d'incartades réitérées. Leur séjour à Rome ne doit pas se prolonger au-delà de leur vingtième année : restriction assez sévère, si l'on songe à l'usage bien établi au Bas-Empire de prolonger, pendant de longues années, les études de rhétorique; pour le droit, à Beyrouth, cette limite, de Dioclétien à Justinien [43], est restée fixée à vingt-cinq ans.

Chaires d'Etat. La politique scolaire des empereurs a un second aspect : c'est encore Vespasien qui « le premier établit des chaires officielles de rhétorique latine et grecque, auxquelles fut attaché un traitement annuel de cent mille sesterces, payé sur le fisc impérial [44] ». Initiative remarquable, même s'il faut aussitôt en limiter la portée : elle concerne Rome seulement [45] et non l'ensemble de l'Empire. D'autre part, malgré le pluriel emphatique, ces chaires n'ont probablement été qu'au nombre de deux : une pour la rhétorique grecque, dont Philostrate nous parle à plusieurs reprises (9) à propos des maîtres qui l'ont illustrée au cours du IIe siècle; une pour la rhétorique latine, dont le premier titulaire fut le grand Quintilien [46].

La politique ainsi inaugurée à Rome par Vespasien fut reprise à Athènes par Marc-Aurèle [47] qui dota pareillement, sur les fonds impériaux, une chaire de rhétorique et quatre (10) chaires de philosophie, à raison d'une pour chacune des quatre grandes sectes (platonicienne, aristotélicienne, épicurienne et stoïcienne). Le choix des premiers titulaires fut confié à Hérode Atticus, un des anciens précepteurs de l'empereur, et celui de leurs successeurs à un comité de notables [48]. Les philosophes recevaient, annuellement, soixante mille sesterces [49], le rhéteur quarante mille [50] : cette chaire, par suite, était beaucoup moins cotée que celle de Rome et Philagros, par exemple, l'échangera pour celle-ci [51]; au Bas-Empire au

42. *C. Theod.* XIV, 9, 1. — 43. *C. Just.* X, 50, 1. — 44. SUET. *Vesp.* 18. — 45. ZON. XI, 17. — 46. HIER. *Chron.* 88 p. — 47. DC. LXXXII, 31, 3. — 48. PHILSTR. *V. S.* II, 2, 566; LUC. *Eun.* 3, 8. — 49. TAT. 19. — 50. PHILSTR. *V. S.* II, 2, 566. — 51. *Id.* II, 8, 580.

contraire, la gloire de l'école d'Athènes resplendira et nous verrons au contraire Prohairesios se faire transférer de Rome à Athènes [52]: c'est un symbole assez clair du recul du grec en Occident.

Institutions alimentaires. La sollicitude des empereurs de la dynastie antonine s'est étendue des maîtres aux élèves : je ne puis signaler que d'un mot la création, par Trajan, des Institutions alimentaires [53] (11) : fondations d'un type original, alimentées par les intérêts payés par les bénéficiaires d'un système de crédit foncier, et destinées à assurer l'éducation d'un certain nombre d'enfants, garçons et filles, légitimes et naturels. Institutions qui avaient pour but de réagir, sur le plan économique et démographique, contre la décadence de l'Italie et dont des inscriptions célèbres [54] nous permettent de constater le fonctionnement effectif.

L'empereur comme évergète. Par ces initiatives, les empereurs ne prétendaient pas assumer à eux seuls toute la charge de l'éducation et de l'instruction de la jeunesse. Le Haut-Empire n'a pas connu une éducation nationale étatisée : l'œuvre de ces grands empereurs se projette toujours dans le contexte caractéristique de la civilisation hellénistique. Ils agissent, à l'intérieur de leur Empire, un peu comme le faisaient, dans un but de propagande, les rois de Pergame à Rhodes ou à Delphes, c'est-à-dire, non en tant que souverains, responsables du bon fonctionnement d'un service public, mais, en quelque sorte, à titre privé, en tant qu' « évergètes » ou mécènes.

La fiction, imaginée par Auguste, demeure toujours : l'empereur n'est, en principe, qu'un *priuatus cum imperio,* le premier citoyen de la république, qui se doit à lui-même, à l'*auctoritas* qui le distingue, de donner à tous l'exemple du dévouement à l'intérêt public et de la générosité.

En fait, les dotations que nous venons d'analyser ne sont pas restées le privilège de la bienfaisance impériale; l'initiative privée a même parfois devancé le souverain : ainsi, pour les institutions alimentaires, Trajan avait eu des précurseurs dès le règne d'Au-

52. EUN. *Prob.* 492. — 53. PL. *Pan.* 26-28; DC. LVIII, 6. — 54. DESSAU, 6509, 6675.

guste [55]; dès 97, sous Nerva, Pline le Jeune avait conçu le projet, que confirmera son testament, de faire à sa ville natale de Côme un legs d'une valeur de cinq cent mille sesterces, dont les revenus contribueraient à l'entretien, *in alimenta,* des garçons et des filles de la cité [56].

L'exemple, une fois venu d'en haut, fut suivi avec empressement, tant par des membres de la famille impériale, comme Matidia, nièce de Trajan [57], que par des particuliers : en Italie, à Ostie [58], Terracine [59], Florence [60], en province, en Espagne [61], en Afrique [62]...

De même, si l'empereur dote des chaires professorales, c'est encore comme évergète, dans *sa* bonne ville de Rome, dans cette Athènes qui est, pour tout lettré, une seconde patrie. Suétone rattache la fondation des premières chaires d'Etat à l'ensemble des initiatives qui montrent en Vespasien un mécène, un protecteur éclairé des lettres et des arts [63]. De même Hadrien nous apparaît moins comme un souverain préoccupé de la réforme de l'enseignement que comme un mécène, lui aussi, soit qu'il accorde des pensions à des rhéteurs célèbres [64], des faveurs et des facilités légales à la confrérie épicurienne d'Athènes [65].

Comme pour les institutions alimentaires, ces fondations de chaires ont trouvé des imitateurs parmi les évergètes privés. Pline le Jeune, entre bien d'autres initiatives au bénéfice de sa chère patrie de Côme [66], prit celle de grouper les parents dont les enfants jusque-là devaient aller à Milan pour leurs études (supérieures et peut-être même secondaires), afin qu'ils fissent venir, à frais communs, les maîtres nécessaires [67]. Il fournira lui-même le tiers de la dépense [68] : il aurait pu l'assumer tout entière, mais de la sorte les parents se sentiront plus directement intéressés au succès de l'entreprise [69] et il évitera pour son compte de paraître avoir agi pour s'assurer la reconnaissance de ses concitoyens, « ce qui arrive, nous dit-il, dans les nombreux endroits où des professeurs sont ainsi engagés au nom de la cité [70] ».

Témoignage bien intéressant : il nous montre que, malgré les signes d'usure que présente par ailleurs le système municipal, les beaux jours de l'évergétisme, ostentatoire et intéressé, ne sont

55. ID. 977. — 56. ID. 2927; PL. *Ep.* I, 8, 10; VIII, 18, 2. — 57. FRONT. *Amic.* I, 14. — 58. *CIL.* XIV, 350. — 59. DESSAU, 6278. — 60. *CIL.* XI, 1602. — 61. *Id.* II, 1174. — 62. *Id.* VIII, 960; DESSAU, 6818. — 63. SUET. *Vesp.* 17-18. — 64. PHILSTR. *V. S.* I, 25, 532-533; I, 22, 524; SHA. *Hadr.* 16, 10-11. 65. *IG.*^{2} II, 1099 = DESSAU, 7784. — 66. DESSAU, 2927; *CIL.* V, 5263, 5279, 5667, 5272. — 67. PL. *Ep.* IV, 13, 1 s. — 68. *Id.* 5. — 69 *Id.* 8. — 70. *Id.* 6.

pas encore passés; une fondation comme celle de Pline à Côme renouvelle, à trois siècles de distance, le geste de Polythrous de Téos et d'Eudème de Milet.

Écoles municipales. Mais il y a plus : il faut peser les termes dont se sert Pline : *multis in locis... in quibus praeceptores publice conducuntur*. Il y avait donc, de son temps « beaucoup de cités qui entretenaient des écoles publiques » : bien d'autres témoignages confirment l'existence de grammairiens [71] ou de rhéteurs [72] titulaires de telles chaires municipales, — sans qu'il soit toujours possible de préciser le mode de financement de ces chaires : budget ordinaire ou fondation privée.

Ce fait ne s'observe pas seulement dans l'Occident latin, mais aussi en pays grec [73] : ainsi la cité d'Athènes n'avait pas attendu l'initiative de Marc-Aurèle; dès le temps d'Antonin elle avait créé une chaire municipale d'éloquence dont le premier titulaire fut Lollianos d'Ephèse [74] (12).

Il s'agit bien là d'une tendance très générale : l'évolution que nous avons vu s'esquisser à l'époque hellénistique s'est poursuivie sous l'Empire romain; l'intérêt porté par la société à l'enseignement est devenu si vif et si conscient que, de plus en plus, il paraît nécessaire que toute ville importante possède des écoles publiques, pourvues, entretenues et surveillées par la municipalité.

Cette évolution paraît être parvenue à son terme dans l'Empire chrétien : au IVe siècle, nous rencontrons un peu partout de telles écoles, *schola publica* [75] ou *municipalis* [76], en grec πολιτικὸς θρόνος [77], entretenues, plus ou moins régulièrement d'ailleurs, par le budget municipal, *salario publico* [78]. Elles nous sont attestées, pour la Gaule, par Ausone, à Lyon, Besançon [79] et, semble-t-il, Toulouse [80]; par saint Augustin à Carthage [81] et Milan [82]; en Orient, par Libanios, à Constantinople [83], Nicomédie et Nicée [84], comme à Antioche (13). On peut admettre qu'à cette date toute cité tant soit peu importante a pris à sa charge l'entretien d'un ou plusieurs professeurs.

71. *CIL.* II, 2892. — 72. GELL. XIX, 9, 2; JUV. XV, 112. — 73. Cf. PHILSTR. *V. S.* I. 21, 516. — 74. *Id.* I, 23, 526. — 75. AUG. *Conf.* VI, 7 (11). — 76. AUS. *Grat.* 7, 31. — 77. PHILSTR. *V. S.* II, 20, 600. — 78. AUG. *Civ. Dei,* I, 3. — 79. AUS. *Grat. act.* VII, 31. — 80. ID. *Prof.* 17, 7. — 81. AUG. *Conf.* VI, 7 (11). — 82. *Id.* V, 13 (33). — 83. LIB. *Or.* I, 35. — 84. *Id.* 48.

Persistance de l'enseignement privé. Non que tout l'enseignement soit devenu public : il y aura toujours, en fait et en droit [85], un enseignement privé, même dans les villes comme Rome, Athènes ou Constantinople [86] où existent des chaires [87] officielles : enseignement fondé sur la libre concurrence, une concurrence d'ailleurs fort acharnée, qui contribue à maintenir les professeurs, même célèbres, dans une condition économique assez précaire [88].

Nous possédons de bien curieux témoignages sur les méthodes pittoresques auxquelles recouraient, à Athènes, les professeurs du IVe siècle pour se recruter un auditoire : on nous montre les disciples d'un maître chambrer les « bizuths » nouvellement arrivés pour les faire inscrire de force à leur école [89]; mieux encore, un capitaine de navire débarquer, en pleine nuit, toute une cargaison d'étudiants asiatiques dans la maison d'un rhéteur de ses amis [90] !

Mode de nomination. Quant aux professeurs de l'enseignement public, ils sont nommés, et donc (Gordien tirera cette conséquence [91]) révocables, par le conseil municipal, l'*ordo,* de la cité. La loi [92], sans doute dès Marc-Aurèle [93], prescrivait un large appel à la concurrence, une sorte de concours; sous la forme définitive [94] que lui a donnée en 362 Julien l'Apostat [95], les candidats devront soumettre un échantillon de leurs talents, *probatio,* au jugement d'un public de notables, *optimorum conspirante consensu.*

Une chaire aussi enviée que celle d'Athènes donnait lieu à une vive compétition : l'élection n'allait pas sans intrigues, cabales, agitation où, bien entendu, les étudiants jouaient un rôle de premier plan [96]; d'autres avaient plus de peine à trouver des candidats : nous voyons la municipalité de Milan écrire à Rome, au préfet de la ville, l'orateur Symmaque, pour lui demander un professeur

85. *C. Theod.* XIV, 9, 3. — 86. AUG. *Conf.* V, 12 (22). — 87. LIB. *Or.* I 37. — 88. LIB. *Or.* XXXI. — 89. EUN. *Lib.* 495; LIB. *Or.* I, 16; 19; GREG NAZ. *Or.* XLIII, 15, 3 s. — 90. EUN. *Prob.* 485. — 91. *C. Just.* X, 53, 2. — 92. EUN. *Prob.* 487. — 93. PHILSTR. *V. S.* II, 2, 566; cf. LUC, *Eun.* 3, 8. — 94. Cf. *C. Just.* X, 53, 7. — 95. *C. Theod.* XIII, 3, 5. — 96. EUN. *Prob.* 487-488.

de rhétorique : saint Augustin, alors professeur privé, se fit présenter à lui, lui soumit un discours de sa façon, et se fit ainsi proposer aux Milanais [97].

Intervention du pouvoir impérial. Peut-être, dès le temps d'Antonin, les empereurs sont-ils intervenus pour inciter les municipalités à ouvrir des écoles, pour fixer le taux des traitements magistraux, mais nous n'avons à ce sujet que le témoignage, toujours suspect d'anachronismes, des auteurs de l'*Histoire Auguste* [98] et on peut craindre ici qu'ils n'aient antidaté la pratique courante de leur temps.

C'est en effet au Bas-Empire qu'une telle intervention devient la règle. L'ère de la civilisation hellénistique est révolue : c'en est fait de l'Etat libéral, satisfait d'un minimum d'administration centrale, heureux d'abandonner le plus possible de responsabilités à l'initiative des cités. L'emprise de l'État est devenue beaucoup plus forte sur celles-ci, leur autonomie de jour en jour plus précaire. L'empereur, incarnation de l'intérêt collectif, se trouve tout naturellement amené à intervenir pour assurer le bon fonctionnement de ce service d'intérêt public qu'est l'enseignement.

Les nominations ne sont plus laissées à la seule initiative des municipalités : à Athènes, nous voyons très fréquemment le proconsul, représentant de l'empereur, intervenir pour trancher une élection contestée [99], remanier le corps professoral [100], suggérer une nomination [101]. Le souverain lui-même suit d'assez près ces questions de personnel pour prendre des initiatives : c'est ainsi qu'en 297 Constance Chlore envoie à Autun, pour restaurer ses écoles, un haut fonctionnaire de sa cour de Trèves, le rhéteur Eumène [102]. Constant appelle à Trèves, puis transfère à Rome l'illustre sophiste Prohairesios, avant de lui permettre de retourner, chargé d'honneurs, à Athènes [103]. Constance II désigne lui-même au choix du Sénat de la Nouvelle Rome plusieurs professeurs d'éloquence ou de philosophie, dont le rhéteur Libanios et le philosophe Themistios [104]; Libanios ne quittera qu'avec sa permission Constantinople pour Antioche [105].

Cette intervention finit avec Julien par devenir la règle générale :

97. AUG. *Conf.*, V, 13 (23). — 98. SHA. *Ant.* 11, 3; *Alex. S.* 44, 4-5. — 99. EUN. *Prob.* 488. — 100. LIB. *Or.* I, 25. — 101. *Id.* 82. — 102. *Pan. Lat.* IV, 14, 15, 17. — 103. EUN. *Prob.* 492. — 104. LIB. *Or.* I, 25, 37, 74; THEM. *Or.* II. — 105. LIB. *Or.* I, 94-95.

il décide que nul ne pourra enseigner qu'après avoir été approuvé par un décret pris par le conseil municipal et dûment ratifié par l'autorité de l'empereur [106] : celui-ci assumait ainsi un droit de regard sur l'enseignement dans tout l'Empire (14). Comme nous le verrons au chapitre suivant, cette décision se reliait à toute une politique religieuse, mais, émoussée de sa pointe anti-chrétienne, elle conserva sa vigueur sous les successeurs de Julien, comme en fait foi son insertion au *Code Théodosien :* il faut attendre Justinien pour que soit supprimée, comme inutile, l'exigence de la sanction impériale [107].

A l'intérieur de la sphère de la compétence municipale, l'empereur intervient encore pour rappeler les cités à leurs devoirs : une loi de Gratien, en 376 ,vraisemblablement inspirée par Ausone (15), prescrit à toutes les grandes villes d'avoir à choisir les meilleurs rhéteurs et grammairiens pour l'instruction de leur jeunesse; l'empereur ne veut pas leur ôter le droit d'élire leurs « nobles professeurs », mais il fixe le montant de leurs traitements; il sera alloué, sur le budget municipal, vingt-quatre annones aux rhéteurs, douze aux grammairiens, latins ou grecs; la capitale de Trèves voit ces chiffres portés à trente et vingt (pour le grammairien latin; son confrère grec, si toutefois on en trouve un capable d'en remplir les fonctions, se contentera de douze annones) [108].

L'Université de Constantinople. Cette politique d'intervention active trouve son point d'aboutissement dans la fameuse constitution du 27 février 425, par laquelle Théodose II organise à Constantinople une Université d'Etat, jouissant dans la capitale d'un véritable monopole de l'enseignement supérieur (seul le préceptorat privé reste libre) [109]. Les leçons particulières sont interdites à ses professeurs; ils donneront leur cours dans les salles aménagées en exèdre sur le côté nord de la place du Capitole [110]. Le corps professoral comprend : pour l'enseignement des lettres latines, trois rhéteurs et dix grammairiens, pour les lettres grecques, cinq rhéteurs et dix grammairiens; enfin pour les hautes études, un professeur de philosophie et deux de droit [111] (16).

106. *C. Theod.* XIII, 3, 5. — 107. *C. Just.* X, 53, 7. — 108. *C. Theod.* XIII, 3, 11. — 109. *Id.* XIV, 9, 3. — 110. *Id.* XV, 1, 53. — 111. *Id.* XIV, 9, 3 (= *C. Just.* XI, 19, 1).

Les fragments de cette constitution insérés dans les Codes ne nous conservent pas d'indication sur la situation matérielle faite à ce personnel; qu'on ait voulu l'honorer est attesté par la décision prise le 15 mars de la même année 425, conférant à titre honoraire le titre de *comes primi ordinis* aux professeurs ayant atteint vingt ans de services et ayant donné toute satisfaction [112].

Honneurs conférés aux professeurs.

Un tel geste n'était ni nouveau, ni isolé : les empereurs ont volontiers conféré des honneurs, souvent élevés, aux membres du corps enseignant. Là encore, ce sont les Flaviens qui ont le mérite de l'initiative : Domitien conféra pour la première fois les ornements consulaires à un rhéteur en la personne de Quintilien [113]. Il est vrai que c'était surtout pour le récompenser d'avoir élevé ses neveux et fils adoptifs. Le préceptorat impérial, plus que les services universitaires, explique de même le consulat que revêtent au IIe siècle Fronton et Hérode Atticus, au IVe les honneurs accordés à deux rhéteurs toulousains, précepteurs d'un fils ou de deux neveux de Constantin [114]; pour ne rien dire du cas bien connu d'Ausone : appelé de Bordeaux à Trèves par Valentinien, il reçut de son élève le jeune empereur Gratien les plus hautes distinctions : le consulat, la préfecture du prétoire des Gaules; sans parler de celles qu'il obtint pour son père, son fils et son gendre : il y eut un moment, dans les années 378-380, où l'Occident tout entier était administré par la famille du rhéteur aquitain. Mais la fortune politique de Themistios repose sur la seule réputation de son enseignement public : il fut nommé par Constance II sénateur [115] puis archonte-proconsul de Constantinople [116] bien avant que Valens ait songé à lui confier [117], comme fera aussi plus tard Théodose, l'éducation d'un prince impérial.

On voit donc, au Bas-Empire, l'intérêt que les empereurs portent à l'éducation se faire plus direct, plus actif, plus efficace. Il y a là beaucoup plus qu'un effet du développement général de la mainmise de l'Etat sur toutes les manifestations de l'activité publique, mais bien une vigilance particulière, une sollicitude voulue (17).

112. *C. Theod.* VI, 21, 1. — 113. AUS. *Grat.* 7, 31; cf. JUV. VII, 198. — 114. AUS. *Prof.* 16, 13-15; 7, 9-13. — 115. THEM. *Or.* II. — 116. LIB. *Ep.* 40. — 117. THEM. *Or.* VIII, 120 A; IX, 123 C; 126 D.

Prestige de la culture classique au Bas-Empire. On s'en est quelquefois étonné : n'est-il pas surprenant de voir l'importance accordée aux écoles, l'autorité reconnue aux professeurs s'accroître alors que la culture antique sombre de plus en plus dans la barbarie ?

Mais le concept de décadence est d'un maniement délicat, et de toute façon ne représente qu'un jugement porté par les modernes : les hommes du Bas-Empire ne se considéraient pas comme les représentants d'une culture en voie d'extinction. Ils étaient des Romains au service de la Rome éternelle; l'Empire mobilisait les énergies pour surmonter les crises, intérieures et extérieures, qui l'assaillaient, conscient de remplir sa mission historique, qui était de maintenir, en face des Barbares, la civilisation et la culture, une culture qui, de plus en plus, s'identifiait avec la tradition littéraire classique.

Cette culture, d'essence aristocratique, était le bien propre de la classe sénatoriale des grands propriétaires fonciers. Il est remarquable de constater combien le goût des choses de l'esprit et, de façon générale, la tradition classique y demeurent vivaces et survivent aux changements les plus profonds de la structure sociale et économique : après chaque tourmente, et malgré les crises sanglantes et les révolutions qui la déciment, cette classe se reconstitue et les nouveaux riches n'ont de cesse qu'ils n'aient assimilé ces traditions intellectuelles qui faisaient l'orgueil de leurs prédécesseurs. Les clarissimes ont beau, à partir de la fin du IIIe siècle, abandonner les cités pour s'installer au sein de leurs domaines ruraux, dans leurs *villae* et bientôt leurs châteaux (18), ils y conservent leurs habitudes de lettrés, leur goût pour les raffinements de l'esprit : la noblesse gallo-romaine que Sidoine Apollinaire nous fait entrevoir, dans cette Gaule du Ve siècle déjà pratiquement tombée au pouvoir des Barbares, est aussi cultivée que l'aristocratie italienne du temps de Pline le Jeune (19).

Il importe peu qu'à partir du IIIe siècle l'empereur n'appartienne plus, le plus souvent, à cette classe : ces parvenus, ces soldats de fortune, d'origine humble et grossière, ne sont pas moins soucieux que les aristocrates de promouvoir la culture classique : ils éprouvent à son égard un complexe d'infériorité et non la haine que les théoriciens modernes de la « conscience de classe » leur prêteraient anachroniquement; il n'est que de voir l'éducation raffinée que ces parvenus font donner à leurs enfants : c'est « le dernier des grands

Pannoniens », Valentinien Ier, qui fait appel à Ausone pour élever son fils Gratien.

Même sentiment de la part des grands condottieri barbares qui, à partir de la fin du IVe siècle, jouent le rôle de maires du palais auprès des empereurs fainéants d'Occident : les Francs Richomer ou Arbogast confieront la pourpre à un ancien rhéteur, Eugène; le Vandale Stilichon élève sa fille Marie, qu'il fera épouser par son maître et protégé Honorius, avec tous les raffinements d'une culture lettrée, digne de la tradition des princesses hellénistiques [118]; Alaric patronne Attale, Théodoric II Avitus, des représentants de la classe lettrée, de l'aristocratie sénatoriale.

C'est que l'armée a beau se prolétariser, puis se barbariser, elle n'en reste pas moins l'armée romaine; les empereurs ou les maîtres, quels qu'ils soient, de la réalité du pouvoir entendent servir et d'abord sauver l'Empire romain, l'idée romaine, et celle-ci, je le répète, n'est pas séparable de l'idéal de la civilisation classique, du culte des belles-lettres.

Jamais le prestige de celles-ci n'a été aussi profondément ressenti : chez les derniers païens, il se nuance d'une coloration mystique; autant, et plus, que le néo-platonisme, le culte des classiques constitue le dernier bastion où la vieille religion se défend contre l'envahissement du christianisme : voyez quelle figure de prophète inspiré revêt Virgile aux yeux du cercle de lettrés groupés autour de Macrobe! (20) Quand, vers 357-360, le préfet du prétoire Anatolios, un païen fervent, arrive à Athènes, au cours de son pèlerinage en Grèce, il se préoccupe d'organiser un tournoi d'éloquence autant que d'offrir des sacrifices et de visiter les temples [119]. Et les chrétiens, nous le verrons au chapitre suivant, n'étaient pas moins attachés, pour leur part, aux traditions classiques, facteur commun d'humanité.

Comment, dès lors, s'étonner de la place prise par l'école dans l'Etat ? La culture romaine, greffe de l'hellénisme tardif, avait toujours été un peu « scolaire » : ce caractère n'a pu que se renforcer avec le temps. Le caractère démographiquement instable de l'aristocratie, sans cesse décimée et reconstituée, diminue l'importance de la tradition proprement familiale : le premier rôle revient à l'école, détentrice de la tradition, au livre, instrument d'anoblissement. L'éducation classique, plus que jamais, incarne l'idéal de la parfaite humanité.

118. CLAUD. *Fesc.* 232 s. — 119. EUN. *Prob.* 491.

Il était naturel que l'Etat, que l'empereur se fît le protecteur des lettres. L'idée a été magnifiquement exprimée, en 297, par le rhéteur Eumène lors de la restauration des écoles d'Autun : il félicite Constance Chlore de se montrer, comme ses collègues de la Tétrarchie, si activement favorable à l'étude des lettres : c'est, dit-il, « qu'il a su comprendre que la science du bien dire, qui est aussi celle du bien faire, relevait de la prévoyante sollicitude de sa majesté : la divine intelligence de sa pensée éternelle lui fait comprendre que les lettres sont le fondement de toutes les vertus [120] ».

On dira : c'est un rhéteur qui parle et qui plaide pour sa boutique! Mais le législateur ne parlait pas autrement : Constance II et Julien réservent « l'ordre insigne des décuries » de la ville de Rome aux hommes cultivés, initiés aux belles-lettres et à l'éloquence, car, disent-ils, « il importe de récompenser la culture littéraire qui occupe le premier rang parmi les vertus », *litteratura quae omnium uirtutum maxima est* [121]...

Les écoles et le recrutement des fonctionnaires.

Ce zèle, toutefois, n'est pas seulement désintéressé. L'Etat du Bas-Empire repose sur une double base; à côté de l'armée, il y a l'administration civile dont le développement tentaculaire a multiplié les services et les bureaux. Depuis Dioclétien, l'Etat romain est devenu une monarchie bureaucratique : il retrouve le type de gouvernement qui avait été celui des vieilles monarchies orientales, un gouvernement de scribes.

D'où le rôle pratique qui revient dès lors aux écoles : préparer à l'Empire un personnel compétent d'administrateurs et d'employés. Il n'y a pas de doute que les empereurs du IVe siècle n'aient eu en vue le recrutement de leurs fonctionnaires, quand ils légiféraient avec tant de soin au sujet de l'enseignement.

Nous avons vu Valentinien, en 370, soumettre les étudiants de Rome à un contrôle strict du préfet de la ville [122] : celui-ci n'a pas seulement à réprimer la turbulence de ces jeunes gens, leur fuite devant les charges qui les attendent dans leurs cités d'origine; il doit aussi adresser, chaque année, à l'empereur une liste des étudiants

120. *Pan. Lat.* IV, 8; 14. — 121. *C. Theod.* XIV, 1, 1. — 122. *Id.* XIV, 9, 1.

qui se seront distingués dans leurs études pour que l'administration puisse les promouvoir utilement en fonction de ses besoins.

Les panégyristes d'Autun insistent sur le bel avenir promis à leurs rhétoriciens : tribunaux, bureaux financiers, gouvernements provinciaux, directions de ministères (*palatii magisteria*[123]). L'idée est partout présente : Ausone exhorte son petit-fils à l'étude en lui montrant, par l'exemple des siens, que l'éloquence conduit aux plus hautes charges dans l'Etat[124]. Symmaque célèbre dans les lettres la voie qui ouvre l'accès aux magistratures[125]. Saint Jean Chrysostome nous montre, à Antioche, les parents ambitieux poussant leurs enfants dans l'étude des lettres pour les faire réussir dans le service de l'empereur[126].

Ce n'étaient pas là de vaines promesses ou des espérances illusoires : la pratique du gouvernement impérial nous montre que, sauf exceptions, les postes élevés de l'administration sont normalement réservés aux anciens élèves de l'enseignement supérieur.

J'ai parlé de « personnel compétent ». Il faut préciser. On pensera, tout naturellement, à la compétence technique que pouvaient acquérir à l'école les étudiants en droit et, par la pratique judiciaire, les avocats. Comme sous le Haut-Empire, le barreau est un des principaux débouchés qui s'ouvre aux jeunes lettrés et il permet d'arriver ensuite aux fonctions administratives. On peut retenir l'exemple de la carrière du poète Prudence (né en 348) : après avoir étudié la rhétorique[127], il devint avocat, avant de recevoir successivement deux gouvernements de province, puis une haute charge à la Cour[128]. C'est une carrière normale : une constitution de Théodose II, reprise par Justinien[129], montre qu'il était d'usage de recruter parmi les avocats distingués les gouverneurs de province (aux attributions devenues, on le sait, essentiellement judiciaires).

Mais il y a plus : non sans étonnement, nous constatons que des postes élevés étaient couramment offerts à des hommes sans formation juridique ni administrative, à de simples rhéteurs qui n'avaient d'autre talent que celui de la parole, ou, si l'on préfère, de l'art littéraire. Rappellerai-je le cas d'Ausone ? Nous connaissons assez bien les limites de son esprit et les lacunes de sa culture

123. *Pan. Lat.* V, 5; 6; VII, 23. — 124. AUS. *Protr.* 43-44. — 125. SYMM. *Ep.* I, 25. — 126. CHRYS. *C. Opp.* III, 12, 369; 13, 371. — 127. PRUD. *Cath.* pr. 8-9. — 128. *Id.* 13-21. — 129. *C. Just.* II, 7, 9.

pour être surpris de voir son élève Gratien lui confier les hautes responsabilités de la préfecture du prétoire. Son cas n'était pas isolé : un de ses collègues, le rhéteur toulousain Exuperius, avait été nommé *praeses,* gouverneur d'une province, en Espagne par ses élèves devenus Césars [130]. Saint Augustin, rhéteur de Milan, se berçait d'espérances analogues : il se dépeint, à la veille de sa conversion, chaque jour, ses cours finis, hantant les antichambres ministérielles, mû par l'appât d'un tel poste de *praeses* qu'il espérait obtenir grâce aux relations influentes qu'il entretenait avec soin [131].

Faut-il déplorer l'aveuglement d'une société décadente qui s'obstinait à attacher tant de valeur à l'enseignement formel de la rhétorique, d'un Empire qui remettait ainsi ses leviers de commande à des bavards incompétents ? Ce serait faire preuve de peu de sens historique. En réalité, le Bas-Empire demeurait fidèle à la tradition classique : à six ou sept siècles de distance, nous percevons, sous la plume d'un Eumène ou d'un Julien, comme un écho amplifié de l'hymne au Logos du vieil Isocrate : l'art oratoire apprend à bien penser, à bien agir en même temps qu'à bien écrire. L'éducation traditionnelle forme des hommes, à l'esprit droit et délié; le reste n'est qu'affaire de pratique. Le Bas-Empire reste bien antique jusque dans ce dédain pour la technicité (21).

L'enseignement de la sténographie. Cependant, à un échelon inférieur, nous constatons le développement d'une matière d'enseignement d'ordre proprement technique, dont le succès s'explique également par les besoins de l'administration : je veux parler de la sténographie, *notae,* ταχυγραφία, σημεῖα (22).

L'antiquité a connu en effet un système de notation rapide du langage : les origines en remontent peut-être jusqu'au IVe siècle avant Jésus-Christ [132], mais il n'apparaît en pleine lumière qu'à partir de Cicéron [133]; on a souvent fait hommage de l'invention à son affranchi Tiron, mais il est difficile, dans l'état présent de notre documentation, de déterminer s'il a inventé son système de toutes pièces ou si les « notes tironiennes » ne sont qu'une adaptation au latin d'un système grec déjà en usage. Quoi qu'il en soit de cette question de priorité, sous l'Empire, deux systèmes,

130. AUS. *Prof.* 17, 13. — 131. AUG. *Conf.* VI, 11 (18-19). — 132. DL. II, 48. — 133. PLUT. *Cat. mi.* 23.

assez étroitement apparentés, sont concurremment en usage, l'un pour le grec, l'autre pour le latin.

Déjà nous voyons l'empereur Titus capable de rivaliser de vitesse avec ses propres secrétaires [134]. En 155, un papyrus d'Oxyrhynque nous montre un jeune esclave que son maître confie à un professeur de sténographie, σημειογράφος : celui-ci s'engage pour un prix forfaitaire (payable en trois termes échelonnés) à lui apprendre son art en deux ans [135].

Mais c'est surtout au Bas-Empire que l'usage, et par suite l'enseignement de la sténographie, s'est vulgarisé. Les *notarii* (le mot désigne proprement les secrétaires experts dans l'art des *notae*) sont les auxiliaires indispensables de l'administration : nous les voyons partout, escortant les magistrats et hauts fonctionnaires [136]. Leur rôle est particulièrement important dans les bureaux de l'administration centrale : chargés d'abord simplement de rédiger les procès-verbaux du consistoire, les notaires impériaux se voient, à partir du milieu du IVe siècle, fréquemment investis de missions en province comme commissaires munis de pouvoirs extraordinaires et sont assimilés au grade d'officiers supérieurs, *tribuni et notarii*.

L'usage de la sténographie s'est si bien généralisé qu'il déborde son emploi administratif : un poète comme Ausone a un sténographe pour recueillir à la dictée ses compositions [137]. L'Eglise chrétienne en utilise à son tour : si nous avons conservé tant de sermons des Pères de l'Eglise des IVe-Ve siècles, c'est que des sténographes étaient là, assis aux pieds de l'évêque, dans la basilique, prêts à noter ses paroles au cours de l'homélie incluse dans la liturgie.

Une technique si bien achalandée était l'objet d'un grand intérêt de la part des parents besogneux en quête d'un métier lucratif pour leurs fils. Même dans un coin perdu de la Haute-Egypte, il suffit qu'un maître ouvre une école où il promet d'enseigner non seulement les lettres, mais aussi la sténographie, pour qu'il voie accourir la clientèle [138]. Libanios, prompt à s'inquiéter de toute concurrence, prétend même que les parents finissaient par attacher plus d'importance à cet art qu'à l'étude des lettres classiques [139].

C'est qu'il promettait à qui le possédait un emploi assuré une

134. SUET. *Tit.* 3, 3. — 135. *P. Oxy.* 724. — 136. EUN. *Prob.* 489. — 137. AUS. *Ephem.* 7. — 138. THEOD. *H. E.* IV, 18, 8 s. — 139. LIB. *Or.* XXXI, 28; 33.

carrière régulière, dont l'horizon n'était pas nécessairement limité : bien que les hauts grades fussent en principe réservés aux anciens élèves des rhéteurs, il ne manquait pas d'exemple, dans cette monarchie absolue où la faveur pouvait tout, de simples secrétaires parvenus aux fonctions les plus élevées, y compris la préfecture du prétoire [140]. La carrière ecclésiastique connaissait elle aussi de pareilles fortunes, comme le montre l'histoire du célèbre Eunomios, le grand champion du néo-arianisme : c'était un fils de paysan qui avait réussi, pour fuir la terre, à acquérir le précieux métier : il devint le secrétaire de l'évêque arien Aëce et mit ainsi le pied à l'étrier [141].

Par ce dernier aspect, l'éducation du Bas-Empire achève de prendre sa physionomie caractéristique : avais-je tort de suggérer au seuil de cette histoire que l'éducation antique évoluerait vers une culture de scribes ?

140. *Id.* LXII, 51. — 141. GREG. NYS. *C. Eun.* I, 50.

CHAPITRE IX

Le christianisme et l'éducation classique

L'expression « éducation chrétienne », ἐν Χριστῷ παιδεία, se rencontre déjà sous la plume de saint Clément de Rome [1], vers 96; saint Paul, avant lui, s'était préoccupé de donner aux parents des conseils sur la manière d'élever leurs enfants [2] : c'est bien là une des préoccupations les plus constantes du christianisme.

L'éducation religieuse. Quand on parle aujourd'hui d' « éducation chrétienne », on entend, le plus souvent, une imprégnation par les préoccupations chrétiennes de l'ensemble de la formation de l'enfant, et d'abord de son instruction scolaire. Il faut prendre garde que pour l'Eglise ancienne le terme a un sens plus strict et plus profond : il s'agit essentiellement de l'éducation religieuse, c'est-à-dire, d'une part, de l'initiation dogmatique : quelles sont les vérités qu'il faut croire pour être sauvé ? Et, d'autre part, de la formation morale : quelle est la conduite qui convient au chrétien ? On reconnaît le schéma sur lequel sont construites les Epîtres de saint Paul : toute l'Eglise antique a suivi la voie inaugurée par le grand Apôtre. Cette éducation chrétienne, au sens sacré et transcendant du mot, ne pouvait, comme l'éducation profane, se donner à l'école, mais dans et par l'Eglise et, d'autre part, au sein de la famille.

Elever chrétiennement ses enfants, les faire participer au trésor de la foi, leur inculquer une saine discipline en matière de vie morale est le devoir fondamental des parents; il y a là quelque chose de plus que ne contenait la tradition romaine : le christianisme dépend ici essentiellement de la tradition juive qu'il prolonge et où l'accent mis sur le rôle de la famille dans la formation

1. CLEM, ROM. *I Cor.* 21, 8; 6; cf. 62, 3. — 2. *Eph.* 6, 4; *Col.* 3, 21.

de la conscience religieuse était si marqué [3]. Devoir imprescriptible : l'ancienne Eglise aurait jugé avec sévérité les parents « chrétiens » d'aujourd'hui qui s'estiment quittes lorsqu'ils ont abdiqué leurs responsabilités entre les mains d'un maître ou d'une institution.

La famille chrétienne est le milieu naturel où doit se former l'âme de l'enfant. Puisque le ressort principal de toute éducation est l'imitation de l'adulte, il s'agit avant tout d'une éducation par l'exemple, mais celle-ci n'exclut pas un effort conscient de pédagogie religieuse. Un traité, trop longtemps négligé, de saint Jean Chrysostome contient de bien savoureux conseils *sur la manière dont les parents doivent élever leurs enfants* [4] (1). C'est aux parents, au père surtout [5] (à la mère pour les filles [6]), qu'incombe le soin de leur formation chrétienne : il faut leur apprendre l'histoire sainte, ces belles histoires d'Abel et Caïn [7], d'Esaü et Jacob [8], sous une forme familière, en s'ingéniant à piquer leur curiosité :

> Quand l'enfant aura bien retenu ce récit, vous lui demanderez un autre soir : « Raconte-moi l'histoire des deux frères. » Et s'il commence par Caïn et Abel, interrompez-le et dites-lui : « Non, ce n'est pas celle-là que je te demande, mais celle des deux autres frères dont le père a prononcé une bénédiction. » Rappelez-lui ensuite quelques détails significatifs, sans cependant lui donner le nom des frères. Quand il vous aura bien raconté toute l'histoire, reprenez la suite du récit... [9]

Si important que soit ce rôle de la famille [10], ce n'est encore qu'un rôle d'appoint : l'essentiel de l'éducation religieuse est représenté par l'initiation doctrinale que le néophyte reçoit de l'Eglise avant d'être admis au baptême. Morphologiquement, le christianisme est une religion-à-mystères : caractère bien estompé aujourd'hui, à cause de tout ce qui subsiste, dans notre monde paganisé, de la chrétienté médiévale (dans nos églises, aux portes ouvertes, n'importe qui peut entrer et un non-baptisé peut y assister au mystère eucharistique), mais qui était très marqué dans l'antiquité chrétienne (2).

C'est l'Eglise en tant que telle, par l'intermédiaire d'un délégué spécialement mandaté à cet effet, qui instruisait le catéchumène : dès les premières générations chrétiennes, nous voyons en fonction

3. *Deut.* 6, 2; 7; 20. — 4. CHRYS. *Inan. glor.* 19 s. — 5. *Id.* 32, 1. — 6. *Id.* 90, 1. — 7. *Id.* 39, 5 s. — 8. *Id.* 43, 5 s. — 9. *Id.* 45, 1-2. — 10. *Id.* 79, 3, 80; 1.

des « maîtres », διδάσκαλοι [11] (3), chargés de cet enseignement et investis à cet effet d'un charisme propre. L'institution du catéchuménat se développe progressivement à mesure que se multiplient les nouveaux convertis : il a pris sa forme définitive à Rome vers 180 (4); il suppose alors une longue probation, dont la durée est fixée à trois ans et au cours de laquelle est dispensé un enseignement soigneusement gradué. Assez tôt, semble-t-il, celui-ci cesse d'être confié à des « didascales » spécialisés : ce sont, normalement, des prêtres qui en sont chargés, encore qu'il revienne à l'évêque lui-même de mettre la dernière main à cette préparation : les sermons et traités catéchétiques que nous avons conservés de saint Grégoire de Nysse, de Cyrille de Jérusalem, de Théodore de Mopsueste, saint Ambroise, saint Augustin, pour ne citer que les plus grands, attestent à quel niveau remarquable les grands évêques du IVe siècle avaient su situer leur enseignement.

Bien entendu, la formation religieuse ne s'arrêtait pas une fois le baptême reçu : en un sens elle se poursuivait, s'approfondissait tout au long de la vie chrétienne : il suffit de songer à la place qu'occupent dans la liturgie les lectures et la prédication.

Le christianisme, religion savante. Mais si l'éducation chrétienne, au sens strict, ne relève pas du domaine de l'école, il n'en faut pas conclure que l'Eglise puisse se désintéresser de celle-ci : pour pouvoir se propager et se maintenir, pour pouvoir assurer non seulement son enseignement, mais le simple exercice du culte, la religion chrétienne exige impérieusement au moins un minimum de culture lettrée. Le christianisme est une religion savante et ne saurait exister dans un contexte de barbarie.

D'abord, comme disent les Musulmans, c'est une religion du Livre : elle s'appuie sur une Révélation écrite, les Livres saints de la religion d'Israël, qu'elle recueille et revendique pour siens et auxquels viennent s'ajouter ceux du Nouveau Testament, à mesure qu'ils sont composés et que leur est reconnue la valeur canonique de Γραφή. Le caractère biblique de la prière liturgique, la place qui y est donnée aux lectures, fait que la présence du Livre est constante et nécessaire : les Arabes nomades du *limes* de

11. *Act.* 13, 1; *I Cor.* 12, 28; 31; *Eph.* 4, 12; *Didach.* 13, 2; 15, 2; BARN. I, 8; 4, 9; HERM. *Vis.* III, 5, 1; *Sim.* IX, 15, 4.

Syrie n'ont pas toujours d'autel dans leur matériel de campement, mais nous les voyons poser le calice sur le livre ouvert des Evangiles [12]. Plus on avance dans le temps, plus le rôle de la chose écrite s'affirme dans la vie quotidienne de l'Eglise : la « tradition », παράδοσις, dont l'importance ne cesse de croître (5), n'est plus simplement un ensemble de doctrines, d'interprétations et d'usages transmis par voie orale : elle s'incarne dans une littérature, bientôt abondante et variée. Il y a d'abord les règlements et ordonnances disciplinaires, tout ce qui, plus tard, constituera le Droit canon (ses origines remontent, bien avant l'ère des grands conciles, au début du IIe siècle, avec la Διδαχή ou *Doctrine des douze Apôtres*) ; puis la littérature spirituelle, l'apologétique et, après l'apparition des hérésies, la polémique et la dogmatique.

Ainsi, des exigences les plus immédiates de la piété aux ambitions les plus élevées de la pensée religieuse, tout conspirait à exiger des chrétiens un type de culture, et par suite une éducation, où l'élément lettré occuperait une place de choix. Il paraîtrait naturel que les premiers chrétiens, si intransigeants dans leur volonté de rupture à l'égard d'un monde païen dont ils ne cessent de dénoncer les erreurs et les tares, aient en conséquence créé à leur usage une école d'inspiration religieuse, distincte et rivale de l'école païenne de type classique. Or, la chose est remarquable, ils ne l'ont pas fait, du moins dans le cadre de la civilisation hellénistique et romaine.

Pourtant, créer un enseignement orienté vers la vie religieuse et dont les programmes, en particulier, seraient centrés sur l'étude des Livres saints n'était pas chose inconcevable : les chrétiens de l'Empire romain en avaient le modèle sous les yeux dans les écoles juives qui achevaient précisément de s'organiser sous leurs yeux.

L'école rabbinique. Dans le judaïsme de la dispersion et, après la destruction du temple, dans le judaïsme tout court, la vie religieuse d'Israël s'incarne dans la pratique et suppose, par suite, la connaissance précise de la Loi révélée, de la Torâ(h) [13]. Comme la Loi est une loi écrite (même la tradition, à l'origine orale, qui la complète ou l'interprète, va être, à partir du second siècle, rédigée par écrit et codifiée), l'éducation religieuse juive est fondée sur l'étude des textes sacrés.

12. BAR HEBR. *Nomocan.* I, 4. — 13. Cf. JOS. *C. Ap.* I, 12 ; II, 19.

Et d'abord sur celle de la langue sacrée : dès les premiers siècles de notre ère, l'usage de la Bible grecque se voit abandonné (6) et l'hébreu est la seule langue dans laquelle puisse se faire l'étude de la Loi.

A l'éducation familiale prescrite par la Loi [14], se surimpose ou se substitue un système d'enseignement collectif au sein d'écoles régulièrement organisées : le système connaît son plein épanouissement au Bas-Empire et comporte alors trois degrés consacrés d'abord à la lecture de la Bible, puis à l'étude des commentaires juridico-exégétiques de plus en plus développés de la *Mischna,* puis du *Talmud* [15] (7).

Ces écoles furent établies partout [16] : la « maison de l'instruction », *bêt hamidrâsch,* la « maison du livre », *bêt sêfer,* répond à la synagogue, la maison de prières, προσευχή : l'une et l'autre, conjointement, représentent l'âme de toute communauté juive : « Aussi longtemps que la voix de Jacob retentira dans les synagogues et les écoles, les mains d'Esaü (entendez de l'Empire romain, persécuteur) ne seront pas victorieuses [17]. » Elles sont entourées d'un amour attentif; le maître, même élémentaire, est respecté, ennobli qu'il est par le prestige de la parole divine qu'il révèle à l'enfant : « On doit avoir autant de vénération pour son maître que pour Dieu », dira le *Talmud* [18].

Écoles chrétiennes en pays barbare.

A ceci près que pour eux il n'y a pas de langue sacrée (les Ecritures ont été traduites dès l'antiquité dans toutes les langues), les mêmes causes auraient pu amener les chrétiens à créer eux aussi des écoles religieuses d'un type analogue. En fait, ils l'ont fait chaque fois qu'ils ont implanté l'Eglise dans un pays « barbare », c'est-à-dire qui n'avait pas été assimilé par la culture classique.

En Egypte, en Syrie et en Mésopotamie, le christianisme a ranimé l'égyptien et l'araméen qui, depuis Alexandre, avaient cessé d'être des langues de culture : il a provoqué l'épanouissement d'une littérature, et par suite d'un enseignement, en copte et en syriaque, l'une et l'autre étroitement liés aux exigences de la vie religieuse (8).

14. *Deut.* 6, 2; 7; 20. — 15. *Aboth,* 6, 5. — 16. *B. Bathra,* 21 a. — 17. *Pesikta,* 121 a. — 18. *Aboth,* 4, 15.

Mieux encore, dans les pays qui jusque-là n'avaient pas connu de culture écrite, le christianisme fait naître une culture, une littérature et d'abord une écriture nationales, créées de toutes pièces à son service propre. C'est d'abord pour pouvoir traduire la Bible, source de toute vie chrétienne, que nous voyons aux IVe-Ve siècles Frumence (ou ses premiers collaborateurs) promouvoir l'éthiopien au rang de langue littéraire, écrite, comme Mesrob (s'il faut retenir l'attribution traditionnelle) pour l'arménien et le géorgien (khoutsouri), peut-être Qardutsat d'Arran pour le hun, Ulfila, comme on sait, pour le germanique et beaucoup plus tard, au IXe siècle, Cyrille et Méthode pour le slave. Dans tous ces domaines, l'enseignement, dès qu'il fut créé, a eu un caractère essentiellement religieux.

Rien de pareil, j'y insiste, dans l'aire propre de la culture grécolatine : aussi longtemps que dure l'antiquité, les chrétiens, sauf quelques cas exceptionnels et limités, n'ont pas créé d'écoles qui leur fussent propres : ils se sont contentés de juxtaposer leur formation spécifiquement religieuse (assurée, on l'a vu, par l'Eglise et la famille) à l'instruction classique qu'ils recevaient, au même titre que les païens, dans les écoles de type traditionnel.

Christianisme et classicisme. Il y a là un fait surprenant pour l'homme d'aujourd'hui : nous sommes habitués à voir les églises chrétiennes revendiquer l'école confessionnelle comme un de leurs droits essentiels, comme une des exigences immédiates de leur foi. Fait considérable, car il s'est noué ainsi, au cours des premiers siècles, entre christianisme et classicisme un lien intime dont l'historien ne peut que constater la solidité. Il y a eu des théologiens pour s'en scandaliser, pour dénoncer cette collusion avec l'hellénisme comme une infidélité, une adultération de la pure essence du christianisme primitif. Déplorable ou providentiel, le fait est là : né dans la Palestine hellénistique, le christianisme s'est développé, a pris sa forme au sein de la civilisation gréco-romaine et en a reçu une empreinte ineffaçable : même prêché à des Chinois ou à des Bantous, l'Evangile ne peut oublier qu'il a d'abord été rédigé en grec; c'est pour le christianisme un fait aussi essentiel que pour le bouddhisme d'être apparu dans l'Inde ou, pour l'Islâm, que le Qoran soit formulé en arabe.

Rien ne montre mieux la profondeur de la synthèse réalisée au bout de quatre siècles, entre christianisme et hellénisme, que l'examen des cultures chrétiennes apparues dans les pays barbares. Elles n'ont pas été élaborées de toute pièce, à partir des seules données de la Révélation, mais représentent, techniquement, une simple adaptation, au milieu linguistique local, de la culture des chrétiens grecs, déjà tout imprégnée d'éléments classiques.

Il suffit d'ouvrir un livre copte pour constater le nombre extraordinaire de mots grecs qui se sont introduits dans la langue des chrétiens d'Egypte. En fait, jusqu'à la veille de l'invasion arabe, les écoles coptes sont restées des écoles bilingues, où l'on apprenait le grec, parallèlement à la langue nationale [19]. La culture syriaque se prête à des observations analogues : certes, elle est très sémitique non seulement d'expression, mais d'esprit : morphologiquement, les écoles syriaques nous font penser moins à celles du monde hellénistique qu'aux écoles islamiques, qu'elles ont d'ailleurs fort probablement aidées à prendre corps. Mais elle puise ses sources d'inspiration dans la tradition grecque, et spécialement dans l'école d'Antioche : le maître par excellence des écoles nestoriennes est Théodore de Mopsueste. Et avec les Pères de l'Eglise grecque, c'est toute la tradition scolaire classique qui se fraye un chemin dans ces provinces lointaines : nous avons déjà rencontré ce fait extraordinaire : la grammaire de Denys le Thrace, ce catéchisme de l'école hellénistique, a été traduite, littéralement, dans des langues aussi différentes du grec que l'arménien ou le syriaque.

Plus que de s'étonner, il importe de comprendre : pourquoi le christianisme méditerranéen a-t-il fait si bon ménage, dans l'antiquité, avec l'école païenne ? On pourrait observer, d'abord, que le christianisme est avant tout une religion, qui règle les rapports à établir entre l'homme et Dieu, et non, en premier lieu ni essentiellement, un idéal de la culture, c'est-à-dire un mode d'aménagement de la vie terrestre. Et si, sans doute, toute doctrine profonde sur l'homme et sur la vie tend, par une fécondité naturelle, à expliciter peu à peu les conséquences pratiques impliquées dans ses principes et à réagir ainsi sur la civilisation, il s'agit là d'un processus qui demande de longs siècles : les premières générations chrétiennes n'ont pas plus explicité de pédagogie chrétienne que de politique chrétienne; courant au plus pressé, elles ont édifié les assises fondamentales, les plus profondes, de toute civilisation

19. *O. Lond. Hall*, 14222.

chrétienne à venir : une dogmatique, une morale, une discipline canonique, une liturgie.

Mais il y a plus : même une religion, le type pourtant du mouvement révolutionnaire conscient de ses ambitions totalitaires, ne peut échapper à l'influence, d'autant plus profonde qu'elle demeure inconsciente, du milieu de civilisation au sein duquel elle grandit. Il y a là un phénomène très général que j'avais proposé d'appeler l'*osmose* culturelle (9) : le milieu de civilisation est comme un fluide nourricier qui baigne les hommes et les institutions et les pénètre, même à leur insu, même à leur corps défendant.

L'adoption par les chrétiens des écoles grecques ou latines est un exemple remarquable d'une telle osmose : précisément parce qu'ils vivaient dans le monde classique, les chrétiens des premiers siècles ont accepté comme « naturel », allant de soi, la catégorie fondamentale de l'humanisme hellénistique : l'homme, comme richesse inconditionnée, antérieure à toute spécification. On pourrait dire (10) : pour pouvoir être chrétien, il faut d'abord être un homme, assez mûr sur le plan proprement humain pour pouvoir poser un acte de foi et des actes moraux (c'est un fait, historiquement et ethnographiquement constaté : le christianisme exige un minimum de civilisation). Or si l'éducation classique représentait une technique admirable pour la formation d'un type humain parfaitement développé, pourquoi, inutilement, chercher ailleurs, élaborer un autre système d'éducation. De toute façon, il vient bien un moment où il faut greffer sur l'homme proprement humain le rameau proprement religieux du Don surnaturel : en quelque sorte, c'est l'invariance technique de l'humanisme classique qui le rendait merveilleusement apte à servir de porte-greffe au rameau d'or de l'ordre de la grâce; l'homme cultivé selon la norme classique pouvait à son gré devenir orateur ou philosophe, opter pour l'action ou la contemplation : une option supplémentaire lui est désormais offerte par l'annonce de la Bonne Nouvelle; il peut *aussi* s'ouvrir à la grâce, à la foi, recevoir le baptême, devenir chrétien.

Opposition chrétienne à la culture classique. Pratiquement, cela n'allait pas sans difficulté; je dois attirer ici l'attention du lecteur sur une distinction importante : adopter le système d'éducation classique n'était pas, pour autant, accepter la culture à laquelle cette éducation était ordonnée comme à sa fin.

L'opposition était profonde qui séparait cette culture du christianisme. Il s'agit moins de la longue symbiose qui unissait la littérature et l'art classiques au vieux polythéisme que du fait que, prise en un tout, cette culture humaniste se présentait comme une rivale de la religion nouvelle, car elle aussi, prétendait résoudre à sa manière le problème de l'homme et de la vie. La chose est évidente pour la culture philosophique : chaque secte entendait bien détenir pour son compte le secret de la Fin, du τέλος, du bonheur. Elle n'est pas moins vraie pour la culture oratoire, esthétique : j'ai montré comment le « culte des Muses » était devenu pour les lettrés l'équivalent formel d'une véritable religion. En fait, les Renaissances byzantines ou occidentales sont là pour en témoigner, de siècle en siècle : chaque renouveau de la tradition classique s'est accompagné, dans l'histoire, d'une poussée de néo-paganisme. Dans l'antiquité, la conversion au christianisme exigeait, de la part d'un homme cultivé, un effort de renoncement, de dépassement : il lui fallait confesser la vanité radicale, admettre les limites [20], de cette culture dont, jusque-là, il avait vécu.

Les chrétiens des premiers siècles étaient, en effet, parfaitement conscients de cette opposition : *Quid Athenae Hierosolymis...* « Quoi de commun entre Athènes et Jérusalem, entre l'Académie et l'Eglise [21] ? » Ce n'est pas là l'opinion isolée d'un rigoriste comme Tertullien : il suffit de feuilleter la littérature patristique pour s'en rendre compte. Même les plus « cultivés » parmi les Pères de l'Eglise, les plus fidèles héritiers de la pensée et de l'art classiques, saint Augustin par exemple (11), s'accordent avec la réaction spontanée des simples et des ignorants pour condamner la culture antique en tant qu'idéal indépendant, rival de la révélation chrétienne.

Entre tant de textes (on n'a que l'embarras du choix), je retiendrai non les plus pittoresques, comme le Songe de saint Jérôme qui, devant le tribunal divin, se voit reprocher d'être « cicéronien et non chrétien [22] », mais les plus autorisés, ceux où l'autorité même de l'Eglise se trouvait engagée. Le droit canon, en effet, a connu des prescriptions formelles qui s'expliquent par cette opposition entre culture classique et christianisme.

C'est déjà le cas de la *Didascalie Apostolique,* texte ancien (IIIe siècle) et dont l'influence fut considérable et persistante en Orient [23]; elle formule nettement l'interdiction : « S'abstenir complè-

20. Cf. *Ps.* 118 (LXX), 96. — 21. TERT. *Praescr.* 7. — 22. HIER, *Ep.* 22, 30. — 23. Cf. *Const. Apost.* I, 6.

tement des livres païens », en l'accompagnant de considérants fort curieux : Qu'est-ce qu'un chrétien a à faire avec ces erreurs ? Puisqu'il possède la Parole de Dieu, qu'a-t-il besoin d'autre chose ? La Bible suffit non seulement à la vie surnaturelle mais aussi aux besoins culturels : *nam quid tibi deest in uerbo Dei ut ad illas gentiles abulas pergas!* Désire-t-on de l'histoire ? Il y a les Livres des Rois. De l'éloquence, de la poésie ? Les Prophètes ! Du lyrisme ? Les Psaumes ! Une cosmologie ? La Genèse ! Des lois, une morale ? La glorieuse Loi de Dieu ! Il faut rejeter énergiquement toutes ces écritures étrangères et diaboliques : *ab omnibus igitur alienis et diabolicis scripturis fortiter te abstine* [24].

L'Occident a connu lui aussi de pareilles sévérités et les a maintenues, en principe, sinon pour tous les chrétiens, du moins pour celui qui, détenant la plénitude du sacerdoce, doit donner l'exemple de la perfection, l'évêque : il doit s'abstenir totalement de lire les livres païens, et ne s'occuper des hérétiques que *pro necessitate et tempore,* prescrivant les *Statuts de l'Eglise ancienne* [25] (longtemps désignés comme Canons d'un pseudo-IVe concile de Carthage; il s'agit en fait, estime-t-on généralement aujourd'hui, d'une œuvre provençale de la fin de Ve siècle); l'interdiction sera reprise par Isidore de Séville [26] et en plein XIIe siècle par le *Décret* de Gratien [27] : que dis-je, le droit canon l'a maintenue, en somme, jusqu'à nos jours (12).

Le christianisme accepte l'école classique.

Il importe peu, ici, de discuter l'ensemble des témoignages relatifs à cette interdiction et de rechercher à quelle pratique réelle elle a de fait, au cours des siècles, correspondu : elle ne concerne que la culture au sens généralisé du mot, c'est-à-dire du mode de vie intellectuelle de l'adulte, non de la culture préparatoire, de l'éducation (13).

Vis-à-vis de celle-ci, l'attitude de l'Eglise ancienne a été toute différente : parfaitement consciente de la nécessité où le caractère « savant », lettré, de la religion chrétienne mettait le fidèle d'avoir accès à la culture littéraire, l'Eglise n'a vu d'autre solution que de laisser la jeunesse se former dans les écoles du type hellénistique traditionnel. Théorie et pratique sont ici parfaitement d'accord.

24. *Didasc. Ap.* I, 6, 1-6. — 25. *Stat. Eccl. ant.* 16. — 26. ISID. *Sent.* III, 3. — 27. I, 37.

La distinction que j'ai proposée se trouve très nettement mise en œuvre dans les textes : ainsi saint Jérôme, tout à fait dans l'esprit du droit canon, blâme les prêtres qui, négligeant les Evangiles et les Prophètes, perdent leur temps à lire des auteurs profanes; il leur fait un crime de faire volontairement ce qui, dans le cas des enfants, est une nécessité pratique de l'éducation, *id quid in pueris necessitatis est, crimen in se facere uoluntatis* [28].

Les critiques adressées à la culture profane atteignaient bien l'école, si profondément liée, de par sa tradition, au paganisme : à peine le syllabaire dépassé, c'était sur des listes de noms de dieux que l'enfant apprenait à lire; les textes classiques n'étaient-ils pas empruntés à des poèmes où l'impiété le disputait à l'immoralité ? Et pourtant nul parmi les chrétiens ne s'avise qu'on pourrait éduquer l'enfance autrement, n'ose lui interdire l'accès de l'école païenne.

Prenons un polémiste aussi violent, aussi porté à l'extrême que Tertullien. Nul n'a mieux ressenti et analysé le caractère idolâtrique et immoral de l'école classique : c'est au point qu'il interdit l'enseignement aux chrétiens comme un métier totalement incompatible avec la foi, au même titre que celui de fabricant d'idoles ou d'astrologues. Mais comme il est inconcevable de renoncer aux études profanes, sans lesquelles les études religieuses deviendraient impossibles (il faut bien, pour commencer, apprendre à lire), il admet, comme une *nécessité,* que l'enfant chrétien fréquente, comme élève, cette même école qu'il interdit au maître. A lui, seulement, de réagir en connaissance de cause, de ne pas se laisser pénétrer par l'idolâtrie que véhiculent l'enseignement et jusqu'au calendrier scolaire : il doit se comporter comme quelqu'un qui, sachant pertinemment qu'il reçoit du poison, se garde bien de le boire [29].

Et cette solution n'est pas propre au temps de Tertullien, où les chrétiens ne sont encore qu'une minorité enkystée au sein d'un Empire persécuteur. Rien n'est changé en plein IVe siècle, quand l'Empire, de par l'empereur, s'est officiellement converti, dans cette Asie Mineure où la masse de la population est devenue chrétienne. L'enfant, l'adolescent chrétien sera élevé, comme les païens, dans la même école classique; il recevra toujours ce « poison » que constitue Homère, les poètes, le cortège insidieux des figures de la Fable, les passions troubles qu'elles patronnent ou incarnent. On compte, pour l'immuniser, sur le contrepoison que représente la formation religieuse qui lui est donnée, hors de l'école, par l'Eglise

28. HIER. *Ep.* 21, 13, 9. — 29. TERT. *Idol.* 10.

et la famille : sa conscience religieuse dûment éclairée et formée, il saura effectuer les redressements et les discernements nécessaires.

C'est ce que montre, une fois bien compris, le célèbre traité de saint Basile *sur la lecture des auteurs profanes*[30] : n'allons pas y chercher, comme trop de lecteurs, de la Renaissance à nos jours, se sont efforcés de le faire, un traité en forme sur l'utilité de l'étude des classiques païens (14). Ce serait plutôt une homélie sur le danger qu'ils présentent et la manière d'en triompher, soit en interprétant les poètes à la lumière de la morale évangélique, soit en opérant dans leur répertoire un tri sévère. Mais il ne s'agit pas ici d'une épuration des programmes suggérée à l'éducateur chrétien : saint Basile s'adresse à des jeunes gens, ses propres neveux, qui achèvent leurs études; il cherche simplement, comme le voulait Tertullien, à former leur jugement chrétien, à les mettre à même de tirer le meilleur parti de leur érudition : la formation chrétienne se surajoute à une éducation humaniste qu'elle n'a pas informée, qu'elle n'a pas soumise, au préalable, à ses exigences propres.

Les chrétiens dans l'enseignement classique.

Fait remarquable, l'Eglise n'a pas suivi Tertullien dans l'interdiction rigoureuse qu'il formulait à l'égard de la profession enseignante. Vers 215, soit vers le même temps où Tertullien écrivait son *De Idololatria* (211-212), saint Hippolyte de Rome rédigeait, sans doute à l'usage de sa communauté schismatique, cette *Tradition Apostolique* qui devait connaître, en Syrie, en Egypte et jusqu'en Ethiopie, une si longue fortune : lui aussi catalogue les métiers incompatibles avec la vocation d'un chrétien; or, précisément, il ne se résout pas à traiter les professeurs avec la même sévérité que le proxénète, l'histrion ou le fabricant d'idoles : « Si quelqu'un, dit-il[31], enseigne aux petits enfants les sciences de ce monde, il vaudrait mieux qu'il y renonce; toutefois, s'il n'a pas d'autre métier pour vivre, on l'excusera. » Les recueils canoniques dérivés d'Hippolyte conservent cette tolérance[32] ou l'élargissent encore[33].

Il n'y a pas de doute que ce fut là l'attitude normale de l'Eglise; en fait beaucoup de chrétiens ont enseigné dans les écoles de type classique. Le premier en date qui nous soit connu avec certitude

30. BAS. *Hom.* XXII. — 31. HIPP. *Trad. Ap.* 16. — 32. *Test. N. S. J. C.* II, 2; *Can. Hipp.* 12. — 33. Cf. *Const. Ap.* VIII, 32, 7-13.

est le grand Origène qui, à l'âge de dix-sept ans, en 202-203, ouvrit une école de grammaire, pour subvenir aux besoins de sa famille que le martyre de son père Léonide, accompagné de la confiscation des biens, venait de laisser sans ressources [34]. Il en fut si peu disqualifié aux yeux des autorités ecclésiastiques qu'un an plus tard son évêque Démétrios lui confiait l'enseignement officiel de la catéchèse [35].

Un demi-siècle plus tard, les chrétiens font leur entrée dans l'enseignement supérieur : en 264, l'un d'eux, Anatolios, le futur évêque de Laodicée, est appelé par ses concitoyens d'Alexandrie à occuper la chaire ordinaire de philosophie aristotélicienne [36]. Vers le même temps, en 268, nous trouvons à Antioche un prêtre, Malchion, que le sacerdoce n'empêche pas de diriger une école de rhétorique à la mode hellénique [37].

Plus on avance, plus nombreux se font de tels cas : au IVe siècle, on rencontre fréquemment des chrétiens dans tous les ordres de l'enseignement, depuis les humbles maîtres d'école [38] et les grammairiens [39], jusqu'aux plus hautes chaires d'éloquence : la persécution de Julien, en 362, trouvera deux chrétiens occupant l'un, Prohairesios, celle d'Athènes, l'autre, Marius Victorinus, celle de Rome [40].

La loi scolaire de Julien l'Apostat. Ce curieux épisode mérite qu'on s'y arrête un instant : c'est la première persécution scolaire dont les chrétiens eurent à se plaindre, mais son caractère particulier jette une vive lumière sur la question que nous étudions ici. Par une loi du 17 juin 362, l'empereur Julien interdisait l'enseignement aux chrétiens [41]. Le texte même de la loi parlait simplement de soumettre l'exercice de la profession pédagogique à l'autorisation préalable des municipalités et à la sanction impériale, sous prétexte d'assurer la compétence et la moralité du personnel enseignant. Mais par une circulaire annexe [42], Julien précisait ce qu'il fallait entendre par moralité. Les chrétiens qui expliquent Homère ou Hésiode sans croire aux dieux que ces poètes mettent en scène sont accusés de manquer de franchise ou d'honnêteté, puisqu'ils enseignent ce à

34. EUS. *H. E.* VI, 2, 15. — 35. *Id.* VI, 3, 3; 8. — 36. HIER. *Vir ill.* 73; EUS. *H. E.* VII, 32, 6. — 37. *Id.* VII, 29, 2. — 38. DIEHL. 717-723. — 39. *Id.* 725-726; *Gesta ap. Zenoph.*, p. 185. — 40. EUN. *Prob.* 493; HIER. *Chron.* 363 p. AUG. *Conf.* VIII, 5 (10). — 41. *C. Theod.* XIII, 3, 5. — 42. JUL. *Ep.* 61 c.

quoi ils ne croient pas. Ils sont sommés ou d'apostasier ou de cesser leur enseignement.

On peut dire, sans paradoxe, que, par cette mesure, Julien créait la première école confessionnelle, investie d'une mission de propagande religieuse. Il est remarquable de voir dans quelle atmosphère de parfaite neutralité s'était épanoui le haut enseignement dans cette deuxième moitié du IVe siècle. Les maîtres sont aussi bien chrétiens que païens et c'est leur valeur pédagogique qui attire auprès d'eux les étudiants, sans distinction de croyance. Un païen convaincu comme Eunape s'honore d'avoir été l'élève du chrétien Prohairesios [43]; saint Jean Chrysostome, élevé pourtant dans une atmosphère très chrétienne par sa pieuse mère Anthousa n'en suivit pas moins les cours du païen Libanios [44]; et il ne semble pas que ni l'un ni l'autre ait couru le risque de se voir converti...

Julien, au contraire, a voulu lester l'enseignement classique d'une virulence anti-chrétienne toute nouvelle (15), en valorisant au maximum le lien originaire qui unissait paganisme et classicisme. On sait qu'il affecte, pour désigner la religion des dieux, de se servir du terme d'« hellénisme », identifiant ainsi paganisme et culture. Les chrétiens, pour lui, sont des Barbares : c'est pourquoi il les appelle, et peut-être voulut-il les forcer à s'appeler officiellement, des « Galiléens [45] ». Avec lui l'école qui demeurait largement ouverte aux enfants chrétiens (mais ceux-ci, dès lors, pouvaient-ils, en conscience, la fréquenter ?), devenait un instrument de reconquête païenne et la religion chrétienne était rejetée à sa « barbarie » première.

La réaction des chrétiens fut très violente contre une mesure qu'ils considérèrent entre toutes comme vexatoire et humiliante [46]; réaction fort ingénieuse aussi : sommés par l'empereur de se contenter « d'aller dans leurs églises de Galiléens pour y commenter Matthieu et Luc [47] », ils se refusèrent à être ainsi exclus du bénéfice de la tradition lettrée et se mirent en devoir d'improviser des textes d'étude, des classiques de remplacement. Ce fut l'œuvre des deux Apollinaire, le père et le fils, deux professeurs alexandrins venus chercher fortune à Laodicée de Syrie, où leur zèle pour la littérature les avait fait un moment excommunier. Ils entreprirent d'adapter le Pentateuque en style homérique, les livres historiques de l'Ancien Testament en style dramatique, et ainsi de suite, en utili-

43. EUN. *Prob.* 485. — 44. SOCR. *H. E.* III, 11. — 45. GREG. NAZ. *Or.* IV, 76. — 46. Cf. JUL., *Ep.* 61 a. — 47 ID. *Ep.* 61 c, 423 D.

sant tous les genres et tous les mètres, de la comédie de Ménandre à l'ode pindarique. Quant aux écrits du Nouveau Testament, ils furent traités en dialogues imités de Platon [48].

On voit le paradoxe : contraints en quelque sorte à créer un enseignement strictement chrétien, ils s'y refusent et réussissent à se maintenir sur le terrain de la culture classique. Aussi bien la tentative des Apollinaire fut-elle sans lendemain : dès le 11 janvier 364 [49], l'interdiction édictée par Julien est levée, les maîtres chrétiens remontent dans leurs chaires et tout reprend comme auparavant, l'Eglise s'accommodant parfaitement de l'éducation classique.

Peu d'influence chrétienne sur l'école.

On pourrait penser que lorsque le nombre des maîtres et des élèves chrétiens devint relativement prépondérant, l'école se trouva christianisée de fait (16). Je vois bien, d'autre part, que tel texte canonique, malheureusement difficile à dater (IVe, V^e^, VIe siècle ?), fait un devoir au grammairien chrétien de confesser devant ses élèves que « les dieux des Gentils ne sont que des démons [50] » et qu'il n'y a d'autre Dieu que le Père, le Fils et le Saint-Esprit; mieux encore, on semble l'encourager à « faire de l'apostolat » (pour parler le jargon moderne) : « Enseigner les poètes, c'est bien, mais s'il peut communiquer à ses élèves le dépôt de la foi, il n'en aura que plus de mérite (17). »

On peut croire que ces conseils ont été quelquefois suivis, puisque Julien l'Apostat reproche aux maîtres chrétiens de malmener les poètes comme Homère en les accusant d'impiété, de folie ou d'erreurs [51], mais il ne semble pas, à en juger par les documents qui nous restent, que la pédagogie quotidienne ait subi une empreinte de la part de la religion nouvelle. Voici le cahier d'un petit écolier chrétien d'Egypte du IVe siècle [52] : rien ne le distingue d'un manuel hellénistique de six ou sept siècles antérieurs [53]; ce sont toujours les mêmes séries de noms mythologiques, les mêmes sentences ou anecdotes, — morales ou scatologiques. Le seul trait chrétien est, avec l'invocation « Béni soit Dieu » en tête du premier folio, la croix monogrammatique soigneusement tracée au début de chaque page. Ce n'est pas là un indice négligeable : nous pouvons supposer qu'en dessinant ce symbole pieux, l'enfant l'accompagnait d'une brève

48. SOCR. *H. E.* III, 16; SOZ. *H. E.* V, 18. — 49. *C. Theod.* XIII, 3, 6. — 50. *Can. Hipp.* 12. — 51. JUL. *Ep.* 61 c, 423 D. — 52. *B. Bouriant* 1. — 53. *P. Guér.-Joug.*

prière : « Sainte Croix, protège-moi ! (18) » Mais cette sorte de consécration générale ne suffit pas à pénétrer profondément d'esprit chrétien l'atmosphère scolaire. Et un document comme celui-ci n'est pas isolé : au Ve, au VIe siècle, les petits chrétiens du Fayoûm continuent, sans scandaliser personne, à apprendre à écrire en recopiant des listes de noms mythologiques : Europe, Pasiphaè [54].

On ne voit pas que l'Eglise ait organisé (nous verrons, au chapitre suivant, les exceptions à cette règle) d'enseignement proprement ecclésiastique, même pour les enfants dont la responsabilité lui incombait particulièrement, comme les orphelins élevés à la charge de la communauté [55] ou ces jeunes lecteurs dont la voix angélique est une des splendeurs de la liturgie et que nous voyons, au moins à partir du IVe siècle, régulièrement intégrés dans la hiérarchie cléricale (19).

C'est ce que montre bien un curieux épisode de la vie de saint Athanase (20) : remarqué, tout enfant, par l'évêque Alexandre qui l'a surpris remplissant par jeu, mais avec une onction précoce, les fonctions épiscopales au milieu d'un groupe d'enfants, il est destiné par celui-ci au clergé; mais il faut d'abord qu'il ait fait le minimum d'études nécessaires. Nul doute que s'il eût existé une école cléricale, on l'y eût envoyé; tandis que l'enfant est remis à ses parents « pour qu'ils l'élèvent en vue de l'Eglise », on lui fait donc faire ses classes primaires, apprendre la précieuse sténographie, recevoir quelque teinture de grammaire, puis il est ramené à l'évêque auprès de qui désormais il remplit les fonctions d'acolyte [56].

Je ne vois guère à signaler qu'un seul cas, tout à fait exceptionnel, où apparaît la volonté de créer une école confessionnelle chrétienne. Vers 372, l'empereur Valens exila à Antinoé, au fond de la Thébaïde, pour leur résistance à sa politique arienne, deux prêtres nicéens d'Edesse. Ils eurent la douloureuse surprise de constater que les chrétiens (à la différence de leur patrie d'origine) ne formaient là-bas qu'une minorité perdue dans la masse des païens. Comment convertir ces infidèles ? Protogène ouvre une école élémentaire, où il enseigne l'écriture et la sténographie. Mais, pédagogue par apostolat, il a soin de choisir ses textes de dictée ou de récitation dans les Psaumes de David ou le Nouveau Testament. Il catéchise ainsi ses élèves que son affection et les miracles d'Euloge achèveront bientôt de convertir [57].

54. WESSELY, *Studien*, III, LVI. — 55. *Didasc. Ap.* IV. — 56. RUFIN. *H. E.* X, 15. — 57. THEODOR. *H. E.* IV, 18, 7-14.

Il suffit de voir l'émerveillement et la complaisance avec lesquels Théodoret nous conte cette histoire pour sentir tout ce qu'à ses yeux elle avait d'exceptionnel. Il faudrait faire de Protogène le créateur de l'enseignement religieux, au sens moderne du mot (unissant formation et propagande religieuses au travail proprement scolaire), si on ne se souvenait qu'il venait d'Edesse, un des principaux centres de la culture syriaque, où un tel type d'école, on le sait, était normal. Et surtout son initiative, limitée à un pays perdu au fond de la Haute-Egypte, paraît avoir été sans lendemain et sans imitateurs.

Ecoles supérieures de théologie. Il n'y a donc pas, normalement, d'école chrétienne aux degrés primaire et secondaire de l'enseignement. Nous voyons bien apparaître, et cela dès le milieu du IIe siècle, des écoles supérieures de théologie chrétienne, mais cette institution ne parviendra pas à jeter dans l'Eglise des racines profondes et à se perpétuer.

La place éminente reconnue par le christianisme à l'enseignement doctrinal conduisait tout naturellement celui-ci à s'épanouir sur un plan techniquement plus élevé où la Vérité révélée était l'objet d'une investigation plus profonde, d'une présentation plus systématique, de considérations plus détaillées que dans la simple catéchèse. Le mouvement gnostique est la forme la plus visible que prit cette aspiration vers une Science sacrée, qui pût être, pour le chrétien, l'équivalent de ce que la haute culture philosophique était pour les païens cultivés.

De fait, il paraît bien que ce soient des maîtres hérétiques qui, les premiers, aient donné l'exemple d'un tel enseignement, mais ils eurent bientôt des émules parmi les orthodoxes, comme le montre le cas des Apologistes, et notamment du plus célèbre d'entre eux, Justin le martyr. Ils se présentaient volontiers eux-mêmes parés du titre de philosophes [58], en portaient le costume [59] : Eusèbe nous dit de Justin qu'il enseignait « en habit (ou : en posture) de philosophe [60] »; ils ouvraient une véritable école, διδασκαλεῖον [61], ayant une adresse connue [62]. Ils étaient si bien philosophes qu'ils se heurtaient à l'hostilité en quelque sorte professionnelle de leurs rivaux

58. JUST. *Dial.* I, 1; TAT. 32; cf. ATHENAG.; HERMIAS. — 59. JUST. *Dial.* I, 2; TERT. *Pall.* — 60. EUS. *H. E.* IV, 11, 8. — 61. IREN. I, 28, 1. — 62. JUST. *Act. mart.* 3, p. 34.

païens, de ces prédicateurs à tendance cynique, comme ce Crescens dont saint Justin eut tant à souffrir [63].

Parmi les auditeurs de Justin se trouvaient des chrétiens de naissance, comme cet Euelpiste qui apparaît dans les Actes de son martyre [64] : c'est donc que Justin ne se contentait pas de conférences de propagande à l'adresse des païens de bonne volonté, mais qu'il devait donner un enseignement approfondi, de degré supérieur. On notera que, à la différence des catéchètes, ces Apologistes ne sont pas mandatés par la hiérarchie : ce sont des laïcs qui enseignent sous leur propre responsabilité, des « philosophes chrétiens », non des docteurs de l'Eglise (21).

Au IIIe siècle à Rome et à Alexandrie. Ce type d'enseignement a dû se perpétuer jusqu'au IIIe siècle : c'est sous cette forme que nous apparaît celui d'un Clément d'Alexandrie ou d'un Hippolyte de Rome : les disciples de celui-ci l'avaient honoré d'une statue qui le représentait sous les traits d'un philosophe enseignant, assis sur un trône (qui porte gravées une liste de ses œuvres et la table de son comput pascal). Un tel monument n'est pas isolé (22) : les monuments funéraires chrétiens antérieurs à la paix constantinienne représentent volontiers le défunt sous les traits d'un « maître », d'un philosophe ou d'un lettré, méditant ou commentant le Livre sacré.

Mais il s'agit toujours d'initiatives d'un caractère privé. Sur la foi des témoignages d'Eusèbe [65] et de Philippe de Side [66], on a volontiers imaginé l'existence à Alexandrie d'une Ecole des Lettres Sacrées, qui pendant deux siècles aurait connu une succession régulière, διαδοχή, de maîtres qualifiés, comme celle des sectes philosophiques grecques. En réalité, si Alexandrie a été, de Philon le Juif à saint Cyrille, un milieu incomparable d'une intense activité doctrinale, juive puis chrétienne, elle n'a connu d'école officielle de théologie qu'au temps du seul Origène.

Nous avons vu celui-ci chargé, à l'âge de dix-huit ans, par l'évêque Démétrios de l'enseignement officiel de la catéchèse qui se trouvait complètement désorganisé par la persécution [67]. Très vite, cet enseignement connut un grand succès : Origène dut, pour s'y consacrer tout entier, abandonner le professorat profane [68] ; mieux

63. JUST. *Ap.* II, 3; TAT. 19. — 64. JUST. *Act. mart.* 4, p. 35. — 65. EUS. *H. E.* V, 10, 1; VI, 6. — 66. *P. G.* 39, 229. — 67. EUS. *H. E.* VI, 3, 3. — 68. *Id.* VI, 3, 8.

encore, devant les exigences d'un public toujours plus étendu et d'un niveau culturel plus relevé, et peut-être aussi sous l'influence d'Hippolyte [69], il dédoubla son école : confiant à l'un de ses premiers disciples, Heraclas [70], l'enseignement normal de la catéchèse officielle, il lui superposa une classe supérieure où il donnait un haut enseignement exégétique et théologique [71]. Nous pouvons, toujours grâce à Eusèbe, nous faire quelque idée de cette Ecole de Hautes Etudes Religieuses : Origène y adaptait ingénieusement les méthodes caractéristiques de l'enseignement supérieur de type hellénistique. A la base, une solide formation secondaire, dont le programme est toujours défini par le cycle des arts libéraux, littéraires et mathématiques; c'est l'acheminement nécessaire à l'étude de la philosophie qui préparait la voie aux recherches proprement religieuses appuyées sur une étude approfondie des Ecritures [72].

Mais cette initiative si originale et si féconde eut une brève destinée : au bout de quinze ans, vers 230-231, Origène est déposé et chassé d'Alexandrie, à la suite de différends disciplinaires et doctrinaux avec l'évêque Démétrios [73]. Après son départ, l'Ecole des Hautes Etudes disparaît : seule subsiste l'école catéchétique, l'enseignement de la catéchèse, auquel présidait toujours Heraclas [74], puis, après l'élévation de celui-ci au trône épiscopal, un autre élève d'Origène, Denys [75].

Chassé d'Alexandrie, Origène trouva un refuge définitif à Césarée de Palestine où il reprit son enseignement avec autant de succès qu'à Alexandrie, comme le montre l'exemple de saint Grégoire le Thaumaturge et de son frère qu'il détourna de la carrière juridique et retint auprès de lui [76]. Il y demeura près de vingt ans, jusqu'à la persécution de Dèce (250); mais si, après sa mort, sa magnifique bibliothèque subsista et fit longtemps de Césarée un centre admirable d'études, il ne semble pas que son école, en tant qu'institution, ait persisté après son martyre (23).

Disparition de ces écoles. L'exemple laissé par les Apologistes et Origène ne fut pas suivi. Sans doute, les hautes études religieuses se développèrent de plus en plus, surtout après la paix constantinienne.

69. Cf. HIER. *Vir. ill.* 61. — 70. EUS. *H. E.* VI, 3, 1. — 71. *Id.* VI, 15. — 72. *Id.* VI, 18, 3-4. — 73. *Id.* VI, 19, 15-19; 23; PHOT. *Bibl.* 118. — 74. EUS. *H. E.* VI, 26, 1. — 75. *Id.* VI, 29, 4; HIER. *Vir. ill.* 69. — 76. EUS. *H. E.* VI, 30, 1; HIER. *Vir. ill.* 65; GREG. THAUM. *Pan.* 6.

L'exégèse et la théologie deviennent les disciplines fondamentales d'une nouvelle culture, essentiellement chrétienne, qui va caractériser la civilisation du Bas-Empire, — et de Byzance. Non seulement les membres du clergé, mais tous les fidèles vraiment cultivés ajoutent à leur activité profane un secteur religieux, qui souvent devient prépondérant. Tout le monde alors est théologien, à commencer par le souverain, qu'il s'appelle Constantin, Justinien ou Chilpéric [77]; et même avec intempérance : les docteurs orthodoxes auront fort à faire pour réprimer cette frénésie de théologie, où se défoulent les besoins culturels de l'époque et où trouvent à s'employer les pires traditions héritées de l'humanisme hellénistique : l'éristique du philosophe et la verbosité de l'orateur.

Mais, il importe de le souligner, cette culture d'inspiration chrétienne, alimentée par une prodigieuse floraison littéraire et oratoire, n'est pas préparée et soutenue par un enseignement correspondant. Il n'y a plus d'écoles supérieures de religion. Les fidèles ne reçoivent d'autre formation que celle de la catéchèse élémentaire et de la prédication. Le clergé n'est pas formé dans des écoles, mais par les contacts personnels avec l'évêque et les prêtres plus âgés, au sein du clergé local auquel on se trouve agrégé souvent très tôt, dès l'enfance, en qualité de lecteur.

Ainsi, au point de vue des institutions pédagogiques, il y a, du IIIe au IVe siècle, non pas progrès, mais régression formelle. Lorsque saint Jérôme, par exemple, nous apprend qu'au cours de ses voyages de jeunesse en Orient il a écouté les leçons d'Apollinaire à Antioche, de Didyme l'aveugle à Alexandrie [78], de Grégoire de Nazianze à Constantinople [79], il faut l'entendre de leçons privées, sans caractère professoral, de rapports personnels d'homme à homme.

Nous connaissons bien l'œuvre admirable accomplie par les grands évêques des IVe-Ve siècles que furent, par exemple, saint Basile à Césarée, saint Jean Chrysostome à Constantinople, saint Ambroise à Milan ou saint Augustin à Hippone. On ne voit pas qu'ils aient rien créé qui puisse faire penser à une école chrétienne. Ils ont pu réaliser pour eux-mêmes un type remarquable de culture chrétienne, le répandre autour d'eux par l'exemple et la prédication, en faire même la théorie, comme c'est le cas pour saint Augustin (24), en définir les objectifs, les cadres et les méthodes : ils n'ont pas

77. GREG. TUR. *Hist. Fr.* V, 44. — 78. HIER. *Ep.* 84, 3, 1. — 79. *Id*, 50, 1; 52, 8; *In Isaiam,* III, ad 6, 1.

cherché à l'établir sur un système d'éducation approprié. Formés eux-mêmes dans l'école classique, dont ils mesuraient parfaitement les lacunes et les dangers, ils trouvaient naturel de s'en accommoder.

Au VIe siècle encore, au temps de Justinien, c'est avec un étonnement mêlé d'admiration que les Occidentaux de passage à Constantinople apprennent qu'il existe à Nisibe, en pays syriaque, « des écoles régulièrement instituées où la Sainte Ecriture est l'objet d'un enseignement organisé comme il en existe, dans l'Empire romain, pour les seules études profanes, telles que la grammaire et la rhétorique [80] ».

80. JUNIL. Pr.; CASSIOD. *Inst.* I, pr. 1.

CHAPITRE X

L'apparition des écoles chrétiennes de type médiéval

Dès le IVe siècle, nous voyons cependant apparaître un type d'école chrétienne, tout entière ordonnée à la vie religieuse et qui n'a plus rien d'antique; mais cette école, déjà toute médiévale d'inspiration, reste longtemps le bien propre d'un milieu particulier et rayonne peu au dehors. Il s'agit de l'école monastique (1).

L'école monastique en Orient. Très tôt, semble-t-il [1], les Pères du désert d'Egypte accueillirent parmi eux des adolescents ou même de jeunes enfants. Exceptionnelles sans doute au début, ces vocations précoces se multiplièrent par la suite : les grandes communautés organisées par saint Pacôme comptaient, normalement, de nombreux enfants [2].

Puisqu'ils les recevaient, les moines étaient bien obligés de se charger de leur éducation : l'enfant, comme tout novice, est confié à quelque vénérable vieillard, plein d'expérience et de vertu, qui lui servira de père spirituel, APA (forme copte d' « abbé », c'est-à-dire Père) (2). Il en recevra essentiellement une formation ascétique et morale, spirituelle plutôt qu'intellectuelle. On se souvient que saint Antoine, le grand initiateur de la vie monastique, était un paysan copte illettré [3] et qui se passait fort bien des livres, comme il sut le remontrer à des philosophes venus argumenter contre lui [4]. C'est là un trait fondamental, qui restera toujours caractéristique du monachisme oriental : au désert, on se préoccupe moins d'étudier que d'oublier les poètes et la science profane, à supposer qu'on ait, dans le siècle, fréquenté les écoles [5]. Le monachisme a ravivé, dans la tradition chrétienne, le « primat des simples [6] », s'opposant à

1. CASSIAN. *Inst.* V, 40. — 2. *Reg. Pach.* Pr. 5; 159; 166, 172. — 3. ATHAN. *V. Ant.* 72. — 4. *Id.* 73; cf. 20. — 5. CASSIAN. *Conl.* XIV, 12. — 6. *Luc.* 10, 21 = *Matth.* 11, 25.

l'orgueil intellectuel que véhiculait la culture antique et qui, l'exemple des Gnostiques et des Alexandrins le prouve assez, menaçait au IIIe siècle d'étouffer la simplicité évangélique.

Mais, là encore, le caractère « savant », lettré, de la religion chrétienne s'est tout naturellement affirmé. Le moine, nuit et jour, médite la loi divine, la Parole de Dieu, — les Saintes Ecritures. On trouve normal, en Orient, qu'il les connaisse par cœur. Mais le moyen le plus sûr de les apprendre ainsi est, évidemment, d'abord de les lire. C'est pourquoi, vers 320-340, nous voyons la *Règle* de saint Pacôme prescrire que, si un ignorant entre au monastère, on lui donnera, pour commencer, à apprendre vingt psaumes ou deux épîtres. S'il ne sait pas lire, il apprendra, auprès d'un moine lettré, à raison de trois heures de leçons par jour, les lettres, les syllabes, les noms... *Etiam nolens legere compelletur !* En principe, tous, au monastère, doivent savoir lire et apprendre par cœur au moins le Psautier et le Nouveau Testament [7].

La *Règle* de saint Basile, de son côté, admet des enfants, dès leur premier âge, présentés par leurs parents; elle veut aussi que, sous la direction d'un saint vieillard, ils soient initiés aux lettres, en vue de l'étude de la Bible. D'un mot, saint Basile esquisse une pédagogie très remarquable : on se souvient qu'une fois le syllabaire assimilé, l'enfant apprenait à lire des noms isolés, puis des maximes et ensuite de petites anecdotes : au répertoire mythologique de l'école grecque, la *Règle* substitue des noms de personnages bibliques, des versets des *Proverbes* et des histoires saintes [8].

C'est en somme le même programme et la même méthode que développe de son côté saint Jérôme dans le programme d'éducation chrétienne qu'il a rédigé, vers 400-402, pour la petite Paula, petite-fille, fille et nièce de ses chères disciples romaines [9], et, en 413, pour une autre fillette, Pacatula [10]. Dans les deux cas, il s'agit de futures moniales, consacrées dès leur naissance au service du Christ [11] : Paula sera élevée non à Rome, mais à Bethléem, dans le couvent dont sa tante Eustochium est la supérieure et dont Jérôme lui-même assume la direction spirituelle. Education toute ascétique [12], dont sont rigoureusement exclus les lettres [13] et les arts [14] profanes; elle est centrée sur la Sainte Ecriture, qu'il s'agit d'apprendre tout entière, suivant un ordre systématique [15]; en dehors d'elle, on

7. *Reg. Pach.* 139-140. — 8. BAS. *Reg. fus.* 15. — 9. HIER. *Ep.* 107. — 10. ID. *Ep.* 128. — 11. *Ep.* 107, 5, 1; 128, 2, 1. — 12. *Ep.* 107, 7, 1; 128, 4, 1. — 13. *Ep.* 107, 4, 1. — 14. *Id.* 4, 3. — 15. *Ep.* 107, 12; 128, 4, 2.

n'étudiera guère que les Pères : Cyprien, Athanase, Hilaire [16], et elle fournira, comme chez saint Basile, les éléments mêmes des premiers exercices : les listes de noms sur lesquels l'enfant apprend à lire seront, par exemple, empruntés aux généalogies évangéliques du Christ [17].

Qu'une telle méthode ait été, en fait, pratiquée par la pédagogie monastique, c'est ce que montrent des *ostraka* égyptiens, remarquables par leur date tardive (VIIe-VIIIe siècles) : nous y trouvons des listes de mots où figurent des termes chrétiens [18], par exemple toute la série de noms propres qu'on lit dans le récit de la Pentecôte au livre des *Actes* [19], des fragments de psaumes servant de thème pour des exercices d'écriture [20], voire, ce qui est bien plus curieux, un essai de « narration » sur un sujet légendaire, « raconter le miracle du Christ et de la vigne [21] ». Mieux encore, on a retrouvé au Fayoum un petit cahier d'écolier contenant, entre autres exercices d'écriture, des versets du *Psaume 32/33* : il remonte au IVe ou au Ve siècle (3).

Son faible rayonnement. Mais il s'agit là de l'éducation réservée aux jeunes moines. On a parfois songé à en faire bénéficier d'autres enfants. Saint Basile, dans une autre de ses *Règles,* se pose la question et consent, non sans quelque réticence, à entr'ouvrir la porte du monastère aux « enfants du siècle », παῖδες βιωτικοί, que leurs parents pourraient vouloir lui confier [22]. Vers 375, saint Jean Chrysostome, alors dans la pleine ferveur de sa vie ascétique, essaya de persuader les parents chrétiens de confier l'éducation de leurs enfants, à partir de l'âge de dix ans, aux moines des « déserts » voisins d'Antioche, loin du siècle et de ses dangers [23].

Mais tout cela n'eut pas grand écho. Il est bien visible que l'appel de Chrysostome part d'une âme exaltée, tout entière tendue vers la perfection et qui ne veut pas douter que tous y soient aussi sensibles que lui. Rien de moins pratique que ce qu'il imagine : les garçons resteront dix ans, vingt ans s'il le faut, dans un monastère pour s'affermir à la vertu [24]; mais que devient alors leur carrière dans le siècle ? Il a bien soin, sans doute, de préciser qu'il ne veut pas

16. *Ep.* 107, 12, 3. — 17. *Id.* 4, 4. — 18. *O. Lond. Hall,* 21379. — 19. *Id.* 26210. — 20. *Id.* 27426. — 21. *Id.* p. 148-9. — 22. BAS. *Reg. brev.* 292. — 23. CHRYS. *Adv. opp.* III, 17, 378. — 24. *Id.* III, 18, 380.

que ces enfants demeurent sans instruction [25], mais on ne voit pas que rien soit préparé pour la leur dispenser au désert [26]. S'il nous montre, une fois, un moine servant de gouverneur à un jeune homme engagé dans les études profanes [27], c'est, de son propre aveu, un cas tout à fait exceptionnel : c'est même parce qu'on ne saurait le généraliser qu'il propose la solution d'un séjour au désert.

On peut douter que cette solution ait jamais prévalu : vingt ans plus tard, saint Jean Chrysostome lui-même, mieux éclairé et instruit par l'expérience, y a, pour son compte, expressément renoncé [28]. S'il insiste, plus que jamais, sur le devoir qu'ont les parents d'élever chrétiennement leurs enfants, c'est qu'aux parents eux-mêmes incombe la mission, dont il était si prompt autrefois à les décharger sur les moines, d'assurer la formation de la conscience chrétienne de l'enfant : on l'a vu, c'est au sein de la famille que l'enfant recevra cette éducation religieuse, tout en poursuivant par ailleurs ses études littéraires dans les écoles profanes [29].

Quant à saint Jérôme, loin de songer à généraliser le plan d'éducation imaginé pour Paula (celle-ci, en fait, paraît avoir assez mal répondu aux espoirs de son maître [30]), il ne paraît même pas l'avoir lui-même appliqué de façon systématique : nous savons qu'il dirigeait l'éducation d'un certain nombre de jeunes Latins qu'on lui avait confiés, dans son monastère de Bethléem, mais l'enseignement qu'il leur donnait suivait les programmes classiques : la grammaire, Virgile, les poètes comiques et lyriques, les historiens... [31] (4).

Saint Basile, on l'a vu, ne manifestait pas grand enthousiasme à admettre dans le cloître des enfants dont la vocation religieuse n'était pas garantie; plus on avance, plus les milieux monastiques montrent de défiance contre cette intrusion, qui ne peut que compromettre la paix et le recueillement, et pour finir, en 451, le Concile de Chalcédoine interdit formellement aux monastères de se charger de l'éducation d'enfants destinés à revenir au siècle, παῖδες κοσμικοί (5). Cette interdiction sera toujours maintenue : l'école monastique, en pays grec, est, si l'on peut dire, à usage interne.

Nous touchons là à l'un des traits les plus caractéristiques du monachisme oriental : baignant dans un milieu culturel de niveau,

25. *Id.* III, 12, 368. — 26. *Id.* III, 8, 363; 11, 366; 13, 371. — 27. *Id.* III, 12, 369-70. — 28. CHRYS. *Inan. gl.* 19. 2-3. — 29. *Id.* 19, 1 s.; *Id.* 73, 2-3. — 30. HIER. *Ep.* 153, 3. — 31. RUFIN. *Apol.* II, 8, 592 A.

somme toute, toujours maintenu, le couvent n'a pas à assumer dans la société un rôle pédagogique pour lequel il n'a pas été conçu; plutôt que de devenir un centre d'études, il se préoccupe de rester un ascétère; loin de rayonner sur le monde, il cherche à s'en isoler.

L'école monastique en Occident. En Occident, les invasions germaniques et le déclin général de la culture amenèrent, à la longue, une situation toute différente.

Au début, les choses s'y présentent comme en Orient; à une nuance près, et qui importe. Le monachisme latin est une importation relativement tardive, un emprunt, fait à un organisme déjà bien développé. Le cénobitisme, les lettres y sont de règle. Nous n'y trouvons pas, comme en Orient, le souvenir et comme la nostalgie des héros de la première génération, ces anachorètes sans culture, où l'exemple de saint Antoine a plus de poids que les prescriptions de la règle pachomienne : de fait, on ne trouvera jamais surprenant, en Orient, qu'un saint moine soit illettré.

Rien de tel en Occident : la *lectio divina,* la lecture des Livres saints et d'abord de l'office, paraît inséparable du plein exercice de la vie monastique. Ce caractère lettré est bien accusé dès les origines : saint Augustin, qui a introduit le monachisme en Afrique, avait donné à sa première communauté, celle que, laïc encore, il avait groupée autour de lui à Thagaste, le caractère d'un monastère savant (6); sa *Règle* prévoit, comme normale, l'existence d'une bibliothèque [32]; à Marmoutier, les moines de saint Martin, l'initiateur du monachisme en Gaule, copient des manuscrits [33]. Une sorte de réflexe immédiat lie l'état de moine à l'étude des lettres : plaçons-nous dans un contexte tout à fait étranger à la culture classique et voyons saint Patrice évangéliser l'Irlande; chaque fois qu'il choisit, ou qu'on lui amène un jeune enfant pour en faire un moine, le réflexe joue : « Il le baptise et lui donne un alphabet [34]. »

Lorsqu'au VIe siècle les ténèbres de la barbarie s'étendent, quand la culture fléchit en Occident et menace de disparaître, nous voyons les législateurs du monachisme redoubler d'insistance, proclamer la nécessité pour tout moine, pour toute moniale, de

32. AUG. *Ep.* 211, 3. — 33. S. SEV. *V. Mart.* 10, 6. — 34. STOKES, *Tr. Life,* II, 326, 29; 328, 27; 497, 24.

savoir lire, de s'adonner à la lecture sacrée. Illustre entre toutes parmi les règles de femmes, voici la *Règle* de saint Césaire d'Arles (534) : on ne recevra d'enfants qu'à partir de l'âge, six ou sept ans, où elles sont capables d'apprendre les lettres [35]; toutes les religieuses devront apprendre à lire, *omnes litteras discant* [36]; elles consacreront chaque jour deux heures à la lecture [37]; elles recopieront des manuscrits [38].

Même intérêt pour la *lectio divina* dans un grand nombre d'autres règles : non seulement chez sainte Radegonde, qui avait purement et simplement adopté celle de Césaire [39], mais chez saint Léandre de Séville († 601) [40], saint Donat de Besançon († 650) [41]. Si l'étude des lettres est si recommandée chez les femmes (où comme on peut bien le supposer la culture était moins répandue), elle l'est *a fortiori* tout autant pour les moines [42] : la *Règle* de Tarnant (v. 570) ne dispense même pas de la *lectio* celui qui est affecté au travail des champs [43]; celle de saint Ferréol d'Uzès († 581) prévoit elle aussi l'étude des lettres [44] et la lecture méditée [45]; de même (mais quelle est sa date ?) la *Regula Magistri* [46]. Le mouvement culmine, bien entendu, avec la *Règle* de saint Benoît (v. 525), dont l'autorité deviendra, on le sait, souveraine en Occident : elle réglemente longuement la lecture sacrée [47], prévoit l'admission de jeunes enfants au monastère [48] et leur éducation [49]; livres, tablettes et styles y apparaissent tout naturellement comme faisant partie du mobilier, et en quelque sorte du décor, de la vie monastique [50] : même aux jours les plus sombres, le monastère occidental est demeuré un foyer de culture.

L'école épiscopale. Le malheur des temps fit apparaître un deuxième type d'école chrétienne : l'école épiscopale (il n'est pas toujours très distinct, du moins à l'origine, du précédent : on sait que beaucoup parmi les grands évêques d'Occident, moines de formation et d'idéal, ont tenu à créer autour, ou auprès, de leur siège épiscopal une communauté

35. CAES. AR. *Virg.* 7, 104. — 36. *Id.* 18, 105. — 37. *Id.* 19, 105; *Ep.* II, 7, 140. — 38. ID. *Vit.* I, 58, 320. — 39. GREG. TUR. *H. Franc.* IX, 39 s. — 40. *Reg.* 6-7; *P. L.* 72, 883-4. — 41. *Reg.* 20; *P. L.* 87, 281-2. — 42. CAES. AR. *Mon.* 151, 25. — 43. *Reg.* 9; *P. L.* 66, 981. — 44. *Reg.* 11; *P. L.* 66, 963-4. — 45. *Id.* 26, 968. — 46. *Reg. Mag.* 50; *P. L.* 88, 1010 D. — 47. BENED. *Reg.* 48. — 48. *Id.* 59. — 49. *Id.* 30; 37; 39; 45; 63; 70. — 50. *Id.* 33.

monastique : qu'on se souvienne de saint Eusèbe à Verceil, saint Augustin à Hippone, saint Martin de Tours à Marmoutier...)

Il y a toujours eu, groupé autour de l'évêque, tout un personnel ecclésiastique : il comprenait en particulier la troupe de jeunes enfants qui, revêtus des fonctions de *lecteurs,* s'initiaient à la vie cléricale (7). C'est normalement dans ce milieu que se recrutaient et se formaient les diacres, les prêtres et les futurs successeurs de l'évêque : comme je l'ai indiqué d'un mot au chapitre précédent, c'est par cette formation, d'un caractère tout pratique et familier, que les membres du clergé recevaient, faute de séminaires et d'écoles de théologie, leur instruction dogmatique, liturgique et canonique. Quant au minimum de culture profane, et, si je puis dire, humaniste que supposait cet enseignement, il était assuré par les écoles du type habituel, comme nous l'avons vu par l'anecdote relative à la jeunesse de saint Athanase[51].

Tout change, en Occident, lorsque avec l'ensemble de l'édifice politique et social de la Romanité le système scolaire classique disparaît. Plus la décadence s'accentue, plus il devient difficile de trouver des jeunes gens ayant reçu ce minimum de culture littéraire sans lequel la formation cléricale et l'exercice du ministère ecclésiastique sont impossibles. C'est pourquoi nous voyons, par exemple en France aux temps mérovingiens, les évêques amenés à s'occuper eux-mêmes directement de l'instruction élémentaire de certains enfants (8).

Le témoignage de Grégoire de Tours (né en 538) est à ce sujet bien significatif : il n'a reçu d'autre éducation que celle, toute cléricale, qu'il doit à son (grand-)oncle saint Nizier, évêque de Lyon, qui, lui-même nourri « dans les lettres ecclésiastiques », avait tenu à assurer l'instruction des enfants de sa parenté : le jeune Grégoire, reçu auprès de lui dès l'âge de sept ans, y fut mis à l'étude des lettres, puis des psaumes[52].

La pressante nécessité d'assurer la formation du clergé, mise en péril par la barbarie croissante, fit généraliser ce type d'éducation : sans doute, on pouvait dans une certaine mesure s'adresser au milieu monastique; c'est ainsi que Lérins fut comme une pépinière d'évêques pour tout le Sud-Est de la Gaule aux ve et vi^e^ siècles; de même Marmoutier pour la Gaule centrale[53]. Pour citer un exemple moins connu, je prendrai celui d'un autre oncle

51. RUFIN. *H. E.* X, 15. — 52. GREG. TUR. *V. Patr.* 8, 2. — 53. S. SEV. *V. Mart.* 10, 9.

de Grégoire de Tours, saint Gall qui, conduit tout enfant par son père au monastère de Cournon (près de Clermont-Ferrand), et, une fois tonsuré, mis par les moines à l'étude des lettres et du chant sacré, y fut remarqué pour sa belle voix par l'évêque, de passage, qui l'attacha à son clergé et à qui il devait plus tard succéder [54].

Mais ce n'était là qu'une ressource exceptionnelle : pour assurer le recrutement normal de leur clergé, il fallut bien que les évêques prissent eux-mêmes la responsabilité non seulement de sa formation technique, mais aussi de son instruction littéraire élémentaire : et c'est ainsi que naquit et se généralisa l'école épiscopale, germe, on le sait, de nos futures Universités médiévales.

Nous n'en sommes encore qu'à un niveau très humble : il s'agit d'obtenir qu'on apprenne à lire. Saint Césaire est un témoin précieux de ce redressement : très attentif à la formation de son clergé, avec lequel il vit pour ainsi dire en communauté, l'édifiant par son exemple et ses entretiens, il tient la main à ce que tous ses clercs aient une culture suffisante : il ne consent à ordonner diacre que celui qui a lu quatre fois l'ensemble de l'Ancien et du Nouveau Testament [55].

C'est donc plutôt sous l'aspect d'une simple manécanterie qu'il faut s'imaginer cette école épiscopale du VIe siècle, cette « troupe », *schola,* de jeunes lecteurs sous la direction de leur *primicerius,* comme à Mouzon, au temps de saint Remi († 533) [56], comme à Lyon en 551-552 [57], ou sous la férule de leur *magister* comme déjà à Carthage, vers 480 [58].

Le système se répand en effet partout où s'étend la barbarie : nous le rencontrons également dans l'Espagne wisigothique, où le second Concile de Tolède (527) prescrit que les enfants destinés au clergé devront, à partir du moment où ils sont tonsurés, être instruits dans la « maison de l'église » sous la surveillance directe de l'évêque [59]. Règle répétée un siècle plus tard par le IVe Concile de Tolède (633) [60]. Nous savons qu'elle a été appliquée : les *Vitas* des évêques de Mérida au VIIe siècle nous montrent de jeunes enfants, au service de la basilique de sainte Eulalie, y étudier les lettres sous la direction d'un maître [61], tandis qu'un évêque forme son futur successeur en lui enseignant *officium ecclesiasticum omnemque bibliothecam scripturarum divinarum* [62].

54. GREG. TUR. *V. Patr.* 6, 1-2. — 55. CAES. AR. *Vit.* I, 56, 320. — 56. REM. REM. *Ep.* IV, 115. — 57. DIEHL, 1287. — 58. VICT. VIT. V, 9. — 59. C. 1, *P. L.* 84, 335. — 60. *C.* 24, *id.* 374. — 61. *V. Patr. Emer.* II, 14; I, 1. — 62. *Id.* IV, 4, 1.

L'école presbytérale. Au VIe siècle enfin achève de s'organiser, ou de se reconstituer après la tourmente des invasions, le réseau des paroisses rurales (9). Le succès même de l'évangélisation des masses a fait éclater la structure strictement urbaine de l'ancienne Eglise, groupée autour du siège épiscopal. Mais le nombre des prêtres en est brusquement multiplié : comment, dans ce contexte barbare, assurer la formation du clergé rural ?

La solution consista à généraliser le système déjà en vigueur dans l'école épiscopale : en 529, le IIe Concile de Vaison, sans doute sur l'initiative de saint Césaire, prescrivit « à tous les prêtres chargés de paroisse de recevoir chez eux en qualité de lecteurs des jeunes gens, afin de les élever chrétiennement, de leur apprendre les psaumes et les leçons de l'Ecriture, et toute la loi du Seigneur, de façon à pouvoir se préparer parmi eux de dignes successeurs [63] ».

Il faut saluer comme un événement mémorable cette décision : ce n'est rien moins que l'acte de naissance de notre école moderne, de cette école rurale, populaire, que l'antiquité elle-même n'avait pas connue sous cette forme régulière, systématiquement généralisée.

L'initiative du Concile de Vaison n'est pas isolée : elle invoque, comme précédent, « la coutume, paraît-il déjà normalement en usage dans toute l'Italie »; l'Espagne wisigothique suivra, avec un siècle de retard, au Concile de Merida en 666 [64]. En Gaule même, nous avons la preuve qu'elle fut suivie d'effet, comme le montrent les canons des conciles interdisant d'ordonner un illettré : Orléans 553 [65], Narbonne 589 [66] : nous voyons, dans la vie du futur saint Géry de Cambrai († 623-626), un évêque en tournée pastorale s'inquiéter de savoir s'il y a dans tel village des enfants que l'on prépare au sacerdoce [67]. Tout naturellement, l'ermite saint Patrocle († 576), qui vient s'installer dans le *vicus* de Néris (près de Montluçon, Allier), y construit une chapelle qu'il consacre après y avoir apporté des reliques de saint Martin et se met à apprendre les lettres aux enfants, *pueros erudire coepit in studiis litterarum* [68] : les deux fonctions de curé de village et d'instituteur sont, désormais, intimement unies.

63. *Conc. merov.* 56, c. 1. — 64. C. 18, *P. L.* 84, 623. — 65. *Conc. merov.* p. 63, c. 16. — 66. MANSI, IX, 1016 E - 1017 A, c. 11. — 67. *V. SS. merov.* I, 652, c. 2. — 68. GREG. TUR. *V. Patr.* 9. 2.

Le début des écoles médiévales. Nous venons ainsi de mettre en place toutes les institutions qui serviront de point de départ au développement du système de l'éducation médiévale. Aux VIe-VIIe siècles, où nous sommes parvenus, ce système n'est encore qu'esquissé : qu'elles soient monastiques ou séculières, ces écoles n'ont encore qu'un horizon très limité : ce sont, si je puis dire, des écoles techniques qui ne prétendent former que des moines et des clercs.

Cependant, par la force des choses, à partir du moment où les écoles profanes, héritées de l'antiquité, ont achevé de disparaître, ces écoles religieuses deviennent l'unique instrument par lequel la culture s'acquiert et se transmet. Les bénéficiaires en sont, en principe, tous gens d'Eglise : mais n'est-ce pas un trait caractéristique de notre moyen âge latin que la science soit avant tout affaire de clergie ? Et cependant, déjà, dès le VIe siècle, leur clientèle commence à s'élargir.

Les monastères, au moins sur le continent, cherchent sans doute, comme ceux d'Orient, à se défendre contre l'invasion d'éléments mondains : le canon de Chalcédoine trouve son équivalent dans la *Règle* de saint Césaire qui refuse rigoureusement, *penitus non accipiantur,* l'accès du couvent aux fillettes, nobles ou humbles, qu'on prétendrait y envoyer pour leur éducation et leur instruction [69]. A lire la *Règle* bénédictine, on se rend compte que les enfants qu'elle prévoit sont nécessairement de jeunes oblats. De fait, les enfants que nous voyons élevés dans le cloître sont tous destinés à devenir des moines, qu'il s'agisse des fils de saint Eucher, Salone et Véran, que nous voyons accueillis, tout jeunes, à Lérins au moment où leur père vient y faire profession (vers 420) [70], ou des jeunes disciples de saint Benoît, comme Maur et Placide, que leurs pères lui remettent pour qu'il les élève au service de Dieu [71]. Cependant, en Irlande du moins (où, on peut le conjecturer, une vieille tradition druidique avait ouvert la voie, dès le paganisme) (10), nous voyons déjà des fils de rois ou de chefs normalement confiés à un monastère, pour le temps de leur éducation : ils y conservent leur statut laïque et, leur formation achevée, rentrent dans le siècle et y reprennent le rang auquel leur naissance les destinait [72].

Mais quand la création des écoles presbytérales offrit en quelque

69. CAES. AR. *Virg.* 7, 104. — 70. EUCH. *Instr.* pr. 773. — 71. GREG. MAGN. *Dial.* II, 3. — 72. *V. SS. Hib.* I, 250; 252; II, 180-1.

sorte à tous la possibilité de s'instruire, elles reçurent bien des élèves qui n'avaient pas toujours conscience d'une vocation ecclésiastique [73]; de simples petits paysans surent en profiter [74], mais, en bien plus grand nombre, des fils de nobles, car la coutume persistait chez les grands (les *Vies* de saint Seine [75] ou de saint Léger [76] l'affirment en propres termes) de faire apprendre les lettres à leurs enfants : survivance de l'époque romaine où la culture était l'un des éléments du prestige de la classe dominante; exigences pratiques aussi : si bas que fût tombé le niveau technique de l'administration, il subsistait encore quelque élément de bureaucratie dans la monarchie mérovingienne et c'est dans de telles écoles, et non ailleurs (11), qu'ont pu se former les serviteurs laïques que nous voyons employés par les rois.

Le niveau de cet enseignement demeure, le plus souvent, très humble : c'est bien un enseignement technique qui vise à satisfaire des besoins immédiats : lire, écrire, connaître la Bible, si possible par cœur, au moins les Psaumes [77], un minimum d'érudition doctrinale, canonique [78] et liturgique : rien de plus. La culture occidentale atteint son étiage.

Ce serait un anachronisme que de projeter sur ces premières écoles religieuses des VIe-VIIe siècles les riches aspirations humanistes qui nourriront la Renaissance carolingienne ou celle du XIIe siècle (12). Loin de tirer tout le parti possible des maigres connaissances qui leur sont encore accessibles, les maîtres de ces Ages Obscurs cherchent à éloigner le plus possible leurs disciples d'une culture trop accueillante à la tradition profane. Le monachisme occidental se développe encore dans la même atmosphère d'ascétisme culturel que celui d'Orient : le moine doit fuir le monde, sa vanité, ses richesses, — et parmi celles-ci figure la culture. J'invoquerai encore une fois le témoignage, si précieux, de saint Césaire : sorti, pour des raisons de santé, du cloître de Lérins, il rencontre à Arles le savant africain Julien Pomère et commence, sous sa direction, à étudier la grammaire et la philosophie : mais, bien vite, il s'en sépare, interrompt ces études profanes, pour rester fidèle à la « simplicité monastique [79] ». Et pourtant Pomère n'était pas un maître d'inspiration si profane, comme nous pouvons le constater en lisant son *De Vita contemplativa !* L'atmosphère est la même dans les écoles épiscopales : qu'un évêque

73. GREG. TUR. *V. Patr.* 20, 1. — 74. *Id.* 9, 2. — 75. *A. SS. O. Ben,* I, 263. — 76. *Id.* III, 283. — 77. *AA. SS. Hib.* 166; FERREOL. *Reg.* 11, *P. L.* 66, 963. — 78. *Conc. merov.* 88, c. 6. — 79. CAES. AR. *Vit.* 9, 299.

s'avise d'accorder trop de soin à l'enseignement de la grammaire, il soulève un scandale et s'entend durement rappeler à l'ordre, comme saint Grégoire le Grand le fit voir à Didier de Vienne [80] (13).

Et cet obscurantisme est aussi une conséquence de l'effondrement général de la culture en Occident : la décadence n'est pas faite seulement d'ignorance et d'oubli, mais aussi de dégénérescence interne. L'attitude d'un Césaire ou d'un Grégoire ne se comprend tout à fait que si on la confronte avec l'image réelle que, dans le cadre de leur temps, ils pouvaient se faire de cette culture profane qu'ils repoussent avec tant d'horreur. Ce ne sont pas les valeurs éternelles de l'humanisme qu'ils refusent, mais bien les jeux d'une puérilité monstrueuse où se complaisent les derniers lettrés de leur temps : je renvoie mon lecteur à l'œuvre étrange de Virgile *le Grammairien* (14), à ses mystifications pédantes où une aspiration prétendue à la science supérieure n'aboutit qu'au logogriphe :

> Cicero dicit RRR-SS-PP-MM-N-T-EE-OO-A-V-I, quod sic solvendum est : Spes Romanorum periit... [81]

Oui, l'école chrétienne n'est encore qu'un germe, à peine entrouvert ; un germe cependant, et non un simple résidu. Cette pédagogie, encore balbutiante, est pourtant bien originale par son esprit et ses méthodes : elle ouvre la voie à un type d'éducation nouveau, qui ne saurait être assimilé à celui de l'antiquité classique.

L'enseignement commence toujours, bien entendu, par l'alphabet [82], mais alors que l'écolier antique apprenait lentement, selon la gradation savamment ménagée d'une analyse abstraite, tous les éléments successifs de la lecture, ici, très tôt, l'enfant est mis directement aux prises avec un texte, le Texte, — sacré. Le maître prend une tablette et y copie le texte qui va servir de thème à la leçon : le plus souvent pour commencer celui d'un Psaume [83], car maîtriser le psautier, base de l'office, est le premier objectif de l'enseignement. Ce texte, l'enfant l'apprend par cœur en même temps qu'il le dit : il y a là comme une sorte d'équivalent grossier de notre méthode globale [84] ; au moins au début, l'écolier lit moins qu'il ne reconnaît, se remémore, le texte. Il n'apprend pas à lire, en soi, comme l'écolier antique, mais à lire le texte, le Psautier, le Nouveau Testament. Et le texte qu'il connaît c'est la parole de Dieu, l'Ecriture révélée, le seul livre qui mérite d'être connu.

80. GREG. MAGN. *Reg.* XI, 34. — 81. VIRG. GRAM. *Epit.* 13, 77. — 82. *V. SS. merov.* II, 161 ; STOKES, *Tr. Life,* I, CLIII ; II, 328 ; *V. SS. Hib.* I, 67 ; II, 210. — 83. *Id.* I, 165 ; II, 156-7. — 84. *V. SS. merov.* II, 342, c. 6.

Que tout cela est loin de l'école classique : nous pensons bien plutôt aux méthodes, encore en vigueur aujourd'hui en pays musulman, dans les écoles coraniques. Il est plus juste, plus historique d'y voir l'équivalent chrétien de l'école rabbinique.

Rien n'y manque, ni surtout la nuance spéciale de vénération, de respect religieux à l'égard du maître : que nous sommes loin du maître d'école grec ou latin, ce gagne-petit universellement méprisé ! Maintenant, comme dans les milieux sémitiques, c'est « avec la plus profonde vénération et par une humble prière » qu'on sollicite ses leçons : *cum summa veneratione humilique prece...* [85]

Bien entendu, ce sentiment s'explique en partie comme un effet de la décadence et de la barbarie ambiante : le maître est l'homme difficile à rencontrer qui est capable de révéler le secret, devenu mystérieux, de l'écriture; témoin cet épisode que nous lisons dans Grégoire de Tours : un jour, un clerc gyrovague, et qui devait bientôt se révéler indigne, se présente à l'évêque Aetherius de Lisieux (v. 584) comme maître d'école, *litterarum doctorem*. Joie du prélat, la chose est si rare ! Il se hâte de rassembler les enfants de la cité et de les lui donner à instruire : voilà notre clerc l'objet de l'estime de tous, comblé de prévenances de la part des parents. Et quand l'inévitable scandale éclate, on se hâte de l'étouffer [86].

Mais il y a beaucoup plus : le maître est celui qui révèle non seulement l'écriture, mais la Sainte Ecriture. Monastique, épiscopale ou presbytérale, l'école ne sépare pas l'instruction de l'éducation religieuse, de la formation dogmatique et morale; religion à la fois savante et populaire, le christianisme accorde au plus humble de ses fidèles, si élémentaire que soit son développement intellectuel, l'équivalent de ce que la hautaine culture antique réservait à l'élite de ses philosophes : une doctrine sur l'être et sur la vie, une vie intérieure soumise à une direction spirituelle. Selon la formule stéréotypée de nos vieux hagiographes, l'école chrétienne forme à la fois *litteris et bonis moribus,* « aux lettres et aux vertus [87] ». C'est dans cette association étroite, même à l'échelon le plus élémentaire, de l'instruction littéraire et de l'éducation religieuse, dans la synthèse, en la personne d'un maître, de l'instituteur (ou du professeur) et du père spirituel, que me paraît résider l'essence même de l'école chrétienne, de la pédagogie médiévale par opposition à l'antique. Il faut dès lors faire remonter son apparition aux monastères égyptiens du IVe siècle.

85. *Id.* 161, c. 1. — 86. GREG. TUR. *Hist. Fr.* VI, 36. — 87. *AA. SS. Feb.* III, 11; *V. SS. Hib.* I, 99; 153; 269; II, 77; 107; etc.

ÉPILOGUE

La fin de l'école antique

Toute enquête historique, si du moins elle ne conduit pas le lecteur « jusqu'à nos jours », doit, pour finir, répondre à la question : « Qu'arriva-t-il ensuite ? » Cette histoire de l'éducation dans l'antiquité s'achèvera tout naturellement quand nous saurons quand et comment s'est opérée la substitution, aux écoles de type classique, de cette éducation religieuse de type médiéval que je viens de définir.

L'éducation byzantine. Si étonnante que la chose puisse paraître, il y a d'abord tout un secteur où, à proprement parler, l'école antique n'a jamais pris fin : dans l'Orient grec, l'éducation byzantine prolonge, sans solution de continuité, l'éducation classique (1). Ce n'est là d'ailleurs qu'un aspect particulier du fait fondamental : il n'y a pas d'hiatus, ni même de distinction, entre la civilisation du Bas-Empire romain et le haut Moyen Age byzantin.

Rien ne le montre mieux que l'histoire de l'enseignement supérieur, le mieux étudié jusqu'ici, et d'ailleurs le mieux documenté. L'Université de Constantinople, de 425 à 1453, est demeurée un centre d'études fécondes et comme le pilier de la tradition classique. Bien entendu, au cours de ce millénaire, elle a connu bien des vicissitudes, des périodes de déclin et même de disparition momentanée, rachetées par de brillantes reprises : elle a été en particulier réorganisée par le César Bardas en 863, Constantin IX Monomaque en 1045, très vraisemblablement au XIIIe siècle et au début au XIVe par les Paléologues.

Bien entendu, elle a vécu, elle s'est transformée, mais elle est toujours restée fidèle à l'esprit qui avait inspiré sa fondation au temps de Théodose II. Son enseignement demeure fixé par les normes classiques : à la base, les arts libéraux; au sommet la rhétorique, la philosophie et le droit. Son rôle dans la société demeure le même : former une élite où l'Empire pourra recruter son personnel de fonctionnaires. Elle ignorera toujours les études ecclésiastiques : la fermeture de l'école néo-platonicienne d'Athènes par Justinien en 529 [1] se rattache à la lutte contre le paganisme finissant, mais n'a pas signifié, de la part de l'Empire chrétien, une volonté de transformer, dans un sens plus religieux, l'enseignement supérieur.

Nous connaissons beaucoup moins bien les degrés inférieurs de l'enseignement, mais on ne peut douter que la tradition antique n'y ait aussi survécu : nous verrons que certains aspects de la pédagogie hellénistique ont persisté, à l'échelon primaire, à travers toute la période turque jusqu'aux temps modernes; quant à l'enseignement secondaire, il demeure fondé sur la grammaire et le commentaire des classiques : les manuels et commentaires hellénistiques sont toujours utilisés ou imités.

Le type idéal de l'homme cultivé reste classique : Michel Psellos (né en 1018), évoquant, dans l'oraison funèbre qu'il a consacrée à sa mère, les souvenirs de son enfance studieuse [2], nous apprend qu'il avait appris par cœur l'*Iliade* tout entière, renouvelant ainsi, à quatorze siècles de distance, l'exploit du Nicoratos de Xénophon. Anne Comnène, près d'un siècle plus tard, a reçu, elle aussi, une culture dont l'horizon est celui d'un humanisme tout antique : les classiques, le grec, la rhétorique, Aristote et Platon, les quatre disciplines mathématiques... [3]

Une tradition continue relie ainsi les lettrés hellénistiques aux humanistes, si « modernes » pourtant, du temps des Paléologues, comme, parmi tant d'autres, Nicéphore Grégoras († v. 1360) (2).

Nous avons la surprise de découvrir que cette société byzantine, si profondément chrétienne, qui accorde tant d'importance aux questions proprement religieuses et spécialement à la théologie, est restée obstinément fidèle aux traditions de l'humanisme antique : parti qui n'était pas sans péril, car l'école byzantine est si fidèle à ses maîtres païens que périodiquement (au IXe siècle avec Léon le mathématicien, au XIe avec Jean Italos, ... au XVe avec Gémiste Pléthon) nous voyons s'esquisser des Renaissances plus ou moins paganisantes, aussi suspectes à une orthodoxie chrétienne qu'a pu l'être notre propre Renaissance occidentale des XVe-XVIe siècles, qui d'ailleurs, on le sait, s'est largement nourrie de l'apport byzantin.

1. MALAL. XVIII, 151. — 2. *Epit.* I, 14. — 3. ANN. COMN. *Alex.* I, p. 3.

Sans doute, en face de l'école de type classique existe un autre foyer de culture, tout chrétien celui-ci d'inspiration : l'école monastique. Elle demeure, tout au long du Moyen Age, comme nous l'avons connue à ses origines, hostile à l'humanisme, au « siècle » (les *Vies* de saints byzantins se sentent toujours tenues de minimiser la culture profane de leur héros), dominée par des préoccupations spirituelles et d'abord ascétiques. En principe, elle demeure fermée, réservée aux jeunes aspirants à la vie religieuse : l'interdiction posée, dit-on, par le Concile de Chalcédoine, de recevoir, pour leur éducation, des enfants « du monde », reste en vigueur.

Je m'inquiète seulement de constater qu'il a paru nécessaire à plusieurs reprises, en 806, en 1205 (3), de la renouveler : c'est donc qu'on avait tendance à l'enfreindre! En fait, il serait facile de montrer que le cas s'est bien produit : ainsi en 1238, nous voyons l'empereur Jean III Vatatzès confier à l'archimandrite de Saint-Grégoire d'Ephèse, Nicéphore Blemmydès, l'éducation de cinq jeunes gens, dont le futur historien Georges Acropolite, qui devait parcourir une brillante carrière de haut fonctionnaire laïque.

Toutefois, si nous cherchons un centre d'éducation religieuse qui fasse contrepoids à l'éducation si profane de l'Université impériale, c'est moins dans les monastères qu'il faut le chercher que dans l'institution très originale que fut l'école patriarcale. Ses origines, encore mal élucidées, remontent peut-être (4) au VIIe siècle; elle apparaît en tout cas en pleine lumière et parfaitement constituée au XIe siècle. Il est normal à cette date de voir opposer aux « philosophes du sénat » (car, comme au IVe siècle, c'est le sénat qui nomme les professeurs d'Etat) les « didascales de la Grande Église » (ils enseignent à l'ombre de Sainte-Sophie) ou « du catalogue épiscopal ». Nommés par le patriarche, ils constituent une véritable faculté de théologie, à base scripturaire : nous trouvons des professeurs spécialisés dans l'exégèse de l'Evangile, de l'Apôtre, du Psautier.

A la différence de l'ascétisme puritain des cloîtres, l'école patriarcale subit, profondément, elle aussi, l'influence de l'humanisme traditionnel. Elle ne limite pas son enseignement au seul programme religieux : elle veut aussi assurer toute une formation de base : sa faculté de théologie est doublée d'une faculté des arts, dirigée par un « maître, μαΐστωρ, des rhéteurs » (qui a aussi sous ses ordres des grammairiens) et un « maître des philosophes » (qui ne néglige pas l'enseignement propédeutique des mathématiques). En face de l'humanisme classique de l'Université, l'école patriarcale représente un effort dans le sens d'un humanisme chrétien, souvent original et très savoureux, mais qui demeure malgré tout profondément influencé par les modèles antiques.

Ainsi, vers le milieu du XIIe siècle, nous voyons Nicéphore Basilakès (qui deviendra professeur d'exégèse évangélique) composer un manuel de *Progymnasmata,* tout à fait conforme à la plus pure tradition hellénistique; tout au plus, aux sujets habituels, sur Atalante, Danaè ou Xerxès, nous le voyons, au chapitre de l'éthopée, joindre un certain nombre de sujets tirés de l'histoire sainte : « Paroles de Samson quand il fut aveuglé par les Philistins... ; de David trouvant son ennemi Saül endormi dans une caverne... ; de la Mère de Dieu quand le Christ changea l'eau en vin aux noces de Cana [4]. » Eustathe de Thessalonique, le grand commentateur d'Homère et des autres classiques, est pour les modernes une des figures les plus représentatives de l'humanisme byzantin : il avait pourtant été élevé dans un monastère et fut « maître des rhéteurs » de l'école patriarcale...

Il faut attendre la conquête turque pour se trouver dans une situation comparable à celle qu'avait connue, mille ans plus tôt, le monde occidental. Après 1453, la tradition est interrompue : le monde grec se trouve placé dans la même situation que la Gaule mérovingienne; faute d'écoles, le recrutement d'un clergé, et par là même la continuité de la vie chrétienne, sont en péril. Il est remarquable que l'église grecque réagisse exactement comme le Concile de Vaison, en Gaule, en 529 : dans chaque village, à l'ombre de l'église, le prêtre réunit les enfants, s'efforce, de son mieux, de leur apprendre à lire, — le Psautier et les autres livres liturgiques —, de façon à « se préparer quelque successeur compétent » (5).

Mais, chose extraordinaire, et qui montre la profondeur des racines poussées en Orient par la tradition antique, en plein XVIIIe siècle, on entendait les petits enfants grecs chantonner l'alphabet en le prenant par les deux bouts à la fois, comme au temps de Quintilien ou de saint Jérôme; ou s'exercer à répéter des formules de ce genre :

> Ἐκκλησία μολυβδοκαντηλορελεκμένη...
> O mon église ciselée et sculptée en plomb
> qu'a ciselée et sculptée en plomb

4. *Rhet. Gr.* I, 566 s.; 480; 517; 499.

le fils du ciseleur et sculpteur en plomb,
si j'avais aussi le fils du ciseleur et sculpteur en plomb,
je la cisèlerais et sculpterais en plomb plus joliment
que le fils du ciseleur et sculpteur en plomb,

synthèse bien reconnaissable de deux exercices caractéristiques de l'école grecque classique : le « frein de langue » et la « déclinaison ».

L'école monastique d'Irlande. A l'autre extrémité du monde chrétien, l'Irlande nous présente, en contraste absolu avec Byzance, la situation inverse : demeurée extérieure à l'Empire, l'Irlande celtique n'avait pas connu la culture classique; si remarquable et, à certains égards, si évoluée que fût sa civilisation propre, l'Irlande païenne était demeurée un pays « barbare », ignorant la civilisation écrite : c'est le christianisme prêché notamment par saint Patrice († 460-470) qui lui apporta le Livre, et par suite l'école. A la différence de tout le reste de l'Occident, l'Irlande n'a jamais connu d'autre tradition lettrée que celle de ses écoles chrétiennes.

Ecoles chrétiennes, ou, pour mieux dire, écoles monastiques, car, on le sait, les chrétientés celtiques se sont développées tout entières à l'intérieur du cadre des institutions monastiques. Comme celles d'Egypte et d'ailleurs, ce sont des écoles strictement religieuses, dont l'enseignement s'adresse, essentiellement, à de futurs moines (quoique par tolérance les fils de chefs y soient admis), et se fonde, comme texte de base, sur l'Ecriture Sainte, et d'abord le Psautier. Je n'ai pas à décrire ici (6) la vie de ces écoles (si curieuse : les enfants étaient souvent amenés au couvent dès leur naissance; il y avait de véritables nurseries monastiques : tout est excessif dans ce milieu d'un ascétisme farouche). Il me suffit de constater que l'histoire de la culture irlandaise appartient tout entière au Moyen Age : de l' « île des saints » où elle s'est progressivement affermie et enrichie, cette culture va rayonner, essaimer et féconder peu à peu l'Occident; elle commence, dès le VIe siècle, par la Grande-Bretagne, où elle colonise d'abord les régions du Nord, la partie de l'Ecosse qui, elle aussi, était demeurée étrangère à la domination romaine, avant de descendre peu à peu vers le Sud relever les ruines accumulées par les invasions germaniques.

Les invasions ont détruit l'école antique,

Car, dans la Bretagne romaine, écoles et culture classiques n'avaient pas survécu aux ravages provoqués par l'arrivée des Anglo-Saxons, qui ont si profondément bouleversé la structure non seulement politique, mais aussi ethnographique de l'île : toute la première moitié du ve siècle est pour la Grande-Bretagne une période de violences où la barbarie épaissit rapidement ses ténèbres.

Il en a été de même sur le continent : partout c'est la prise de possession effective par les peuples germains du sol de l'Empire qui a entraîné, avec la ruine de la vie romaine, la disparition des écoles antiques.

C'est en Gaule qu'on peut le mieux étudier l'événement. Bien avant la date fatale du 31 décembre 406, de la grande invasion à partir de laquelle l'Empire ne rétablira jamais plus son pouvoir sur l'ensemble de la Gaule, la structure du système classique s'était trouvée ébranlée. Depuis qu'en 276 la frontière du Rhin avait été violée pour la première fois, les raids barbares s'étaient multipliés, ravageant la Gaule entière, y faisant régner de longues périodes d'insécurité : les villes se resserrent et s'enferment dans l'étroite enceinte de leurs nouveaux remparts, les riches propriétaires se fortifient dans leurs *villae* qui deviennent des *burgi*.

Sans doute, ces épreuves et ces transformations n'ont pas suffi à interrompre la tradition culturelle, mais elles minent la vitalité des institutions scolaires, qui ne peuvent sans dommage voir disparaître la vie brillante des cités à la croissance desquelles elles avaient été si intimement associées. D'autre part, dans la mesure où ces institutions, et avec elles toute l'éducation classique, étaient de plus en plus passées du secteur privé au domaine public, elles dépendaient, pour leur bon fonctionnement, de l'intervention et des subsides de l'Etat et des municipalités : elles étaient liées au sort de la structure politique de l'Empire.

Elles n'ont pas dû survivre à l'effondrement de son pouvoir. On peut dire avec assez de certitude que la génération élevée par Ausone († v. 395) est la dernière qui a pu connaître le système normal des écoles romaines avec leurs trois degrés, le *magister ludi,* le grammairien, le rhéteur. Ce système a dû disparaître à la génération suivante, avec la grande invasion et les catastrophes qui ont marqué le début du ve siècle : le petit-fils d'Ausone, Paulin de Pella, en témoigne, au moins pour la région de Marseille où il s'est réfugié, à la date de 422 environ [5].

Toutefois, pendant un siècle encore, si les écoles officielles, régulièrement organisées sous l'égide des municipalités, ont disparu (7), l'éducation classique subsiste : car la classe « sénatoriale » des grands propriétaires fonciers lui demeure profondément attachée ; à défaut d'écoles publiques, il y a toujours des maîtres, qui enseignent à titre privé, réunissant quelques élèves dans leur maison : c'est ainsi que Sidoine Apollinaire (né à Lyon v. 430) rappelle à son ancien condisciple Probus leurs études communes, sans doute à Arles, dans la maison de leur maître Eusebius, *inter Eusebianos lares* [6]. Peu à peu, la clientèle se fait plus rare : l'historien se demande si les « professeurs » que nous voyons apparaître ici ou là dans l'œuvre du même Sidoine ne sont pas surtout des précepteurs attachés au service d'une grande famille (8).

Le sort de l'enseignement de type classique est désormais lié à l'existence d'un mode de vie encore antique au sein de l'aristocratie gallo-romaine. Mais celle-ci, au contact de ses nouveaux maîtres germains, se barbarise rapidement : déjà, du vivant de Sidoine, il y a des « collaborateurs » qui admirent les barbares, se laissent aller à parler germanique... [7] Peut-être la vie romaine s'est-elle plus longtemps maintenue dans certaines régions, comme l'Auvergne de Sidoine, mais surtout comme l'Aquitaine, moins bouleversée par les invasions, moins directement soumise aux rois barbares. Mais peu à peu les derniers foyers de culture antique s'éteignent : au VIe siècle, il n'y a plus d'autre enseignement que celui que l'Eglise s'efforce désormais d'assumer.

Les choses se sont passées de façon très analogue ailleurs : les provinces danubiennes et leur arrière-pays, livrés à l'occupation des « fédérés » germaniques dès la fin du IVe siècle et où se succèdent tant de races et de tribus diverses, ont été profondément désorganisés dès le début du Ve siècle, et la vie romaine y a été, comme en Gaule, suffoquée par la barbarie, comme nous pouvons nous en rendre compte par exemple grâce à la *Vie de saint Séverin* († 482) d'Eugippius. En Espagne également, l'invasion et l'occupation germaniques, qui débutent avec l'arrivée des Suèves, Alains et Vandales en 409, abattent la romanité et l'école : la culture intellectuelle de l'Espagne wisigothique sera tout ecclésiastique (9).

5. P. PELL. 68-69. — 6. SID. *Ep.* IV, 1, 3. — 7. *Id.* V, 5 ; IV, 20.

Sauf en Afrique, L'éducation antique n'a survécu, pour un temps, que dans deux seules régions : l'Afrique vandale et l'Italie. Quelles qu'aient pu être les violences de la conquête, il est certain que le royaume africain organisé par Genséric ne mérite pas la mauvaise réputation que lui a value, auprès des chroniqueurs ecclésiastiques, sa politique de persécution arienne dirigée contre les catholiques (10). En particulier, au point de vue intellectuel, nous avons la certitude que Carthage du moins a connu, sous la « paix vandale », une intense activité, dont témoigne en particulier la compilation de l'*Anthologie latine :* par celle-ci nous connaissons l'existence d'un milieu de professeurs tout à fait conforme à la tradition classique. Au lendemain des victoires de Bélisaire, l'empereur Justinien se préoccupe de rendre à cet enseignement son caractère officiel : une Constitution de 533-534 prévoit l'entretien, à Carthage, de deux grammairiens et de deux rhéteurs [8].

On peut trouver cependant que ce personnel est bien réduit et observer d'autre part que Justinien ne fait rien en dehors de la seule Carthage. On sait quel recul marque sur la carte l'occupation du sol africain à l'époque byzantine par rapport à celle du Haut-Empire; déjà la domination vandale avait dû composer avec le sursaut d'indépendance des populations berbères de l'intérieur. Sans doute, quelques vestiges de la romanité (le christianisme, l'usage du latin, certaines traditions municipales) paraissent bien avoir survécu au Maroc et en Oranie jusqu'au moment de l'invasion arabe (11); néanmoins, il est visible que l'existence de la tradition scolaire classique est devenue bien précaire et ne se maintient vraiment qu'autour de la capitale, Carthage. Là, du moins, elle s'est conservée jusqu'à la chute de la domination byzantine : la prise de Carthage (695-697) en marque la fin; si, jusqu'en plein XIe siècle, le christianisme et avec lui l'usage du latin, son usage écrit, et donc son enseignement, réussissent à se maintenir en Afrique, la culture de ces derniers « Roumi » ne sera plus que d'essence strictement religieuse (12).

Cette survie, relativement prolongée, du classicisme africain n'est pas sans importance pour l'histoire de la culture en Occident : du Ve au VIIe siècle, l'Afrique a pu et a, de fait, exporté des lettrés, et avec eux de bien précieux manuscrits, dans la Gaule du Sud,

8. *C. Just.* I, 27, 1, 42.

et plus encore en Espagne ou en Italie méridionale, et par là contribué à préparer les réserves sur lesquelles devait plus tard s'alimenter l'humanisme médiéval.

Et surtout en Italie. Beaucoup plus important encore a été le rôle joué par l'Italie : c'est là surtout que l'école antique a vu son crépuscule se prolonger et a pu préparer, inconsciemment, la voie à l'avenir. C'est naturellement en Italie que la tradition classique avait poussé ses racines les plus profondes : elles ont pu résister aux ravages des invasions qui, sans doute à partir de 401, ne lui furent pas épargnées. Mais là l'occupation germanique n'a pas entraîné la disparition de la vie antique : plus encore que l'Afrique vandale, l'Italie a pu continuer à vivre selon ses normes traditionnelles sous la domination des Ostrogoths et en particulier pendant le long règne de leur premier roi, le grand Théodoric (493-526) : celui-ci a vraiment régné « pour le bien de Rome », BONO ROMAE [9], selon la devise que porte l'estampille des briques avec lesquelles il fit restaurer les monuments de la vieille capitale.

Illettré lui-même, il avait su comprendre la grandeur de la culture classique : comme Stilichon, il voulut que sa propre fille, Amalaswinthe, reçût l'éducation la plus complète. C'est de son temps que les lettres et la pensée latines purent une dernière fois refleurir : elles connurent alors une véritable renaissance, dont le Moyen Age saura exploiter les fruits, grâce à ces grands travailleurs (dont Théodoric sut d'autre part utiliser les services) que furent Boèce et Cassiodore.

Grâce à celui-ci, nommé *magister officiorum,* chef de la chancellerie, en 523, Théodoric favorisa les études [10], maintint en exercice les chaires d'Etat qui attiraient à Rome les étudiants provinciaux; nommé préfet du prétoire, en 533, après la mort du grand roi, par la régente Amalaswinthe, Cassiodore sut veiller à ce que le traitement des professeurs, un moment négligé, fût assuré avec régularité [11], et l'empereur Justinien, par sa *Pragmatique Sanction,* réorganisant l'Italie après la reconquête (535), ne pourra mieux faire que d'ordonner de suivre ce qui était en usage au temps de Théodoric [12].

9. DIEHL, 37. — 10. CASSIOD. *Var.* I, 39. — 11. *Id.* 12. IX, 21. — 12. JUST. *Nov.* App. 7, 22.

Nous constatons ainsi que, jusqu'en plein milieu du VIe siècle, la vie scolaire antique s'est perpétuée à Rome : il y a toujours, salariés par l'Etat, des professeurs de grammaire, de rhétorique, de droit et de médecine [13]; nous connaissons encore le nom d'un de ces derniers titulaires de la chaire d'éloquence inaugurée jadis par Quintilien, un certain Felix que nous voyons en 534 recenser le texte de Martianus Capella (13). Ils enseignent toujours dans les salles aménagées autour du forum de Trajan [14] qui sont aussi le siège de récitations publiques [15], car les mœurs littéraires de la Rome impériale survivent aussi longtemps que ses écoles.

Rome conserve toujours sa primauté au point de vue universitaire [16], mais la vie scolaire n'est pas moins active dans les autres grandes villes d'Italie : à Milan, l'Arlésien Ennode, futur évêque de Pavie (473/474-521), nous fait connaître l'école, *auditorium*, du grammairien et rhéteur Deuterius [17]; ses élèves parcourent le programme habituel des études classiques : latin, grec, grammaire et rhétorique [18], et ils « déclament » comme aux beaux jours de Sénèque le Père sur les mêmes éternels sujets de controverses ou de suasoires : fils ingrat, tyrannicide, Diomède ou Thètis [19]. Et Ennode lui-même, tout avocat qu'il soit devenu [20], ne dédaigne pas de composer des corrigés-modèles, ses *Dictiones*, pour l'édification des jeunes amis dont il surveille les études.

Avec Milan c'est Ravenne, où l'un des disciples d'Ennode, le futur poète Arator, va faire ses études de droit [21] : les écoles y sont toujours florissantes quelque trente ans plus tard, comme nous pouvons en juger par la culture de Fortunat qui vint aussi y étudier peu après 552 (14).

L'invasion lombarde. Cependant, la prospérité de l'Italie avait été ébranlée par la longueur et l'âpreté de la résistance gothique à la reconquête byzantine (535-555) : elle fut définitivement détruite par l'invasion d'un tard venu parmi les peuples germains, les Lombards; ceux-ci entrent en Italie en 568, conquièrent la plaine du Pô, s'infiltrent le long de la dorsale apennine, atteignant Bénévent dès 572. Avec eux, la péninsule connut l'équivalent des horreurs que la Gaule et le reste de l'Occident

13. *Ibid.* — 14. FORT. *Carm.* VII, 8, 26. — 15. *Id.* III, 18, 8. — 16. ENNOD. *Ep.* V, 9; VIII, 33; IX, 2. — 17. ID. *Dict.* VII; IX-X; *Carm.* I, 2; II, 104. — 18. ID. *Ep.* I, 5, 10. — 19. ID. *Dict.* XVII-XVIII; XXIV-XXV. — 20. ID. *Ep.* II, 27, 4. — 21. CASSIOD. *Var.* VIII, 12.

avaient subies cent cinquante ans plus tôt : c'est alors que la barbarie s'étend sur l'Italie; pendant près d'un siècle, de la fin du VIe à celle du VIIe, ce pays, si longtemps le gardien de la tradition classique, voit le niveau intellectuel de la culture s'effondrer, jusqu'à un niveau quasi mérovingien. Cette coupure, si nette, marque le moment où s'est effectuée la substitution et où l'éducation devient, là où il en subsiste quelque chose, à dominante religieuse.

Aussi longtemps qu'avait persisté la tradition classique, l'Italie du VIe siècle avait offert le même dualisme rigoureux que le Bas-Empire ou Byzance entre une éducation profane, fidèle à l'humanisme hérité du paganisme et une éducation religieuse, ascétique, en violente rupture avec la précédente, et donnée, non point encore dans de véritables écoles, mais au sein du clergé ou des monastères.

Ennode, Cassiodore, saint Grégoire le Grand, par leur double carrière, profane d'abord, puis d'Église, illustrent cet antagonisme chacun à sa manière. Dès qu'il est entré dans les Ordres (il n'est encore qu'un simple diacre de l'évêque Epiphane de Pavie, son maître spirituel, auquel il doit succéder), Ennode rompt solennellement avec les pompes de l'éloquence profane [22]; il refuse avec horreur de s'occuper, comme il l'a fait pour tant d'autres, des études littéraires d'un de ses jeunes neveux que sa mère a cru bon de faire ordonner clerc : « Je rougirais, dit-il, de donner une instruction séculière à un homme d'Eglise! [23] (15) »

Le même Cassiodore, que nous avons vu si soucieux de maintenir la marche régulière des chaires profanes de Rome, s'inquiète de voir les études sacrées manquer si totalement d'institutions appropriées. En 534, il s'associe à la curieuse tentative du pape Agapet pour créer à Rome même, à l'ombre d'une bibliothèque savante, l'équivalent des écoles chrétiennes de Nisibe (16). Quelques années plus tard, retiré des affaires et du monde, il fonde dans son domaine de Vivarium, dans le coin le plus abrité de l'Italie, sur la côte ionienne de Calabre, un double monastère où il installe la plus riche bibliothèque, toute une équipe de traducteurs et de copistes et dont il cherche à faire un milieu d'études proprement religieuses centrées sur l'étude de la Bible, qui intégrera l'apport de l'humanisme traditionnel dans une synthèse chrétienne : le plan de ses deux livres d'*Institutiones* reflète le cadre de cette remarquable tentative de culture monastique (17).

22. ENNOD. *Ep.* III, 24; IX, 1. — 23. *Id.* IX, 9.

Plus radical, déjà moins profondément attaché à la tradition antique, saint Grégoire le Grand, une fois converti à la profession monastique, rompt toute attache avec la culture classique : né vers 540, il a pu encore recevoir à Rome une éducation dont les cadres demeurent ceux de l'humanisme traditionnel [24]; mais sous quelle forme, déjà vidée de substance par la décadence ? De cet humanisme, saint Grégoire, trop visiblement, ignore les valeurs profondes : aussi, nous l'avons vu, sa culture religieuse est en violente réaction contre lui. A cette culture, c'est dans son monastère du *Clivus Scauri* qu'il a été initié, par les soins des premiers abbés qu'il plaça à la tête de sa fondation, Hilarion et Maximianus [25]. Viennent les jours sombres de la conquête lombarde : l'école profane, et avec elle la tradition antique, s'effondre. Seule force organisée, l'Eglise survit à la tourmente et par elle l'éducation religieuse. Les centres d'enseignement qui subsistent sont d'abord, et essentiellement, les couvents : en Calabre Vivarium (quoique, Cassiodore mort, son rôle paraisse avoir été bien passif : il a conservé puis transmis ses trésors, — et c'est déjà beaucoup), à Naples le monastère du Pizzofalcone illustré jadis par Eugippius, plus au nord Saint-Vincent-du-Volturne, le Mont-Cassin, le couvent de Bobbio qu'en 612 saint Colomban, venu de Grande-Bretagne, est venu fonder, car le rayonnement du monachisme celtique se déploie désormais sur le continent...

Avec les écoles monastiques, comme déjà plus tôt en Gaule, se développent les écoles épiscopales : si quelque enseignement paraît actif dans la Rome décadente du temps de saint Grégoire, c'est, comme en Gaule, celui qu'il faut bien assurer à la chorale des jeunes clercs, à cette *schola cantorum* que la tradition fait gloire au grand pape d'avoir réorganisée. Partout, en Italie, nous trouvons des traces d'un tel enseignement ecclésiastique, inspiré par l'évêque, donné à l'ombre même de sa cathédrale et visiblement destiné à assurer d'abord le recrutement et la formation immédiate du clergé : en 678-679, un évêque de Fiesole déclare qu'il a été élevé de la sorte dans l'église d'Arezzo : *per plures annos in ecclesia Sancti Donati notritus et litteras edoctus sum* [26].

Cependant, il importe de souligner que le passage de l'Italie antique à l'Italie médiévale ne s'est pas effectué de façon aussi tranchée que la mutation que nous avons observée ailleurs. Si

24. GREG. TUR. *Hist. Fr.* X, 1; PAUL. DIAC. *V. Greg.* 2. — 25. JOH. DIAC. *V. Greg.* I, 6. — 26. SCHIAPARELLI, *C. dipl. Long.* I, p. 71, 1, 29-30.

atroce qu'ait été la barbarie lombarde, elle n'a jamais entièrement interrompu la tradition lettrée. D'abord, parce qu'elle n'a jamais recouvert la totalité de la péninsule : protégées par la flotte byzantine, les régions côtières ont résisté longtemps : Ravenne jusqu'en 751 ; Naples, Salerne, l'extrême Sud et Rome avant tout n'ont jamais été vraiment barbarisées : quelque chose de la continuité byzantine peut s'observer dans ces centres privilégiés.

Lorsque la situation se stabilise, au bout d'un siècle, quand, timidement, la cour lombarde de Pavie essaie de renouer avec la tradition lettrée laissée par Théodoric, le roi Cunincpert (678-700) trouve un « magister », Etienne, pour s'essayer, gauchement sans doute, au rôle de poète de cour [27]; en 680, le même roi offre une canne décorée d'argent et d'or au grammairien Felix [28]. Déjà s'esquisse une renaissance lombarde (18).

Pour qu'elle ait été possible, il n'est même pas nécessaire de supposer qu'un mince courant de tradition scolaire se soit perpétué à travers le siècle de fer : une éducation domestique, familiale, a suffi à transmettre à travers quelques générations un minimum de connaissances et d'amour des lettres. Ainsi on nous apprend qu'avant d'avoir été conduit à la vie religieuse, Attale de Bobbio, le successeur de saint Colomban, avait été instruit dans les lettres profanes par les soins de son propre père, en Bourgogne il est vrai et non en Italie [29]. Quelque chose de cette transmission à l'intérieur de la famille se perpétuera encore : le même grammairien Félix de Pavie a formé aux lettres son propre neveu, Flavien, qui devait plus tard être le maître du grand Paul Diacre [30].

Préludes à la renaissance carolingienne.

Mais ces circonstances, qui mettent l'Italie à part dans tout l'Occident, n'ont pas seulement rendu possible la renaissance lombarde; elles ont aussi facilité le développement, le progrès continu et si remarquable de la culture et de l'enseignement des écoles britanniques.

Des premières écoles d'Irlande à celles des *Scoti* et des Anglo-Saxons du temps de Charlemagne, le progrès est continu. Il n'est pas dû seulement à une élaboration originale. Ce progrès a été alimenté par un apport, quasi continu, venu des régions jadis

27. *Poet. lat. med.* IV, 731. — 28. PAUL. DIAC. *Hist. Long.* VI, 7. — 29. *AA. SS. Mart.* II, 42. — 30. PAUL. DIAC. *loc. cit.*

romaines où quelque chose subsistait encore des trésors accumulés par le classicisme. Les premières générations de clercs irlandais ont ainsi reçu du renfort de la Bretagne et de la Gaule, sans doute, à l'origine; plus tard, surtout, la chose a été notée curieusement, de l'Espagne. Mais le rôle de l'Italie dans l'élaboration de cette première culture médiévale, pré-carolingienne, a été capital : il apparaît au premier plan à partir de la célèbre mission envoyée par saint Grégoire le Grand chez les Anglais en 597 et dirigée par saint Augustin, premier archevêque de Cantorbéry, qui eut parmi ses successeurs Théodore de Tarse (669-690), un Grec : Rome est à cette date une province byzantine; on imagine sans peine quel relais d'influences, quel apport de culture, un tel fait représentait. Dès lors, un contact direct est établi entre l'Italie et la Grande-Bretagne; des pèlerins circulent sans cesse de l'une à l'autre et ramènent bien souvent des livres, de ces manuscrits anciens ou récents (je songe aux livres liturgiques) que les bibliothèques de la vieille Rome, malgré tant de pillages, conservaient à foison : ainsi Benoît Biscop, le fondateur des abbayes de Wearmouth et de Jarrow, visita Rome jusqu'à six fois, dans la seconde moitié du VIIe siècle, et en rapporta, à chaque voyage, de nombreux volumes [31].

Le long crépuscule italien a donc rejoint l'aube précoce qui s'était levée outre-Manche. L'avenir de la civilisation occidentale a été déterminé par cette conjonction : les *Scoti* et leurs élèves ou émules anglo-saxons n'ont pas été abandonnés à leurs seules forces; ils n'ont pas eu à réinventer la grammaire, les sciences, à redécouvrir le grec : tout cela, et, plus encore, le trésor merveilleux des classiques, ils ont pu le recevoir, dès que leur curiosité et leur maturité les en eurent rendus dignes, des mains des Méditerranéens.

Par cette double voie, les matériaux de la tradition classique ont pu ainsi survivre à la destruction de sa Forme et se voir réemployés dans la synthèse nouvelle que représente la culture médiévale d'inspiration chrétienne. Celle-ci commence à esquisser sa Forme originale à partir de la Renaissance carolingienne et c'est bien de la confluence des apports lombards et insulaires que cette renaissance est sortie : la rencontre, à la cour de Charlemagne, de l'Anglais Alcuin et du Lombard Paul Diacre (et, avec le premier, des *Scoti* Clément, Joseph, Dungal; avec le second, de Pierre de Pise, Paulin d'Aquilée) assume à cet égard la valeur d'un symbole.

31. BED. *H. Abb., P. L.* 94, 716 A; 717 B, 720 B, 721 C.

De là découle un des traits dominants de la chrétienté médiévale, disons mieux de toute la civilisation occidentale : si originale qu'elle soit par son inspiration première, si étrangère qu'elle se veuille ou qu'elle se juge à l'esprit de l'humanisme antique, elle n'est pourtant pas radicalement hétérogène à celui-ci. Elle ne représente pas, dans l'histoire des civilisations, un recommencement absolu, un nouveau départ à zéro. Elle a été, dès son origine, et si continuellement, par la suite, alimentée par ses sources antiques qu'elle nous apparaît, avant tout, comme une Renaissance. Ainsi s'est nouée, par-delà la coupure barbare, une certaine continuité, dans la matière sinon dans la forme, qui fait de l'homme occidental un héritier des Classiques.

NOTES COMPLÉMENTAIRES

TROISIÈME PARTIE

I. L'ANCIENNE ÉDUCATION ROMAINE

1

Sur l'ancienne éducation romaine, les faits essentiels sont rassemblés par E. JULLIEN, *Les Professeurs de Littérature dans l'ancienne Rome,* pp. 11-33, et A. GWYNN, *Roman education from Cicero to Quintilian,* pp. 11-33 (*sic*); F. DELLA CORTE, *Catone censore,* Turin, 1949, pp. 47-58.

2

Une histoire de l'éducation romaine n'a donc pas à s'aventurer sur le terrain hasardeux de la protohistoire : on sait que, pour G. DUMÉZIL par exemple (ainsi *Naissance de Rome* (*Jupiter, Mars, Quirinus,* II), Paris, 1944, pp. 47-48), Rome n'aurait pas été *à l'origine* une société de pasteurs et de paysans, mais une communauté tripartite dominée, à la mode indo-européenne, par une double aristocratie guerrière et sacerdotale, la paysannerie étant réduite à un tiers état. Mais cette hypothèse nous entraîne bien au-delà du terrain propre à l'histoire, dans une sorte de prologue à demi fabuleux qu'il nous est permis ici d'ignorer.

3

L'expulsion des Rois marquant une revanche de l'aristocratie latine sur les « tyrans » étrusques : j'adopte l'interprétation aujourd'hui reçue de cette révolution : cf. par exemple E. PAIS-J. BAYET, *Histoire Romaine* (ap. G. GLOTZ, *Histoire générale,* III), I², pp. 54-55, et, en dernier lieu, S. MAZZARINO, *Dalla Monarchia allo Stato Repubblicano,* Catane, 1945.

4

Le Latin, langue de paysans : voir, sous ce titre, le mémoire suggestif de J. MAROUZEAU, ap. *Mélanges linguistiques offerts à M. J. Vendryès, Collection Linguistique publiée par la Société linguistique de Paris,* 17, Paris, 1925, pp. 251-264, qui se réfère au travail classique d'A. ERNOUT, *Les Eléments dialectaux du Vocabulaire latin,* même collection, 3, Paris, 1909, ainsi que les pages si riches d'A. MEILLET, *Esquisse d'une Histoire de la Langue latine*⁴, pp. 94-118, et les précisions chronologiques de G. DEVOTO, *Storia della lingua di Roma* (*Storia di Roma,* XXIII), Rome, 1940, pp. 101-103.

5

Développement de la maison romaine : j'adopte la théorie soutenue, avec quelques nuances, par G. PATRONI, A. BOETHIUS et P. GRIMAL : voir en dernier lieu celui-ci, *Les Jardins romains à la fin de la République et aux deux premiers siècles de l'Empire, Essai sur le Naturalisme romain,* Paris, 1943, pp. 216 s.

6

Tirocinium fori : ajouter à JULLIEN et GWYNN le bref article, s. v., § *a,* de J. REGNER, ap. PAULY-WISSOWA, II R., VI, 2, c. 1450. Pour l'âge, qui a pu varier, de la prise de la toge virile, *id., b,* c. 1452.

7

Il existe en effet deux catégories de *tribuni militum :* les *t. m. comitiati* élus chaque année par le peuple et les *t. m. rufuli* laissés au choix des généraux commandant en chef : FEST., p. 260; mais cf. LENGLE, ap. PAULY-WISSOWA, II R., VI, 2, c. 2439-2442, s. v. *Tribunus,* 9.

8

Influence des traditions familiales sur l'historiographie romaine : voir surtout E. PAIS dans sa première *Storia di Roma, Critica della tradizione...,* I, 1, Turin, 1898, pp. 117-126, et en dernier lieu, E. PAIS-J. BAYET, *Histoire romaine,* I², pp. 25-26; F. MÜNZER, *Römische Adelsparteien und Adelsfamilien,* Stuttgart, 1920, pp. 4 et pass. (cf. p. 432, s. v. Familienüberlieferung und Fälschungen der Ueberlieferung).

9

Sur la *deuotio,* cf. s. v. l'article, un peu démodé, d'A. BOUCHÉ-LECLERCQ, ap. DAREMBERG-SAGLIO, II, 1, pp. 113 a-119 b; G. STÜBLER, *Die Religiosität des Livius* (*Tübinger Beiträge zur Altertumswissenschaft,* XXXV), Tubingue, 1941, pp. 173-204, et surtout la discussion de J. HEURGON, *Recherches sur l'Histoire, la Religion et la Civilisation de Capoue préromaine,* pp. 260-270. Pour l'identification des trois Decii, cf. MÜNZER, ap. PAULY-WISSOWA, IV, 2, c. 2279-2285, s. v. *Decius,* nos 15-17.

10

Sur l'anecdote de Regulus, prisonnier des Carthaginois et envoyé par ceux-ci porter des propositions de paix à Rome, cf. l'ensemble des textes examinés par E. PAIS, *Ricerche sulla storia e sul diritto publico di Roma,* IV, pp. 411 s.

11

Le sentiment religieux dans l'idéal politique romain : je résume l'excellente analyse de F. ALTHEIM, *A. History of Roman religion,* Londres, 1938, pp. 411-432 (« Les causes de la grandeur de Rome »).

12

Le luxe et la « mollesse » symptômes classiques de décadence : cf. A. Passerini, *La τρυφή nella storiografia ellenistica,* ap. *Studi italiani di filologia classica,* 1934, pp. 3-56; J. Perret, *Siris,* Paris, 1941, p. 267; J. Tondriau, *La Tryphè, philosophie royale ptolémaïque,* dans *Revue des Et. Anc.,* t. 50 (1948), pp. 49-54.

13

Sur l'éducation physique romaine opposée à celle des Grecs, cf. E. Norman Gardiner, *Athletics of the ancient world,* pp. 117-119, et E. Mehl, *Die Ueberlieferung über das Turn im römischen Heere* (à propos de *Végèce,* I, 6-18), ap. *Mitteilungen des Vereins klassischer Philologen in Wien,* 1928, pp. 21-27. Sur le *ludus Troiae,* cf. s. v. J. Toutain, ap. Daremberg-Saglio, t. V, pp. 493 a-496 b; K. Schneider, ap. Pauly-Wissowa, t. XIII, 2, c. 2059-2067 et E. Giglioli, *L'oinochoe di Tragliatella,* ap. *Studi Etruschi,* t. III (1929), pp. 121-134, pl. XXIV.

14

Sur l'encyclopédisme romain, cf. O. Jahn, *Ueber römische Encyclopädien,* ap. *Berichte* de l'Acad. des Sc. de Leipzig, *Ph.-hist. Classe,* III, 4 (1850), ap. 263-287; F. della Corte, *Enciclopedisti Latini,* Gênes, 1946.

15

Sur l'encyclopédie de Celse, cf. les prolégomènes de F. Marx à son édition ap. *Corpus medicorum latinorum,* I, Leipzig, 1915, pp. v-cxiv.

16

Pline fait de Q. Metellus Macedonicus le fils de Lucius : il n'était que son petit-fils : cf. Münzer, ap. Pauly-Wissowa, III, 1, c. 1203, s. v. *Caecilius,* n° 72 (pour Lucius), et c. 1213, n° 94 (pour le Macedonicus).

II. ROME ADOPTE L'ÉDUCATION GRECQUE

1

Introduction de l'éducation grecque à Rome : je suis toujours E. Jullien, *Les Professeurs de Littérature* (pp. 34-111), et A. Gwynn, *Roman education* (pp. 34-69), mais le sujet a une importante si évidente qu'il a été abordé par tous les historiens de la culture romaine, de quelque point de vue qu'ils se soient placés : cf. ainsi A. Grenier, *Le Génie romain dans la Religion, la Pensée et l'Art* (des origines à Auguste), Paris, 1925, pp. 136-185, 199-320; J. Carcopino, *Histoire romaine* (ap. G. Glotz, *Histoire générale,* III), II, 1, pp. 47-58; P. Grimal, *Les Jardins romains à la Fin de la République et aux deux premiers siècles de l'Empire,* Paris, 1943, pp. 23-26, à qui j'emprunte l'expression « révolution spirituelle du second siècle ».

2

La date de la fondation de Cumes a été nettement précisée par J. Bérard, *La Colonisation grecque de l'Italie méridionale et de la Sicile dans l'Antiquité : l'Histoire et la Légende,* Paris, 1941, p. 62.

3

Je maintiens la possibilité d'une période d'éducation étrusque antérieure à l'influence grecque, à Rome, malgré les objections de Jullien, *Les Professeurs de Littérature,* pp. 29-33 : Jullien écrivait en 1885, nous connaissons mieux aujourd'hui la fécondité et le rayonnement de la civilisation étrusque dans l'Italie des ve et ive siècles : cf. les suggestions d'A. Piganiol, *Clio,* III, *Histoire de Rome*², Paris, 1946, pp. 58, 70, et en général sur la question étrusque la remarquable synthèse de J. Bérard, *La Colonisation grecque,* pp. 492-524.

4

Rayonnement de la civilisation campanienne antérieurement à la conquête romaine : cf. l'influence de l'art décoratif de Capoue à Rome, Satricum, Veii, Caere : J. Heurgon, *Recherches sur l'Histoire, la Religion et la Civilisation de Capoue préromaine des origines à la deuxième guerre punique,* Paris, 1942, p. 351.

5

Influence grecque sur la religion romaine : ici encore, tous les historiens de Rome ont eu à tenir compte de ce phénomène; comme travaux spéciaux, cf. par exemple J. Bayet, *Les Origines de l'Hercule romain,* Paris, 1926; F. Altheim, *Griechische Götter im alten Rom,* ap. *Religionsgeschichtliche Versuche und Vorarbeiten,* XXII, 1, Giessen, 1930.

6

Influence syracusaine sur la construction du mur dit « de Servius » : G. Saeflund, *Le Mura di Roma repubblicana* (*Skrifter* de l'Institut suédois de Rome, I), Lund, 1932, pp. 169-174 (mais G. Lugli maintient la date traditionnelle : vi^e siècle, cf. *I monumenti antichi di Roma,* t. ii, Rome, 1934, pp. 99-138); sur les relations amicales entre Rome et Syracuse au temps de Denys l'Ancien, cf. *ibid.*, p. 172, n. 3, et de façon plus générale E. Pais, *Italia antica,* I, Bologne, 1922, pp. 61-132. Sur les relations anciennes entre Rome et Marseille, cf. M. Clerc, *Massalia,* I, Marseille, 1927, pp. 178-184.

7

Sur la civilisation « hellénistique » de la Campanie préromaine (civilisation qui, bien entendu, possède une saveur propre : c'est une variété de la civilisation hellénistique, mais une variété originale), cf. le livre si révélateur de J. HEURGON, cité n. 4 : cf. notamment l'analyse stylistique, si poussée, des terres cuites architectoniques, pp. 337-352, et la conclusion, p. 443; pour l'influence sur Rome, cf. E. PAIS, *Gli Elementi italioti, sannitici e campani nella più antica civiltà romana,* ap. *Italia antica,* I, pp. 133-177. Sur Pompei, cf. le titre caractéristique du livre de F. VON DUHN, *Pompeii, eine hellenistische Stadt in Italien* (*Aus Natur und Geisteswelt,* 114)[3], Leipzig, 1918.

8

Sur la VEREIIA PUMPAIIANA et la palestre hellénistique de Pompéi, cf. M. DELLA CORTE, *Iuuentus,* Arpino, 1924, pp. 44-60.

9

Le vocabulaire latin, farci d'hellénismes, atteste combien l'influence grecque avait pénétré le milieu populaire : cf. A MEILLET, *Esquisse d'une Histoire de la Langue latine*[4], pp. 106-117; cf. 87-94. F. DEVOTO, *Storia della lingua di Roma,* pp. 88-91, 127-131.

10

Pour l'identification du Crassus cité par VALÈRE-MAXIME, VIII, 7, 6, et QUINTILIEN, XI, 2, 50, cf. MÜNZER, ap. PAULY-WISSOWA, XIII, 1, c. 334-338, s, v, *Licinius,* n° 72.

11

L'aristocratie romaine ouverte à l'influence grecque : il faut réagir contre le jugement étroit et trop sévère de M. HOLLEAUX, *Rome, la Grèce et les Monarchies hellénistiques au IIIe siècle avant Jésus-Christ,* Paris, 1921, pp. 170-171 : cf. les critiques, si fermes sous la discrétion voulue de la forme, que lui adresse J. CARCOPINO, *Points de vue sur l'Impérialisme romain,* Paris, 1934, pp. 58 s.

Il y a beaucoup plus de compréhension historique dans le livre, un peu vieilli aujourd'hui et diffus, mais toujours utile de G. COLIN, *Rome et la Grèce de 200 à 146 avant Jésus-Christ,* Paris, 1905, pp. 97-171, 242-372 (surtout 348 s.), 524-606 (surtout 540 s.).

12

Le « milieu » autour de Scipion Emilien : cf. A. GRENIER, *Le Génie romain,* pp. 199-214; I. LANA, ap. *RF.* 75 (1947), pp. 44-80, 155-175.

13

Date de l'ambassade de Cratès de Mallos à Rome : j'adopte la conclusion de JULLIEN, *Les Professeurs de Littérature,* pp. 369-371. Le texte de Suétone (*Gram.,* 2, 1) renferme deux indications inconciliables : Cratès serait venu à Rome envoyé par le roi Attale (II, 159-138) *sub ipsam Ennii mortem* (169). Il faut donc en sacrifier une : la seconde, qui est exprimée en termes assez vagues, plutôt que la première. En sens inverse, cf. par exemple H. Funaioli, *Grammaticae Romanae fragmenta,* I, Leipzig, 1907, p. xi.

14

La musique dans les mœurs et l'éducation romaines : cf. L. Friedlaender-G. Wissowa, *Darstellungen aus der Sittengeschichte Roms in der Zeit von Augustus bis zum Ausgang der Antonine* [10], II, pp. 163-190, et, dans l'éducation des jeunes filles, I, pp. 271-272.

15

Sur l'Empereur, type idéal d'humanité, cf. en dernier lieu A. Piganiol, *L'Empire chrétien* (ap. G. Glotz, *Histoire générale,* III, *Histoire romaine,* IV, 2), Paris, 1947, pp. 309-310, et les auteurs auxquels il renvoie. Tout n'a pas encore été dit sur ce sujet si intéressant : on pourrait, je crois, verser au dossier le titre d'un ouvrage perdu d'Origène, *Que le Roi seul est poète* (Porph., *Vit. Plot.,* 3), malgré l'opinion de R. Cadiou, *La Jeunesse d'Origène,* Paris, 1926, pp. 253-255, qui, avec d'autres, comprend « que le Roi [du ciel] seul est Créateur [du monde] ». Pour le Haut-Empire, cf. aussi H. Bardon, *Les Empereurs romains et les Lettres latines, d'Auguste à Hadrien,* Paris, 1940.

16

Jeux du stade à Rome : L. Friedlaender-G. Wissowa, *Sittengeschichte Roms* [10], II, pp. 147-162.

17

Palestres et gymnases dégénérés chez les Romains : cf. en dernier lieu P. Grimal, *Les Jardins romains,* pp. 262 s. Palestres annexées aux thermes : cf. les exemples classiques des thermes « de Stabies » à Pompei (H. Thédenat-A. Piganiol, *Pompei* [3], Paris, 1928, II, p. 109) et de ceux d'Herculanum (A. Maiuri, *Ercolano,* Rome, 1936, pp. 30-33).

18

Sur *L'Alphabet de Marsiliana et les origines de l'écriture à Rome,* cf. le beau mémoire d'A. Grenier, sous ce titre, ap. *Mélanges d'Archéologie et d'Histoire* de l'Ecole française de Rome, XLI (1924), pp. 1-42. La question a, bien entendu, été souvent reprise depuis : cf. D. Diringer, *L'Alfabeto nella storia della civiltà,* Florence, 1937, pp. 371-400 ; J. Fevrier, *Histoire de l'écriture,* 2e éd., pp. 443-448 ; 474-479.

19

Syllabaire étrusque : D. Anziani, *Le Vase Galassi,* ap. *Mélanges Cagnat,* Paris, 1912, pp. 17-30, et depuis, ainsi que pour les autres « alphabets-modèles », D. Diringer, *L'Alfabeto,* pp. 378-379 ; M. Lejeune, *Note sur les « tablettes alphabétiques » d'Este, REL.* 38 (1960), pp. 139-150.

20

Livius Andronicos a créé non seulement l'épopée romaine à des fins pédagogiques, mais aussi la poésie lyrique et dramatique des Latins : il s'agit d'œuvres composées sur la demande du Sénat pour des cérémonies religieuses imitées de la Grèce (on était en pleine crise, pendant la deuxième guerre punique, et le Sénat se préoccupait de s'assurer, par tous les moyens, la protection des dieux) : jeux scéniques (la première tragédie d'Andronicos fut jouée en 240 : Cic., *Br.*, 72), hymnes chantés lors de supplications solennelles (comme celui qu'il composa en 207 au moment de la descente d'Hasdrubal en Italie : Liv., XXVII, 37, 7).

21

Histoire des grammatici Latini : cf. Suet., *Gram.*, 5 s., et les textes rassemblés par H. Funaioli, *Grammaticae Romanae Fragmenta*, I, Leipzig, 1907.

Sur le *De Grammatica* de Varron, cf. *ibid.*, pp. 205-206. Sur un traité en deux livres, *De litteris syllabisque, item de metris* attribué à un Ennius, distinct du poète de Rudies et postérieur, cf. Suet., *Gram.*, 1, 2, et Funaioli, *op. cit.*, pp. 101-102.

22

Sur l'interprétation de l'édit de 92 contre les rhéteurs latins, je suis J. Carcopino, *Histoire romaine*, II, 1, p. 347; E. Galba, *Politica e cultura in Roma agli inizi del primo secolo a. C.*, dans *Athenaeum*, 1953, p. 259-272; cf. aussi, ainsi que sur la rhétorique *Ad Herennium*, F. Marx, *Prolegomena* à son édition, Leipzig, 1894, pp. 141-156, et A. Gwynn, *Roman education*, pp. 59-69.

23

Sur la formation, d'inspiration aristocratique, du jeune Cicéron, cf. ma *Défense de Cicéron, Revue historique*, CLXXVII (1936), pp. 58-59, qui suit Gwynn, *op. cit.*, pp. 69 s.

24

Dans le texte du *De Grammaticis et Rhetoribus* (16, 2), déjà cité à propos de l'introduction de Virgile dans le programme des écoles, Suétone nous dit de Q. Caecilius Epirota : *Primus dicitur Latine ex tempore disputasse,* « il passe pour avoir été le premier à avoir fait des déclamations improvisées en latin ».

25

Formation grecque des philosophes latins : cf. mon *Saint Augustin et la Fin de la Culture antique*, p. 42, et : E. Albertini, *La Composition dans les ouvrages philosophiques de Sénèque*, Paris, 1923, pp. 206-215.

26

Sur la place de l'architecture dans la culture romaine, cf. les traités consacrés à cette science par VARRON (F. W. RITSCHL, *De M. Varronis disciplinarum libris,* ap. *Opuscula philologica,* III, Leipzig, 1877, pp. 352 s.) et VITRUVE.

Sur les *Agrimensores,* cf. M. SCHANZ, *Geschichte der römischen Litteratur* (ap. I. VON MUELLER, *Handbuch der klassischen Altertumswissenschaft,* VIII), II, 2, § 501-502; IV, 2, § 1138, 1141; M. CANTOR, *Die römische Agrimensoren,* Leipzig, 1875, et la synthèse sommaire de R. DE CATERINI, « *Gromatici veteres* », ap. *Rivista del Catasto e dei servizi tecnici erariali,* II (1935), pp. 261-358.

27

Sur les *archiatri* en pays latin, cf. S. REINACH, ap. DAREMBERG-SAGLIO, III, 2, p. 1674 b, s. v. *Medicus;* WELLMANN, ap. PAULY-WISSOWA, II, 1, c. 464-466, s. v., et de façon générale sur la médecine à Rome : T. Clifford ALLBUTT, *Greek Medicine in Rome,* Londres, 1921.

28

Littérature médicale et vétérinaire romaine aux IVe-Ve siècles, cf. SCHANZ, *Geschichte der Römischen Litteratur,* IV, 1, § 845, 847-849; 2, § 1126-1137.

III. LA QUESTION DES LANGUES : GREC ET LATIN

1

Sur l'expression *utraque lingua,* cf. les autorités rassemblées par L. LAFOSCADE, *Influence du latin sur le grec,* ap. J. PSICHARI, *Etudes de philologie néo-grecque, Bibliothèque de l'Ecole des Hautes-Etudes,* Sciences philologiques et historiques, 92e fasc., Paris, 1892, pp. 117-118. Avant Horace, cf. déjà Cicéron, *De Off.,* I, 1, 1 : *ut par sis in utriusque orationis facultate.*

Pour l'histoire de la formule au moyen âge : M. COENS, « *Utriusque lingua peritus* » dans : *Analecta Bollandiana,* 76 (1958), pp. 118-150.

2

Etude comparée du latin et du grec : c'est bien une originalité de la culture romaine. Nous voyons sans doute des grammairiens grecs la pratiquer aussi, mais ils enseignent à Rome et c'est en fonction de leur clientèle latine : ainsi Claudius Didymus, auteur d'un περὶ τῆς παρὰ Ῥωμαίοις ἀναλογίας (cf. COHN, ap. PAULY-WISSOWA, V, 1, c. 473, s. v. *Didymos,* no 10) et sans doute aussi d'un commentaire de *La République* de Cicéron qu'Ammien Marcellin attribue à tort à l'illustre Didyme Chalcentère (COHN, *ibid.,* c. 471, 2, *Didymos,* no 8); cf. cependant ATH., XV, 680 D : un περὶ Ῥωμαϊκῆς διαλέκτου d'Apion : est-ce le grammairien alexandrin Apion Plistonices ?

Comparaisons entre auteurs grecs et latins : cf. W. KROLL, *Studien zum Verständnis der römischen Litteratur,* Stuttgart, 1924, pp. 14-16.

3

La haine de Rome dans la littérature de langue grecque : G. SCHNAYDER, *De Infenso alienigenarum in Romanos animo,* ap. *Eos,* XXX (1927), pp. 113-149; ajouter, entre autres témoignages, HIPPOLYTE de Rome, *In Danielem,* IV, 8, 7; 9, 2.

4

Frontière linguistique du grec et du latin : la carte jointe au texte a été établie par mon jeune collègue C. R. AGERON, qui a utilisé et complété les travaux de : A. BUDINSKY, *Die Ausbreitung der lateinische Sprache über Italien und die Provinzen des römischen Reiches,* Berlin, 1881; C. JIREČEK, *Die Romanen in den Städten Dalmatiens,* ap. *Denkschriften* de l'Académie de Vienne, *Phil.-hist. Kl.,* 1902; G. SEURE, *Nicopolis ad Istrum,* ap. *Revue archéologique,* 1907, II, pp. 266-271, 414; D. P. DIMITROV, *Ueber die römischen Grabsteine in Bulgarien,* ap. *Jahrbuch* de l'Institut archéologique allemand, *Arch. Anzeiger,* 1937, c. 511-526 (qui établit que le grec a reculé au profit du latin dans la partie de la Thrace incorporée en 275 dans la Dacie méditerranéenne. R. VULPE, *Histoire ancienne de la Dobroudja,* ap. Académie roumaine, *Connaissance de la Terre et de la Pensée roumaines,* IV, *La Dobroudja,* Bucarest, 1938, pp. 35-454; D. TSONTCHEV, *Annales du Musée de Plovdiv,* t. I, pp. 69-83; I. STEFANOVA, *ibid.,* pp. 85-92.

5

P. COLLART a bien étudié le sort du latin dans les colonies romaines de Macédoine : *Philippes, Ville de Macédoine, depuis ses origines jusqu'à la fin de l'Epoque romaine* (Travaux et mémoires publiés par les membres étrangers de l'Ecole française d'Athènes, V), Paris, 1937, pp. 300-316, 522-523; *Serta Kazaroviana* (*Bulletin de l'Institut archéologique bulgare,* XVI, 1950), pp. 7-16.

6

Traduction officielle en grec des actes gouvernementaux : Th. MOMMSEN, *Le Droit public romain* (ap. MOMMSEN-MARQUARDT, *Manuel des Antiquités romaines*), VII, tr. fr., Paris, 1891, pp. 201-202; LAFOSCADE, mémoire cité ap. n. 1, pp. 96-97; G. COLIN, *Rome et la Grèce de 200 à 146 avant Jésus-Christ,* Paris, 1905, pp. 142-143; L. HAHN, *Rom und Romanismus im griechisch-römischen Osten,* Leipzig, 1906, pp. 37-40, 82-85, 111-119, 211-213, 223-232.

G. B. TOWNEND, *The Post* ab epistulis *in the second Century,* dans *Historia* 10 (1961), pp. 375-381.

7

De l'Etude de la Langue latine chez les Grecs dans l'Antiquité : voir sous ce titre le mémoire de E. EGGER, ap. *Mémoires d'Histoire ancienne et de Philologie,* Paris, 1863, pp. 259-276; celui de LAFOSCADE, déjà cité, ap. J. Psichari, *Etudes de Philologie néo-grecque*, pp. 83-158; W. Kroll, *Studien zum Verständnis der römischen Literarur*, I, *Römer und Griechen*, pp. 1-23, et surtout pp. 8-10; L. Hahn, *Zum Sprachenkampf im römischen Reich*, dans *Philologus, Suppl.* X, 4, 1907, pp. 675-718; H. Zilliacus, *Zum Kampf der Weltsprachen in oströmischen Reich*, Helsinski, 1935, et le compte rendu de Fr. Dölger, *Byzantinische Zeitschrift*, t. 36, 1936, pp. 108-117.

Carrière des fonctionnaires d'origine grecque : H. G. Pflaum, *Essai sur les procurateurs équestres sous le haut-empire romain*, Paris, 1950; *Les Carrières procuratoriennes équestres sous le haut-empire romain*, Paris, 1960.

8

Le latin dans les tribunaux d'Egypte au Bas-Empire : M. Norsa, *Mélanges G. Mercati*, VI (*Studi e Testi*, 126), pp. 112-113.

9

Le latin à Constantinople : la haute société et surtout la cour y sont longtemps restées latines. Il faut attendre l'avènement de Tibère II (578) pour voir un empereur d'origine grecque monter sur le trône de Byzance.

Le cérémonial, si conservateur, de la cour byzantine, a longtemps conservé des traces de latinité : encore au temps de Constantin VII Porphyrogénète (944-959), comme on le voit par son *Livre des Cérémonies*, on chante des motets en latin quand l'empereur, aux grandes fêtes, entre à Sainte-Sophie (II, 83 [74]); des acclamations latines saluent, dans les festins, chaque geste de l'empereur, acclamations que le Porphyrogénète transcrit phonétiquement : κωνσέρβεθ Δέους ἠμπέριουμ βέστρουμ, et traduit en grec (II, 84 [75]), lorsque du moins il en comprend encore le sens, ce qui n'est pas toujours le cas : il ne reconnaît pas, dans l'acclamation militaire τούμβηκας, le *Tu uincas !* « A toi la victoire ! » originel.

A la fin du VIe siècle encore, dans l'armée byzantine, les commandements : « En avant! Halte! Alignement! » se donnent toujours en latin : *moue ! sta ! aequaliter ambula !* comme en témoigne le *Strategicon* attribué à l'empereur Maurice : cf. F. Lot, *La Langue de commandement dans les Armées romaines*, ap. *Mélanges Félix Grat*, t. I, Paris, 1946, pp. 203-209.

10

L'hellénisme de Sidoine Apollinaire et de son milieu : cf. A. Loyen, *Sidoine Apollinaire et l'Esprit précieux en Gaule aux derniers jours de l'Empire*, Paris, 1943, pp. 26-30; P. Courcelle, *Les Lettres grecques en Occident de Macrobe à Cassiodore*, Paris, 1943, pp. 221-246.

11

L'oubli du grec en Occident : j'ai repris, à quelques nuances près, la thèse que j'avais soutenue dans mon *Saint Augustin et la Fin de la Culture antique*, pp. 38-46 (cf. 631-637) malgré les critiques dont elle a été l'objet de la part de mon maître J. CARCOPINO, *La Vie quotidienne à Rome à l'Apogée de l'Empire,* Paris, 1939, pp. 135-136 (le témoignage invoqué p. 327, n. 32, sur les « belles » grécisantes ridiculisées par JUVÉNAL, VI, 186-196, et MARTIAL, X, 68, 10-12, ne me paraît pas de grande portée : il ne s'agit pas de femmes savantes, mais de femmes galantes, et le grec, c'est un de ses aspects « techniques », comme la médecine ou la philosophie, était la langue de la galanterie : cf. déjà E. JULLIEN, *Les Professeurs de Littérature dans l'ancienne Rome,* p. 102); malgré les critiques aussi de P. BOYANCÉ, dans un cours inédit de 1945-1946, dont il a bien voulu me communiquer la documentation. A leurs arguments j'oppose, avec GWYNN (ci-dessous, n. 13), le témoignage à mon sens décisif de QUINTILIEN. Notre différend ne porte d'ailleurs que sur un point secondaire : nous sommes d'accord pour constater que l'éducation romaine n'a jamais renoncé à « appuyer l'enseignement de la littérature latine sur celui de la littérature grecque », que le déclin du grec ne s'est précipité qu'après le IIIe siècle; il s'agit seulement de déterminer la date des premiers symptômes de cette évolution, et on sait combien il est délicat, en histoire, d'enregistrer un commencement absolu.

Par contre, j'opposerai une fin de non-recevoir aux conclusions qui se dégagent du livre de H. BARDON, *Les Empereurs et les Lettres latines d'Auguste à Hadrien,* Paris, 1940, qui croit déceler (p. 127) un « mouvement qui d'Auguste à Hadrien a porté les empereurs à préférer de plus en plus le grec au latin » : perspective illusoire, car il ne faut pas étudier le cas personnel des empereurs en l'isolant de l'ensemble de l'histoire culturelle de Rome, ni la série Auguste-Hadrien à part de ce qui précède et de ce qui suit. Cf. encore pp. 196, 266, 394, 427, 452. Ce livre est d'ailleurs, en ce qui concerne l'histoire de l'éducation, et spécialement la question des langues, peu critique et mal informé : il utilise « Spartien » sans justifier sa confiance dans un texte aussi tardif et embarrassant; il estime (pp. 127, 196) que, avec Claude, le grec devient *langue officielle :* pourtant c'est bien Claude qui a ôté le droit de cité à un Lycien pour la seule raison qu'il ignorait le latin qu'un citoyen se devait de parler : DION CASSIUS, LX, 17, 4; SUÉTONE, *Cl.,* 16, 2.

12

Le grec de Cicéron : H. S. SCRIBNER, *Cicero as a hellenist,* ap. *Classical Journal,* XVI (1920), pp. 81-92 (superficiel); H.-J. ROSE, *The Greek of Cicero,* ap. *Journal of Hellenic Studies,* 41 (1921), pp. 91-146 (précieux lexique; c'est Rose qui a su observer que beaucoup des mots grecs utilisés par Cicéron ne nous étaient connus que par lui). Sur ses traductions : B. FARRINGTON, *Primum Graius Homo, an anthology of Latin translations from the Greek,* Cambridge, 1927, pp. 27-32, 41-46, 51-59; G. CUENDET, *Cicéron et saint Jérôme traducteurs,* ap. *Revue des Etudes latines,* XI (1933), pp. 380-400; V. BUESCU, édition des *Aratea,* Paris-Bucarest, 1941; MAROUZEAU, *Stylistique,* pp. 161-162; R. PONCELET, *Cicéron traducteur de Platon,* Paris 1957.

W. Kroll, *Die griechische Bildung im ciceronischen Rom,* ap. *Forschungen und Forschritte,* 1933, pp. 200 b-201 b (ou ap. *Investigación y Progreso,* VII (1933), pp. 212-215), a curieusement minimisé la portée des faits qu'il a su d'autre part si bien rassembler dans *Die Kultur der Ciceronischen Zeit,* t. II, Leipzig, 1933, pp. 117-134 : *Die griechische Bildung.* A l'entendre, Cicéron ne serait qu'une exception; pour la plupart de ses contemporains, la culture grecque, mal assimilée, n'était qu'un vernis superficiel. Soit, mais ce n'est pas seulement la culture grecque, c'est la culture tout court qui, sous ses formes supérieures, demeurait une exception dans la société romaine; dans toute société, la haute culture n'est le privilège que d'une élite; et dans toutes les sociétés antiques, si aristocratiques, cette élite a toujours été peu nombreuse. Mais cela n'altère pas l'identité fondamentale que j'ai posée entre culture grecque et culture tout court dans la Rome cicéronienne.

13

Un érudit sud-africain, Th. Haarhoff, a fort intelligemment rapproché le problème du grec à l'époque romaine du problème de la « seconde langue » dans les pays modernes qui, comme le sien, vivent sous un régime bilingue officiellement sanctionné : *Schools of Gaul, a study of pagan and christian education in the last century of the Western Empire,* Oxford, 1920, pp. 230-231.

14

Le grec chez Quintilien a été bien étudié, avec statistique à l'appui, par A. Gwynn, *Roman education from Cicero to Quintilian,* pp. 226-230; il s'intéresse à vrai dire uniquement aux classiques; pour la connaissance de la technique oratoire grecque, cf. les deux volumes de J. Cousin, *Etudes sur Quintilien,* I. *Contribution à la Recherche des Sources de l'Institution oratoire,* Paris, 1935, II. *Vocabulaire grec de la Terminologie rhétorique dans l'Institution oratoire,* Paris, 1936.

15

Témoignage de Pline le Jeune : je dois à P. Boyancé d'avoir eu l'attention attirée sur ces textes importants; cf. d'autre part (et dans le même sens que nous) A. Guillemin, *La Culture de Pline le Jeune,* ap. *Mélanges Félix Grat,* Paris, 1946, pp. 78-79, 86.

16

Le grec au Bas-Empire : voir surtout l'enquête exhaustive de P. Courcelle, *Les Lettres grecques en Occident, de Macrobe à Cassiodore*[2], Paris, 1948, dont je reprends à mon compte les conclusions (à quelques nuances près, qui n'importent pas ici), en les transposant, bien entendu, dans la perspective plus générale qui est la mienne ici : les survivances ou renaissances de l'hellénisme occidental qu'il enregistre ne sont que relatives : ce sont des oscillations de faible amplitude sur la courbe de la décadence générale, comme déjà, au IIIe siècle, la « renaissance » de l'hellénisme sous Gallien, si bien étudiée par A. Alföldi, ap. *Fünfundzwanzig Jahre römische-germanische Kommission,* Berlin, 1930, pp. 11-51.

Cf. aussi G. Bardy, *La Culture grecque dans l'Occident chrétien au IVe siècle,* ap. *Recherches de Science religieuse,* XXIX (1939), pp. 5-58, pierre d'attente d'un travail d'ensemble annoncé sur *La question des langues dans l'Eglise ancienne,* dont le tome I, Paris, 1948, a paru pendant l'impression de notre ouvrage.

17

La question des langues au temps de saint Basile et de saint Damase : G. Bardy, *La question des langues dans l'Eglise ancienne,* t. I, Paris, 1948, pp. 123 et suiv. Sur le vocabulaire trinitaire : G. L. Prestige, *God in Patristic Thought,* Londres, 1936.

18

L. Robert a attiré l'attention, en dernier lieu : *Bulletin épigr., REG.,* 1953, p. 201, nº 257, sur le fait qu'il y a souvent un lien entre l'emploi du grec dans les inscriptions et la profession de médecin, et cela dans tout l'Occident, Bretagne (*I. G.* XIV, 2547), Gaule (*I. G.* XIV, 2517), Afrique (ainsi : *R. Ph.* 65, 1939, pp. 166-172 : médecin militaire à Lambèse), Italie, Milan (*Epigraphica* 10, 1948, pp. 62-68), sans parler de Rome où l'on a une trentaine de médecins de langue grecque (*R. Ph.* 65, 1939, pp. 172-173; *Hellenica* 2 (1946), pp. 105-108).

19

Qualité médiocre de l'hellénisme rémanent à Rome au IVe siècle : cf. P. Courcelle, *Les Lettres grecques en Occident,* pp. 4-5 (Symmaque n'est pas grand clerc en fait de grec), 37-115 (saint Jérôme n'a vraiment appris le grec qu'après sa conversion, en Orient; sa culture grecque offrira toujours « de graves lacunes »).

20

Sur les *Hermeneumata Pseudodositheana* (l'attribution au grammairien Dosithée, avancée par Cujas, est aujourd'hui abandonnée), cf. surtout le tome I du *Corpus Glossariorum latinorum* de G. Gœtz, Leipzig-Berlin, 1923, pp. 17-23; les *Hermeneumata* sont édités au tome III, 1892.

Aux recensions éditées par Gœtz, ajouter le manuel trilingue, latin-grec-copte, publié par W. Schubart (ap. *Klio,* XIII (1913), pp. 27-38) d'après un papyrus du Ve ou plutôt du VIe siècle, qui nous offre un fragment de dialogue familier, très voisin de celui de la recension de Montpellier (cf. G. Esau, ap. *Philologus,* 73, 1914-1916, pp. 157-158).

La sixième section de ces *Hermeneumata,* la « généalogie d'Hygin », est datée par son explicit du 11 septembre 207 (III, 56, 30-34); on peut admettre (cf. Gœtz, I, 18) que l'ensemble date à peu près du même temps. Le problème est de savoir si ces manuels ont été composés en pays grec ou latin (les auteurs qui les ont cités ont souvent résolu ce problème, soit dans un sens, soit dans l'autre, sans vraiment l'examiner) : Gœtz (cf. I, 18) adopte la première hypothèse *(in usum Graecorum qui Latine scire vellent compositus)* et je serais porté à lui donner raison : l'élocution a quelque chose de plus naturel dans le texte grec, le latin en paraît une traduction; la présence d'un petit traité juridique, *De manumissionibus,* d'un vocabulaire juridique (recension de Montpellier : III, 336, 29 s.) s'explique mieux ainsi.

KRUMBACHER (*De codicibus quibus Interpretamenta Pseudodositheana nobis tradita sunt,* Munich, 1883) suppose que la recension de Munich pourrait avoir été rédigée à, ou pour, Antioche (à cause de la liste des noms de mois antiochiens qu'elle présente).

Mais seule la recension de Leyde se présente comme destinée uniquement à la clientèle grecque (III, 30, 31 s. : « utile aux amateurs de la langue latine... »), les autres s'offrent indifféremment aux deux usages : elles s'adressent à « tous ceux qui veulent parler grec et latin » (III, 94, 21; 223, 5; 644, § 1; 654, § 1; la recension vaticane ne parle que d'un élève qui aspire à apprendre le grec, III, 421, 11, mais L. TRAUBE a montré, ap. *Byzantinische Zeitschrift,* III, p. 605, qu'elle est l'œuvre tardive d'un moine irlandais) et la présence dans nos bibliothèques de nombreux manuscrits, dont les plus anciens remontent aux IXe et Xe siècles, atteste que ces manuels ont circulé en Occident.

La présente note ne fait qu'esquisser un sujet qui a été traité de main de maître par A. Bataille dans sa communication aux Sociétés des Etudes Grecques et Latines du 18 avril 1964 : *Glossaires gréco-latins sur papyrus* dans *Recherches de Papyrologie,* IV, p. 161-169 : sur 41 glossaires, manuels de conversations, traductions juxtalinéaires de classiques, 33 paraissent avoir été faits pour des Grecs apprenant le latin (nous sommes dans l'Egypte du Bas-Empire!), 5 pour des Occidentaux apprenant le grec, 3 restent indéterminés.

21

Etude des classiques latins dans les écoles d'Egypte aux IVe-Ve siècles : C. H. MOORE, *Latin Exercises from a Greek Schoolroom,* ap. *Classical Philology,* XIX (1924), pp. 317-328; H. GERSTINGER, ap. *Wiener Studien,* LV (1937), pp. 95-106, et le compte rendu de la *Chronique d'Egypte,* 27 (1939), pp. 181-182; ajouter O. GUÉRAUD-P. JOUGUET, *Papyrus Fouad I,* 5; R. REMONDON, *A propos d'un papyrus de l'Enéide,* ap. *The Journal of juristic Papyrology,* IV, 1950, pp. 239-251; nous avons renvoyé dans le texte au *P. Colt-Nessana* 1. Voir d'autre part en général : P. COLLART, *Les papyrus littéraires latins,* dans *R. Ph.* 1941, pp. 112-128.

22

Je signale pour mémoire, et en attendant de meilleures études à ce sujet (bien négligé jusqu'ici), une autre technique, elle aussi promise à un bel avenir au Moyen Age : Dosithée a traduit, sans doute pour servir de texte de base à des Latins voulant apprendre le grec, ligne par ligne, une grammaire latine en grec (vers 300) : KEIL, *Grammatici Latini,* t. VII, pp. 95 s.; cf. SCHANZ, *Geschichte der römische Literatur,* t. IV, 1, § 836. Qu'on ait effectivement utilisé dans l'enseignement de telles grammaires bilingues est attesté par l'existence de papyrus comme *P. Louvre Eg.* 7332 : v. E. A. LOWE, *Codices Latini Antiquiores,* V, nº 697; C. WESSELY, *Wiener Studien,* 8, 1886, pp. 218-221. Il faudrait examiner si cet usage n'a pas contribué à faire descendre la grammaire de l'empyrée théorétique où l'avait située son fondateur Denys le Thrace pour l'aiguiller vers un exposé plus concret de la pratique de la langue : mais c'est à tort que j'avais pensé apercevoir une telle influence dans l'enseignement de Priscien; s'il consacre deux livres (L. 17-18) de sa grande grammaire à l'étude de la syntaxe, il ne fait qu'imiter ses maîtres grecs Apollonios Dyscole et Herodien (cf. mon *Saint Augustin,* 2e éd., p. 703, ad, p. 14).

IV-VI. LES ÉCOLES ROMAINES

1

La distinction des trois degrés de l'enseignement ne s'est pas toujours traduite dans la pratique de façon rigoureuse : (a) à l'origine (SUET., *Gram.,* 4, 3), et même encore au temps de Cicéron (*ibid.,* 7, 2), les degrés supérieurs sont encore mal différenciés, et comme, dans les écoles hellénistiques de Rhodes, le même professeur enseigne à la fois grammaire et rhétorique; (b) la même confusion paraît s'observer en Gaule, à la fin du IVe siècle, quand commence à s'effriter la structure sociale de l'Empire : le nécrologe des professeurs bordelais d'Ausone nous fait connaître avec assez de précision l'ensemble du personnel enseignant du temps de la jeunesse du poète; on y rencontre un Nepotianus qui a été à la fois grammairien et rhéteur (AUS., *Prof.,* 15). Il y a même parfois confusion entre le métier d'instituteur et celui de grammairien (*ibid.,* 21, 4-6). Ausone lui-même nous dit avoir successivement exercé les trois degrés, primaire (*Protrept.,* 67-69), secondaire (*ibid.,* 70-72) et supérieur (*ibid.,* 73 s.).

2

Le mode de vie de la noblesse romaine imite celui des princes hellénistiques : cf. P. GRIMAL, *Les Jardins romains,* pp. 226-229, commentant VITR., VI, 7, 10 : les vastes péristyles, les parcs, imités des jardins royaux d'Orient, font partie du décorum de l'aristocratie romaine.

3

Nombre des esclaves dans les grandes maisons romaines : voir les inductions de J. CARCOPINO, *La Vie quotidienne à Rome à l'apogée de l'Empire,* pp. 89-93, 323 (n. 23-26) : dès le Ier siècle avant Jésus-Christ, on cite le cas d'un nouveau riche (un affranchi) qui en possédait 4116 (PL., *N. H.,* XXXIII, 135); l'empereur a pu en posséder jusqu'à 20.000 (chiffre fourni par ATH., VI, 104, et appliqué par J. Carcopino à la maison impériale); cf. encore L. FRIEDLÄNDER, *Sittengeschichte Roms* [10], II, pp. 369-372; IV, pp. 16-17.

4

L'éducation des esclaves romains : S. L. MOHLER, *Slave Education in the Roman empire, Transactions of the American Philological Association,* 1940, pp. 262-280; tout l'essentiel est déjà dans l'article *Paedagogium* d'O. NAVARRE, ap. DAREMBERG-SAGLIO, IV, 1, pp. 271 b-272 a; cf. aussi W. ENSSLIN, ap. PAULY-WISSOWA, XVIII, 2, c. 2204-2205, s. v. *Paedagogiani,* et pour l'interprétation des fouilles du *Paedagogium Palatini,* plus complexe que ne supposait Navarre, cf. *ibid.,* s. v., c. 2205-2224 (H. RIEMANN).

5

Le pédagogue à Rome, cf. s. v. les articles d'O. NAVARRE, ap. DAREMBERG-SAGLIO, IV, 1, p. 273 ab, s. v. *Paedagogus,* et d'E. SCHUPPE, ap. PAULY-WISSOWA, XVIII, 2, c. 2380-2385, s. v. *Paidagogos;* R. BOULOGNE, *De plaats van de paedagogus in de romeinse cultuur,* Dissert. Groningen, 1951, et mes observations ap. *Gnomon,* 1951, pp. 460-461.

6

A propos du latin Ludus, voir sous ce titre la note d'A. YON, *Mélanges Alfred Ernout* (Paris, 1940), pp. 389-395 : il n'est pas sûr que le mot ait été, comme le veut Festus, choisi par antiphrase « pour ne pas faire peur aux enfants » : *ludus* signifierait à l'origine « activité conçue en dehors de toute fin pratique », qu'elle fût libre (= jeu) ou dirigée (= exercice, scolaire ou autre).

7

Ecoles dans les boutiques du Forum : à Rome, basilique des *Argentarii* au forum de César : cf. M. DELLA CORTE, *Le Iscrizioni graffitte della basilica degli Argentari sul foro di Giulio Cesare, Bulletino della Commissione Archeologica Comunale di Roma,* LXI (1933), pp. 111-130 (dont je ne saurais suivre jusqu'au bout les hypothèses, de plus en plus risquées : les *graffitti,* surtout virgiliens, permettent bien de supposer que la boutique où on les lit ait servi de salle de classe, mais non d'identifier le maître qui y enseignait).

A Pompéi : la peinture bien connue du Musée de Naples (REINACH *R. P. G. R.,* 255, 3), représentant une scène de fustigation dans une école, fait partie de toute une série (*ibid.,* 249, 253, 255, 5) consacrée à des scènes du forum : le portique de celui-ci apparaît au second plan (O. ELIA, *Pitture murali e mosaici nel Museo Nazionale di Napoli,* n°s 282-286, 291).

8

La chaire du maître est surélevée sur une estrade : cf. la belle stèle du *magister ludi litterari* Philocalus (DESSAU, 7763), au musée de Naples, que j'ai publiée dans ma petite thèse, Μουσικὸς 'Ανήρ, *Etude sur les Scènes de la Vie intellectuelle figurant sur les Monuments funéraires romains,* 2e éd. Roma 1964, pl. II (dans le texte, p. 47, j'ai daté ce monument du IIe siècle : à tort, comme me le fit observer M. A. Piganiol : la coiffure de la figure féminine à droite, qui rappelle celle de certains portraits de Julie, nous reporte avec certitude au temps d'Auguste).

9

Salaire du maître d'école : l'article de R. P. ROBINSON, *The Roman school-teacher and his reward, Classical Weekly,* XV (1921), pp. 57-61, traite surtout de la situation des grammairiens et des rhéteurs. En ce qui concerne le *ludi magister,* les témoignages antiques un peu précis se révèlent d'interprétation délicate. La rétribution scolaire aurait été, du temps de la jeunesse d'Horace, de 8 as par élève et par mois (*S.* I., 6, 75), si du moins on lit *octonos referentes Idibus aeris,* « payant aux Ides huit pièces de bronze », avec les manuscrits DERay. D'autres manuscrits (MFLou) portent : *octonis referentes Idibus aera,* « payant aux Ides, huit fois par an, un as » (cf. MART., X, 61, 6-11 : l'année scolaire romaine comptait en effet huit mois). Ce chiffre est celui que nous fournit, au IIe siècle, Juvénal : *Uno parcam colit asse Mineruam* (X, 116). Mais n'y a-t-il pas là une exagération comique ? Le salaire normal d'un ouvrier romain était d'un denier (10 as) par jour. Même à 8 as par élève et par mois, il faut à l'instituteur une classe de plus de 30 enfants pour s'assurer un revenu satisfaisant (T. FRANK dit à tort 80, ap. *An Economic survey of ancient Rome,* t. I, *Rome and Italy of the Republic,* Baltimore, 1933, p. 382) : c'est peut-être déjà beaucoup trop pour la pédagogie antique; un chiffre huit fois supérieur dépasse les limites de la vraisemblance.

10

L. HALKIN, *Le Congé des Nundines dans les Ecoles romaines, Revue belge de Philologie et d'Histoire,* 1932, pp. 121-130, croit que les *nundinae* n'étaient pas chômées et n'entraînaient pas, par conséquent, de congé pour les écoles.

11

J'ai traduit par foulard les mots *palla,* ἀναβόλαιον : si notre texte appartenait aux Ie-IIer siècles, et non au IIIe, il serait plus normal de comprendre : « je drape mon manteau autour du cou », mais comme l'enfant ici enfile ensuite un autre vêtement de dessus, la *paenula,* je me demande si à cette date la *palla* ne s'est pas déjà réduite, comme le *pallium* des évêques chrétiens du VIe siècle, à un « long cache-nez » (cf. ma note sur *Les Deux Palliums de saint Césaire, Revue archéologique,* 1946, I, pp. 231-233).

12

Sur les *Disticha* du pseudo-Caton, cf. SCHANZ, *Geschichte der römische Literatur* (t. III), § 519-520 et les travaux récents de M. BOAS, qu'on trouvera énumérés dans l'*Année philologique ;* sur leur popularité au Moyen Age, *ibid.*, § 521; les anciennes traductions françaises ont été publiées par ULRICH, ap. *Romanische Forschungen,* XV (1903).

13

Il est difficile de se faire une idée précise de ce qu'était le *calculator* et sa clientèle. Le texte le plus détaillé que nous possédons à son sujet est l'*elogium* funèbre du *calculator* Melior, mort à Ostie en 144 après Jésus-Christ, dont on nous vante la mémoire et la science, et qui avait écrit des manuels, *commentarios,* de son art (DESSAU, 7755) : tout cela est bien vague. Les textes législatifs (*C. Just.*, X, 53, 4; *Dig.*, XXVII, 1, 15, 5; XXXVIII, 1, 7, 5; L, 13, 1, 6) n'en parlent que pour l'exclure des immunités concédées aux professeurs de l'enseignement secondaire et supérieur; leur énumération le met en rapport avec le maître d'école, mais plus étroitement encore avec de purs techniciens : *librarii* (copistes de livres), *notarii* (sténographes). De même MART., X, 62, 4; DIOCL., VII, 66-69; ISID., *Etym.*, I, 3, 1 (= AUG., *Ord.*, II, 12, (35), dont les manuscrits portent *calculonum* ou *calculorum*). Chez RUFIN (traduction d'ORIGÈNE, *In Num.*, 27, 13, p. 279, Baehrens), *calculatores* désigne non les maîtres, mais les élèves de l'enseignement primaire en tant qu'ils sont parvenus à l'étude des nombres.

14

Catomidiare : j'ai déjà renvoyé (ci-dessus, n. 7) à la fresque de Pompei représentant le châtiment d'un écolier : la technique avait peut-être survécu à travers les siècles, si on en juge par la fresque de Benozzo Gozzoli, à Sant'Agostino de San Giminiano, illustrant l'enfance de saint Augustin.

15

Sur les lettres-modèles en buis cf. F. S. DÖLGER, ap. *Antike und Christentum,* t. III (1932), pp. 62-72.

Sur *les Gâteaux alphabétiques*, cf. la note de H. GAIDOZ, ap. *Mélanges Rénier* (*Bibliothèque de l'Ecole pratique des Hautes-Etudes,* fasc. 73), pp. 1-8; à propos de cet usage dans les écoles talmudiques de la France au Moyen Age, T. PERLOW, *L'Education et l'Enseignement chez les Juifs,* Paris, 1931, p. 47, n. 3.

16

Relâchement, — ou humanisation, de la discipline dans l'éducation romaine sous l'Empire : O. E. NYBAKKEN, *Progressive education in the Roman empire, Classical Journal,* 34 (1938-1939), pp. 38-42, qui reproduit en somme les mêmes faits que H. E. Burton, *The Elective system in the Roman schools,* même revue, 16 (1920-1921), pp. 532-535.

17

Femmes lettrées et femmes savantes dans la société romaine : L. Friedländer, *Darstellungen aus der Sittengeschichte Roms* [10], I, pp. 270-271, 296-302.

18

Salaire du grammairien : cf. l'article de Robinson cité *supra,* n. 9, et les inductions un peu laborieuses de E. Jullien, *Les Professeurs de Littérature dans l'ancienne Rome,* p. 178. Suétone, en dehors des 400.000 sesterces de revenu annuel qu'il attribue à Remmius Palaemon et L. Apuleius (*Gram.,* 23, 2; 3, 4), nous apprend qu'Auguste donnait 100.000 sesterces par an à M. Verrius Flaccus pour les leçons qu'il donnait à ses petits-fils, mais il avait d'autres élèves puisque *transiit in Palatium cum tota schola* (*Id.,* 17, 1). Juvénal (VII, 243, éclairé par les *Scholies* ad loc.) fournit pour son temps le chiffre de 500 sesterces par élève et par an.

19

400.000 sesterces, cens équestre, représente le capital suffisant pour vivre de ses rentes : cf. la brillante discussion de J. Carcopino, *La Vie quotidienne à Rome,* p. 87, fondée sur Juv., XIV, 322-329; IX, 140.

20

Sur Remmius Palaemon, cf. le travail, un peu aventureux de K. Barwick, *Remmius Palaemon und die römische Ars grammatica* (*Philologus, Suppl.,* XV, 2), Leipzig, 1922.

21

C. Lambert, *La Grammaire latine selon les Grammairiens latins du IVe et du Ve siècle, Revue bourguignonne publiée par l'Université de Dijon,* XVIII (1908), 1-2, et l'esquisse sommaire, que je reprends ici en la nuançant sur plus d'un point, que j'ai donnée dans mon *Saint Augustin et la Fin de la Culture antique,* pp. 11-17.

22

Optatif et subjonctif n'étaient distingués qu'au « futur » : futur de l'optatif, *utinam legam,* futur du subjonctif (notre futur antérieur), *cum legero* (Lambert, *op. cit.,* pp. 130, 138-139).

23

La syntaxe chez les grammairiens latins antérieurs à Priscien : Lambert, pp. 181 s.; Marrou, *Saint Augustin,* p. 14, n. 3.

24

Sur l'étude des idiotismes, voir toujours LAMBERT, pp. 189-192; sur celle de l'orthographe, *ibid.*, pp. 222-226 (et déjà QUINTILIEN, I, 7; J. COUSIN, *Etudes sur Quintilien,* I, *Sources,* pp. 65-69); sur les tropes et figures de mots, LAMBERT, pp. 216-219.

25

Sur l'étude des *vitia,* LAMBERT, pp. 205-214.

26

Cependant, il ne faut pas conclure (comme je l'avais fait trop unilatéralement dans mon *Saint Augustin,* pp. 13-14) que l'étude des *vitia* se réduit à celle des licences poétiques : le grammairien enseignait bien à son élève la « correction » du langage et présentait solécisme ou barbarisme comme une horreur, *foeditas,* à éviter (QUINTILIEN, I, 5, 5 s.; COUSIN, *Etudes sur Quintilien,* I, pp. 60-65).

27

Les classiques : A. VERGEEST, *Poetarum enarratio, Leraren en schoolauteurs te Rome van Cicero tot Quintilianus,* Dissert. de Nijmegen, 1950, et mon compte rendu, *Revue des Etudes Latines,* 1951, pp. 445-448.

Commentaires de Virgile : cf. le travail déjà ancien de E. THOMAS, *Scoliastes de Virgile, essai sur Servius et son Commentaire,* Paris, 1879, et l'ensemble de la littérature à laquelle renvoie N. I. HERESCU, *Bibliographie de la Littérature latine,* Paris, 1943, pp. 141-142 (ajouter PHILARGYRIUS, et à son sujet : G. FUNAIOLI, *Esegesi virgiliana antica, prolegomeni all'edizione del commento di G. Filargirio e di T. Gallo,* Milan, 1930).

28

Commentaire de Térence : cf. les indications groupées par J. MAROUZEAU dans l'*Introduction* à son édition de Térence (coll. « Budé »), t. I, pp. 19-20.

29

Le rhéteur ARUSIANUS MESSIUS a dédié aux consuls de l'an 395 son recueil d'*Exempla elocutionum* (= constructions grammaticales) *ex Virgilio, Sallustio, Terentio, Cicerone digesta per litteras* (KEIL., *Grammatici Latini,* t. VII, p. 449 s.) : CASSIODORE le cite sous le titre de *Quadriga Messii* (*Inst.*, I, 15, 7).

30

Signes utilisés pour la préparation de la lecture : LAMBERT, *Grammaire...*, pp. 42-44 : accents, quantité, liaison *(hyphen)* ou séparation *(diastole)* entre les syllabes qu'on pouvait êtres tenté de couper ou de lire mal à propos, ponctuations (*positurae :* point en haut, point en bas, point au milieu, marquant trois degrés, décroissants, de pause).

Les modernes ont beaucoup discuté sur l'usage que les Romains ont pu faire de la ponctuation : cf. en dernier lieu J. Andrieu, *Problèmes d'Histoire des Textes,* III, ap. *Revue des Etudes latines,* XXIV (1946), pp. 295-305. L'auteur conclut en réclamant à ce sujet de nouvelles études; je crois du moins pouvoir formuler une hypothèse précise, à titre de point de départ : l'usage de la ponctuation (et des autres signes diacritiques) relève non de l'édition, mais de la préparation, à l'intérieur de l'école, d'un texte pour la lecture. Surcharger un texte de ces signes s'appelait *codicem distinguere* (Keil, *Gram. Lat.*, V, 132, 1, Pomp.); un manuscrit ainsi « préparé » s'appelait *codex distinctus* (*Id.*, IV, 484, 26-27 : *cum sit codex emendatus distinctione, media distinctione, subdistinctione, dicitur tamen codex esse distinctus :* Ser[v]ius). Mais je ne crois pas qu'il existât de tels *codices distincti* en librairie : en fait, nous n'en avons pas conservé (la ponctuation de nos manuscrits est en effet plus récente et ne répond pas à un usage antique : elle est tout au plus carolingienne : J. Andrieu, *art. cit.*, p. 296, ad n. 1). On se souvient que nous avons rencontré en Egypte au moins une tablette « préparée » par un écolier, coupant les mots et séparant les vers (ci-dessus, p. 567, n. 14).

A côté de la ponctuation, les Latins connaissent aussi l'usage (d'origine étrusque : G. Nicolau, *Revue des Etudes indo-européennes,* Bucarest, 1938, pp. 85-88) de l'*interpunctio,* du point séparant les mots (dans les inscriptions les plus artistiques, le point se développe en *hedera distinguens*); mais l'usage n'en fut jamais général, ni dans l'écriture courante (comme on le voit par les papyrus, dont un certain nombre *seulement* sont *interpuncti*) ni dans l'épigraphie, et paraît bien ne jamais s'être étendu à l'édition littéraire proprement dite qui, nos manuscrits l'attestent, a toujours pratiqué la *scriptio continua.*

31

L'érudition dans la culture romaine, différenciée à partir de l'explication grammaticale : voir les deux chapitres de mon *Saint Augustin et la Fin de la Culture antique,* pp. 105-157.

32

Les *géomètres* dont l'existence est attestée par les textes législatifs (valables pour tout l'Empire, grec et latin) peuvent avoir été aussi bien des professeurs de mathématiques pures, s'adressant à cette minorité d'esprits d'élite qui n'a cessé de s'intéresser aux sciences, soit pour elles-mêmes, soit comme préparation à la philosophie, que des maîtres d'enseignement technique préparant notamment à la profession d'arpenteur (corriger en ce sens ma note, *Saint Augustin...*, p. 111, n. 1).

33

Aratos dans la culture romaine : cf. les *Aratea* de Cicéron, Germanicus, Avienus, sans parler d'autres traductions anonymes : cf. M. Schanz, *Geschichte der römischen Literatur,* IV, 1, p. 302; V. Buescu, éd. de

Cicéron, *Aratea* (*Collection d'éditions critiques de l'Institut roumain d'Etudes latines,* 1), Paris-Bucarest, 1941.

L'éducation libérale normale (le cas des futurs savants ou philosophes mis à part) ne connaît pas d'enseignement scientifique spécialisé (cf. toujours mon *Saint Augustin,* pp. 109-113, 226-227, 232). Les seuls témoignages en sens contraire sont ceux des biographies de l'*Histoire Auguste,* qui nous apprennent par exemple que le jeune Marc-Aurèle a reçu les leçons d'Andron pour la « musique » et la géométrie (*M. Aur.*, 2, 2 : on nous donne en même temps le nom de ses autres professeurs : *litterator,* maître de diction, grammairiens latins et grecs, rhéteurs...), qu'Hadrien était très compétent en arithmétique et géométrie, Sévère Alexandre en géométrie (*SHA., Hadr.,* 14, 8; *Alex. Sev.,* 27, 7). A supposer qu'on puisse se fier à ces témoignages, l'éducation d'un prince (Marc-Aurèle, distingué très tôt par Hadrien, qui le fait entrer à sept ans au collège des Saliens, a été élevé en prince héritier) a quelque chose d'exceptionnel : il est entendu que l'empereur, cet homme parfait, doit réaliser, dans sa plénitude, l'idéal de la culture (ci-dessus, p. 587 n. 15).

D'autre part, s'il a existé, cet enseignement n'a pu se donner qu'en grec : la science, je l'ai dit, est restée, sous l'Empire, toute grecque. En fait de manuels scientifiques latins, nous ne trouvons, pour les mathématiques, que ceux de Varron, Apulée, Martianus Capella, Boèce et Cassiodore.

34

Salles de conférence en exèdre dans les forums romains : cf. mon article sur *La Vie intellectuelle au Forum de Trajan et au Forum d'Auguste,* ap. *Mélanges d'Archéologie et d'Histoire,* t. XLIX (1932), pp. 93-110. L'usage scolaire de ces salles est attesté pour Rome du IVe au VIe siècle. On pourrait le faire remonter à Hadrien en identifiant à la *Schola fori Traiani* l'*Athenaeum, ludus ingenuarum artium,* qu'Aurelius Victor nous dit avoir été fondé par cet empereur (XIV, 3), et sur lequel nous ne possédons guère de précisions : voir les textes rassemblés par F. Schemmel, ap. *Wochenschrift für klassische Philologie* (de Vienne), 1919, c. 91 s.; *Philologische Wochenschrift* (de Berlin), 1921, c. 982 s.; A. Pazzini, *L'Atheneum di Adriano e il « Capitolii Auditorium » (L'Università romana de l'Impero),* ap. *Capitolium,* IX, 1933, pp. 137-149.

35

L'idéal de la haute culture de l'orateur chez Cicéron : A. Gwynn, *Roman education from Cicero to Quintilian,* pp. 79-122; H. K. Schulte, *Orator, Untersuchungen über das Ciceronianische Bildungsideal, Frankfurter Studien zur Religion und Kultur der Antike herausgegeben von* W. F. Otto, t. XI, Francfort, 1935; A. Michel, *Rhétorique et philosophie chez Cicéron, essai sur les fondements philosophiques de l'art de persuader,* Paris, 1961; sur l'influence de Philon de Larissa, qui cherchait à surmonter dans une synthèse la distinction culture philosophique-culture oratoire, cf. H. VON ARNIM, *Leben und Werke des Dio von Prusa,* pp. 97 s.

36

Reprise, par Quintilien, de l'idéal cicéronien : cf. encore GWYNN, *Roman education,* pp. 185-200; J. COUSIN, *Etudes sur Quintilien,* I, *Contribution à la Recherche des Sources de l'Institution oratoire,* pp. 685 s.; G. G. BIANCA, *La pedagogia di Quintiliano,* Padoue, 1963 *(Pubblicazioni dell'Ist. Univ. di Magisterio di Catania).*

37

La rhétorique latine simple décalque de la rhétorique grecque : voir la démonstration détaillée que représente de cette thèse le gros volume cité ci-dessus de J. COUSIN; un bon exemple : pp. 191-195, le traitement du thème de l'éloge, que nous avons étudié chez les rhéteurs grecs.

38

La terminologie de Quintilien plus grecque que celle de la *Rhétorique à Herennius* et de Cicéron : cf. toujours de J. COUSIN, le tome II de ses *Etudes sur Quintilien : Vocabulaire grec de la Terminologie rhétorique dans l'Institution oratoire,* Paris, 1936, s. vv.

39

Les mêmes sujets passent des écoles grecques aux latines : cf. J. COUSIN, *Etudes sur Quintilien,* I, *Sources,* p. 727, n. 1 (sujets communs à Quintilien et Hermogène : source ? Hermagoras); *ibid.,* pp. 709-713 (sujets inspirés du droit grec); H. BORNECQUE, *Les Déclamations et les Déclamateurs d'après Sénèque le Père (Travaux et Mémoires de l'Université de Lille),* N. S., I, 1, Lille, 1902, pp. 75-76 (pour vingt-quatre de ses *Controverses,* Sénèque le Père nous a conservé des *sententiae* ou des *colores* de rhéteurs grecs qui s'étaient exercés sur les mêmes sujets); S. F. BONNER, *Roman Declamations,* Liverpool, 1945.

40

J'ai déjà pris la défense de la pédagogie antique ap. *Saint Augustin et la Fin de la Culture antique,* Paris, 1937, pp. 53-54, 83, en réaction contre le jugement traditionnel, toujours si sévère (ainsi : G. BOISSIER, *La Fin du Paganisme, Etudes sur les dernières Luttes en Occident au* IVe *siècle*[3], Paris, 1896, pp. 213-231); mes arguments n'ont pas réussi à convaincre J. CARCOPINO, *La Vie quotidienne à Rome à l'Apogée de l'Empire,* Paris, 1939, pp. 145-146 : *perseverare diabolicum... :* je récidiverai pourtant!

41

Thèmes de déclamation s'inspirant du droit romain réel : J. COUSIN, *Etudes sur Quintilien,* I, *Sources,* pp. 685-709; SUET., *Gram.,* 25, 6-7. De l'histoire romaine : SEN., *Contr.,* IV, 2; VII, 2; *Suas.,* 6-7; j'ai cité dans le texte Juv., VII, 160-164. Sans doute, même dans de tels sujets, il y a souvent une part d'imaginaire (cf. J. Carcopino, *La Vie quotidienne,* pp. 143-144), mais cela n'exclut pas les arrière-pensées actuelles : déclamer pour ou contre Cicéron ou Antoine (ainsi [Sall.], *Inv.*) a souvent été un moyen d'expression de l'*Opposition sous les Césars* (cf. le vieux livre de G. Boissier [Paris, 1875], nourri de l'expérience de notre Second Empire : c'est un recueil d'articles parus dans la *Revue des Deux Mondes* de 1867 à 1871); la police impériale ne s'y trompait pas : cf. le sort de Secundus Carrinas exilé par Caligula pour avoir déclamé contre les tyrans : DC., LIX, 20; Juv., VII, 204-205. Voir cependant aussi N. Deretani, *Le Réalisme dans les Déclamations, Revue de Philologie,* LV (1929), pp. 184-189.

42

H. Bornecque (*Les Déclamations et les Déclamateurs d'après Sénèque le Père,* Lille, 1902, p. 32) a retrouvé le sujet de quinze des déclamations de Sénèque repris dans le recueil des *Gesta Romanorum* (XIVe siècle).

43

La rhétorique conduit à la carrière d'avocat : cf. la thèse (juste, si toutes les démonstrations proposées ne sont pas probantes) d'E. J. Parks, *The Roman rhetorical schools as a preparation for the courts under the early empire* (*The Johns Hopkins University Studies in historical and practical science,* 62, 2), Baltimore, 1945, ou, mieux encore, P. Lanfranchi, *Il Diritto nei Retori Romani,* Milan, 1938.

44

L'enseignement du droit : F. P. Bremer, *Rechtslehrer und Rechtsschulen,* 1868; P. Collinet, *Etudes historiques sur le Droit de Justinien,* II, *Histoire de l'Ecole de Droit de Beyrouth,* Paris, 1925; M. Villey, *Recherches sur la Littérature didactique du Droit romain,* Paris, 1945.

45

Beyrouth, centre d'Affichage et de Dépôt des Constitutions impériales : cf. sous ce titre le mémoire de P. Collinet, ap. *Syria,* 1924, pp. 359-372.

VII. L'ŒUVRE ÉDUCATIVE DE ROME

1

Dépréciation de l'œuvre accomplie par la Rome impériale : cf. par exemple S. Pétrement, *Essai sur le Dualisme chez Platon, les Gnostiques et les Manichéens,* Paris, 1947, p. 158 : « ... la puissance romaine ayant définitivement vaincu les nations, les ayant soumises à un joug inébranlable, à une administration impassible, le monde était sans issue, sans espoir... L'Empire était comme un vaste éteignoir posé sur le monde; et en effet il a fini par tout éteindre... L'Empire romain fut comme une maladie qui s'abattit sur le monde, et il a fallu plus de mille ans pour s'en relever. » Je ne cite pas cet auteur pour son autorité, qui sur le plan proprement historique n'est pas considérable, mais comme témoin caractéristique d'un état d'esprit très répandu, notamment en France où s'est exercée profondément l'influence des partis pris anti-romains de C. JULLIAN (dont A. GRENIER a fort bien dégagé les racines dans son livre *Camille Jullian, un demi-siècle de science historique et de progrès français,* Paris, 1944).

Le point de vue que je présente ici est, par contre, défendu avec pertinence, en s'appuyant surtout sur la pensée des classiques latins du siècle d'Auguste, par C. N. COCHRANE, *Christianity and classical culture* [2], Londres, 1944, pp. 1-176.

2

L'apologie de Rome dans le discours XXVI (Keil) d'Ælius Aristide : cf. la précieuse analyse d'A. BOULANGER, *Ælius Aristide et la Sophistique dans la Province d'Asie au IIe siècle de notre ère,* Paris, 1923, pp. 347-362; 1-2. Autres témoignages appuyant celui d'Aristide, *ibid.,* p. 262.

3

Latinisation des provinces d'Occident : pour l'Espagne, cf. M. TORRES, dans R. MENÉNDEZ PIDAL, *Historia de España,* t. II, *España Romana,* pp. 287 s.; R. THOUVENOT, *Essai sur la Province romaine de Bettique,* Paris, 1940, pp. 188, 667-686.

Pour l'Afrique : S. GSELL, *Histoire ancienne de l'Afrique du Nord,* t. VI, Paris, 1927, pp. 117-118; VII, 1928, pp. 115-116, VIII, 1928, pp. 239-241.

Pour la Gaule : C. JULLIAN, *Histoire de la Gaule,* t. VI, Paris, 1920, pp. 104-115, 123-128; VIII, 1926, pp. 246-264.

Pour la Rhétie, F. STAEHELIN, *Die Schweiz in römischer Zeit,* 3e éd. Basel, 1948.

Pour la Pannonie : les travaux analysés par A. ALFÖLDI, *Studi Ungheresi sulla Romanizzazione della Pannonia,* dans *Gli Studi Romani nel mondo* (publ. par l'Istituto di Studi Romani), Bologne, 1935, t. II, pp. 265-283, et la synthèse rapide du même, ap. *Cambridge Ancient History,* t. XI, pp. 540-554.

4

Latinité de la Scythie mineure : R. VULPE, *Histoire ancienne de la Dobroudja,* ap. ACADÉMIE ROUMAINE, *Connaissance de la Terre et de la Pensée roumaines,* t. IV, *La Dobroudja,* Bucarest, 1938, *pass.;* H.-I. MARROU, ap. *Revue du Moyen Age latin,* t. I (1945), pp. 11-12, et spécialement sur les moines scythes, E. SCHWARTZ, *Acta conciliorum œcumenicorum,* t. IV, vol. 2, pp. V-XII.

5

Sur la culture classique en Grande-Bretagne, cf. R. G. COLLINGWOOD, ap. T. FRANK, *An Economical survey of ancient Rome,* t. III, pp. 65-

70; H. Dessau, *Ein Freund Plutarchs in England,* ap. *Hermès,* 1011, pp. 156-160. (Cf. R. Flacelière, dans son éd. de Plutarque, *Sur la Disparition des Oracles,* Paris, 1947, pp. 26-30, 268 : le grammairien Démétrios y était chargé d'une mission d'exploration scientifique.)

6

Survivance du « punique » dans l'Afrique romaine (mais les sources anciennes l'ont-elles toujours bien distingué du « libyque » ou berbère ?) : voir en dernier lieu M. Simon, « Punique ou berbère ? Note sur la situation linguistique dans l'Afrique romaine », *Recherches d'Histoire Judéo-Chrétienne,* Paris, 1962 (*Etudes Juives,* VI), p. 88-100, 200-201, où on trouvera citée et discutée la bibliographie antérieure; M. Simon tient pour la survivance du punique, contre les tenants de la thèse berbère (W. H. C. Frend, Chr. Courtois *et al.*).

7

Latinisation des classes populaires achevées en Gaule sous l'influence chrétienne; C. Jullian, *Histoire de la Gaule,* t. VIII, p. 267.

Un point de comparaison intéressant est fourni par l'histoire de la propagation du français d'oïl dans les pays d'oc (C. Jullian suggère le parallèle : pour lui, la situation du celtique à la fin de l'Empire serait analogue à celle du gascon au XVIIe siècle) : la propagande protestante qui, dans la plupart des pays, s'appuyait sur la langue commune, s'est, dans la France du Sud, servie du français et a indirectement travaillé aux progrès de celui-ci : cf. A. Brun, *Recherches historiques sur l'Introduction du français dans les Provinces du Midi,* Paris, 1923, p. 426.

8

Etudes de Virgile, cf. par exemple E. de Saint-Denis, *Vie de Virgile,* en tête de son édition des *Bucoliques* [2], Paris, 1942, pp. VII-XII, qui cependant néglige les données fournies par les papyrus d'Herculanum sur les rapports entre Virgile et l'école épicurienne de Campanie : cf. G. della Valle, *Tito Lucrezio Caro e l'epicureismo campano,* I [2], Naples, 1935, pp. 185 s., 254 s.

9

Carthage, centre d'études : cf. la brève note de F. Schemmel, *Die Schule von Karthago,* ap. *Philologische Wochenschrift,* t. 47 (1927), c. 1342-1344, et surtout A. Audollent, *Carthage romaine,* Paris, 1901, pp. 692-700; Lapeyre-Ferron, art. *Carthage* du *Dictionn. d'Hist. et de Géogr. eccl.*

10

C. Jullian, mû par ce sentiment, dangereux pour l'historien, qu'est le patriotisme de clocher (il a été professeur à Bordeaux de 1883 à 1905), a surfait l'importance des écoles de Bordeaux au IVe siècle : cf., outre son *Histoire de la Gaule,* t. VIII, pp. 260-263, son mémoire sur *Les Premières Universités françaises, l'Ecole de Bordeaux au IVe siècle,* ap.

Revue Internationale de l'Enseignement, t. XXV (1893), pp. 21-50, ou *Ausone et Bordeaux, Etude sur les derniers temps de la Gaule romaine,* Bordeaux, 1893. N'est-ce pas aussi l'optique « municipale » qui déforme en un sens optimiste l'exposé de R. ETIENNE, *Bordeaux antique* (dans : Ch. HIGOUNET, *Histoire de Bordeaux,* I), pp. 255-264, « Une ville universitaire »; v. la carte 18 très significative, p. 253.

En fait, le tableau que nous en retrace AUSONE (*Prof.*) donne l'impression d'un rayonnement surtout régional : que Bordeaux ait exporté des professeurs jusqu'à Constantinople (*Prof.*, 1, 4) ou attiré chez elle un maître sicilien (*ibid.*, 13) n'a rien d'exceptionnel : comme au haut-empire, le personnel enseignant circule beaucoup d'un bout à l'autre de la Méditerranée. En dehors d'Ausone, cf. SYMMAQUE, *Ep.*, XI, 88, qui a eu pour maître (sans doute à Rome) un *senex olim Garumnae alumnus,* IV, 34.

II

Sur Naples : M. DI MARTINO FUSCO, *Le Scuole e l'istruzione in Napoli dall' epoca greco-romana al Generale Studium,* ΜΟΥΣΕΙΟΝ (Naples), II (1924), pp. 65-99, 155-171, étude malheureuse et peu critique : accepte, sans en discuter l'authenticité ni la restitution, l'extraordinaire inscription du Lago Fusaro : *Aép.*, 1925, 119 (= *RIGI,* 1924, 152 s.), ***Eruditioni publicae, religionum contemptrici, gymnasia, collegia*** (un faux du XVIIIe siècle ?).

VIII. L'ÉTAT ROMAIN ET L'ÉDUCATION

I

Les formations de jeunesse dans l'Occident latin à l'époque impériale : voir surtout M. ROSTOWZEW, *Römische Bleitesserae, ein Beitrag zur Sozial- und Wirtschaftsgeschichte der römischen Kaizerzeit,* ap. *Klio, Beiheft,* III, 1905, pp. 59-93; *Storia economica et sociale dell' impero romano,* pp. 54, n. 4; 120, 125, 148, 268, 52; 379, n. 11; 501, et les travaux qu'il a inspirés : L. R. TAYLOR, *Seviri equitum Romanorum and municipal seviri, a study in pre-military training among the Romans,* ap. *Journal of Roman Studies,* t. 14 (1924), pp. 158-171; S. L. MOHLER, *The Juvenes and Roman education,* ap. *Transactions of the American philological society,* t. 68 (1937), pp. 442-479, et, d'autre part, M. DELLA CORTE, *Iuuentus, un nuovo aspetto della vita pubblica di Pompei finora inesplorato, studiato e ricostruito con la scorta dei relativi documenti epigrafici, topografici, demografici, artistici e religiosi,* Arpino, 1924; [H. G. PFLAUM], *Essai sur le Cursus Publicus sous le Haut-Empire romain,* ap. *Mémoires présentés par divers Savants à l'Académie des Inscriptions et Belles-Lettres,* t. XIV, Paris, 1940, pp. 214-217. J'ai, d'autre part, pu profiter d'une étude encore inédite de mon élève P. GINESTET, qui m'a incité à atténuer, malgré l'opinion contraire de Rostovtsev et de della Corte, le caractère pré-militaire de l'institution, du moins pour les *collegia* italiens. Pour l'histoire de la *Iuuentus* en Afrique, cf. L. LESCHI,

Les « Juvenes » de Saldae d'après une inscription métrique, dans *Revue Africaine,* 1927, nº 333, et les découvertes récentes de Maktar : G. CH. PICARD *Civitas Mactaritana* (=*Karthago,* 8), Paris 1957.

2

Origine indo-européenne de la catégorie romaine de *iuuenes* : G. DUMÉZIL, *Jeunesse, Eternité, Aube : Linguistique comparée et Mythologie comparée indo-européenne,* ap. *Annales d'Histoire économique et sociale,* t. X (1938), pp. 289 s., et surtout 290-298.

3

Sur la *sodalitas* des jeunes filles de Tusculum, cf. la polémique entre A. ROSEMBERG, *Nochmals Ædilis Lustralis und die Sacra von Tusculum,* ap. *Hermès,* t. 49 (1914), pp. 253-272, et O. LEUZE, *ibid.,* pp. 116-118.

4

Dig., XLVIII, 19, 28, 3 (Callistrate) : ce texte vise à réprimer l'agitation dont les jeux des *iuuenes* sont l'occasion. Sans doute, nous savons à quels excès des foules italiennes pouvaient se porter lors des fêtes : on se souvient de la rixe sanglante qui eut lieu, en 59, à l'amphithéâtre de Pompéi, entre Pompéiens et Nucériens (TAC., *Ann.,* XIV, 17). Néanmoins, ici, l'extrême sévérité des peines envisagées (en cas de récidive, la peine de mort), une allusion à « la recherche de la popularité » semblent bien indiquer que les Sévères ont en vue autre chose que le simple maintien de l'ordre; cette loi doit avoir eu une portée non de simple police, mais bien politique.

5

Sur la *schola* de la *Iuuentus* pompéienne (Pompéi, Reg. III, ins. 3, nº 6), cf. DELLA CORTE. *Iuuentus,* pp. 60-71. Un bas-relief du musée de Klagenfurt nous a conservé une représentation d'un défilé équestre de la *Iuuentus* de *Virunum* : R. EGGER, *Eine Darstellung des Lusus iuuenalis,* ap. *Jahreshefte* de l'Institut archéologique autrichien, t. XVIII (1915), pp. 115-119.

6

Sur la politique scolaire de l'empire romain, le livre de base (bien dépassé pourtant) reste celui de C. BARBAGALLO, *Lo Stato e l'istruzione pubblica nell' impero romano,* Catane, 1911; cf. aussi : H. S. HADLEY, *Ueber das Verhältnis von Staat und Schule in der römischen Kaizerzeit,* ap. *Philologus,* 1920, pp. 176-191; R. HERZOG, *Urkunden zur Hochschulpolitik der römischen Kaiser,* ap. *Sitzungsberichte* de l'Académie des Sciences de Berlin, *Phil.-Hist. Klasse,* 1935, pp. 967-1019 (son interprétation d'une inscription de Pergame, *ibid.,* p. 968, qui sert de centre à cette étude, a été contestée par H. BARDON, *Les Empereurs et les Lettres latines d'Auguste à Hadrien,* Paris, 1940, p. 301; cf. encore M. A. LEVI, *Gli Studi Superiori nella politica di Vespasiano,* dans *Romana (Rivista dell' Istituto Interuniversitario Italiano),* t. I, 1937, pp. 361-367).

7

Pas de magistrature spéciale pour l'inspection des écoles : tout au plus l'empereur, agissant en vertu de la puissance censoriale, prend-il quelquefois des mesures de police concernant les professeurs : ainsi Vespasien en 72 (DC., LXVI, 13), Domitien en 93-95 (SUET., *Dom.,* 10, 5; TAC., *Agr.,* 2) expulsent de Rome les philosophes suspects de propagande subversive (ce qui n'était pas imaginaire, vu le rôle que jouaient les idées cynico-stoïciennes dans l'inspiration de l'opposition sénatoriale), mais il s'agit moins de l'enseignement de la philosophie que du rôle de directeur de conscience et de conseiller privé que jouaient les philosophes domestiques auprès des grands.

Inutile, d'autre part, de s'attarder à corriger le contresens de BARBAGALLO (*Lo Stato e l'istruzione pubblica,* p. 32) qui voyait dans le procurateur *a studiis* une sorte de ministre de l'éducation nationale : O. HIRSCHFELD (*Verwaltungsbeamten bis auf Diokletian*[2], Berlin, 1905, pp. 332-334) a bien montré que l'*a studiis* dirige le bureau des études préliminaires de l'administration centrale. L'erreur de Barbagallo s'explique, si elle ne s'excuse, par une double série de faits : (a) le titre *a studiis* est rendu en grec par ἐπὶ παιδείας : *IGR.*, I, 136; *IG.*, XIV, 1085; *Aép.*, 1915, 51; (b) avant de recevoir la procuratèle *a studiis,* le même fonctionnaire a souvent eu à gérer celle des bibliothèques : *IGR.*, I, 136; *IG.*, XIV, 1085.

8

Outre les immunités municipales, les professeurs ont reçu d'autres faveurs, comme celle de voir leurs procès en revendication d'honoraires évoqués directement devant les gouverneurs de provinces : *Dig.,* L, 13, 1.

9

Nombres de chaires créées par Vespasien à Rome : Philostrate parle plusieurs fois de la chaire de rhétorique grecque, toujours au singulier, « la chaire de Rome », ὁ κατὰ Ῥώμην θρόνος (*V. S.,* II, 8, 580; II, 33, 627); « la chaire supérieure », ὁ ἄνω θρόνος (*ibid.,* II, 10, 589).

Cette expression me paraît éclairer celle de *procurator centenarius primae cathedrae* que nous lisons sur une inscription latine (DESSAU, 9020) : *prima cathedra* s'oppose, je pense, aux chaires du reste de l'empire, non à d'autres chaires romaines n° 2, 3..., qui ne sont jamais attestées. L'inscription est dédiée par le conseil municipal de Sicca Veneria en Afrique; elle paraît dater du début du IIIe siècle : fait intéressant qui atteste que les traitements n'avaient pas varié depuis Vespasien; *trecenarius a declamationibus Latinis* grade que reçoit, en fin de carrière, un juriste, africain également, contemporain de Papinien : *Année épigraphique,* 1932, 34, il s'agit du rédacteur des discours impériaux, non d'un professeur de rhétorique.

10

Combien Marc-Aurèle a-t-il fondé de chaires de philosophie à

Athènes ? Huit, dit-on souvent (à la suite de H. AHRENS, *De Atheniensium statu politico,* p. 70), deux par secte, à cause d'un texte de LUCIEN qui parle du « second » professeur de philosophie péripatéticienne (*Eun.*, 3, 8), mais n'est-ce pas tirer beaucoup d'un texte isolé, et qui peut avoir un autre sens (le « second » en date ?) : on tirerait d'un texte d'EUNAPE (*Prob.*, p. 487), en appliquant le même raisonnement, l'hypothèse qu'il existait six chaires officielles de rhétorique à Athènes au IVe siècle, ce qui n'est certainement pas.

11

Sur les institutions alimentaires, F. DE PACHTÈRE, *La Table hypothécaire de Veleia, Bibliothèque de l'Ecole des Hautes-Etudes,* fasc. 228, Paris, 1920 (et à son propos, J. CARCOPINO, *Revue des Etudes anciennes,* t. 23, 1921, pp. 287 s.; M. BESNIER, *ibid.,* t. 24, 1922, pp. 118 s.); M. ROSTOVZEV, *Storia economica e sociale dell'impero romano,* pp. 412-413; pl. LXVIII, 3; LXX (d'après W. SESTON, *Les Anaglypha Traiani du Forum romain et la politique d'Hadrien en 118,* ap. *Mélanges d'Archéologie et d'Histoire,* t. 44, 1927, pp. 154-183).

12

Y a-t-il eu à Athènes, à partir de Marc-Aurèle, deux chaires officielles de rhétorique, l'une de fondation municipale (premier titulaire, Lollianos : PHILSTR., *V. S.*, I, 23, 526), l'autre impériale (premier titulaire, Théodote) ? Je ne crois pas : l'hypothèse la plus simple est que l'origine seule des fonds, et peut-être le chiffre du traitement, a changé (Philostrate dit simplement, à propos de Théodote, *V. S.*, II, 2, 566, qu'il fut « le premier à toucher les 10.000 drachmes de l'empereur »); le mode de nomination laissait la chaire à la disposition de la cité et on s'explique que le même Philostrate ait parlé, à propos d'Apollonios, qui vivait au temps de Septime-Sévère, de « la chaire municipale », ὁ πολιτικὸς θρόνος (*V. S.*, II, 20, 600), sans qu'il faille imaginer qu'il l'oppose à une chaire « impériale » dont rien n'atteste par ailleurs l'existence distincte.

13

A Antioche, Libanios a commencé, en 354, par enseigner à titre privé (*Or.*, I, 101) puis, après la mort de son confrère Zenobios (354-355), il a succédé à celui-ci dans l'une des cinq chaires municipales d'éloquence (*Or.*, I, 104-105; *Ep.*, 847; *Or.*, XXXI, 14; 19). Tout son *Discours XXXI, Pro rhetoribus,* est bien instructif sur les rapports, quelquefois difficiles, entre ces professeurs et la cité.

Sur la carrière professorale de Libanios, si mouvementée et par suite si instructive pour nous, qu'il me suffise de renvoyer à la thèse de P. PETIT, *Les étudiants de Libanius (Etudes Prosopographiques,* 1), Paris, 1956; cf. son *Libanius et la vie municipale à Antioche,* Paris, 1954, et l'autobiographie de Libanios lui-même (*Or.*, I), traduite en français par L. PETIT, *Essai sur la Vie et la Correspondance du sophiste Libanios,* Paris, 1886, pp. 171-273.

14

C. Theod., XIII, 3, 5 : la mesure prescrite par Julien paraît avoir une portée très générale : ce ne sont pas seulement les titulaires de chaires municipales, mais tous les professeurs qui devront être approuvés par un décret de la curie locale : il s'agit donc moins pour celle-ci de procéder à des nominations que de délivrer une véritable *licentia docendi.*

15

Loi de Gratien sur le traitement des professeurs gaulois (*C. Theod.,* XIII, 3, 11) : elle a bien pu être inspirée par Ausone, même si celui-ci n'est pas encore à cette date revêtu de la préfecture du prétoire : A. PIGANIOL, *L'Empire chrétien,* 2e éd. Paris, 1972, p. 357, n. 6, trouve « téméraire » la conjecture de SCALIGER et de J.-R. PALANQUE (*Essai sur la Préfecture du Prétoire du Bas-Empire,* Paris, 1933, p. 49) qui corrige en *Ausonio* l'adresse *Antonio ppo. Galliarum* de cette loi.

Le texte prévoit que les émoluments seront payés *e fisco :* la suite *(nec uero iudicemus liberum ut sit cuique ciuitati suos doctores et magistro placito sibi iuuare compendio)* montre que l'expression doit s'entendre du budget communal et non du trésor impérial, comme il semblerait d'abord (cf. dans le même sens, C. JULLIAN, *Histoire de la Gaule,* t. VIII, p. 249, n. 1, et déjà GODEFROY, *ad loc.,* mais *contra* St. F. BONNER, AJPH., 1965, pp. 124-135).

16

La constitution du 27 février 425 a-t-elle créé une Université d'Etat à Rome en même temps qu'à Constantinople ? Il ne semble pas : qu'elle soit signée des deux empereurs Théodose II et Valentinien III ne fait que répondre à la fiction légale de l'unité du collège impérial et ne signifie nullement que Valentinien III, qui gouverne l'Occident, compte l'appliquer de son côté; qu'elle figure au *Code Justinien* (XI, 19) sous la rubrique *De studiis liberalibus urbis Romae et Constantinopolis,* s'explique par une survivance du *Code Théodosien* dont le titre XIV, 9, qui porte la même rubrique, réunit en fait cette constitution de 427 (XIV, 9, 2) à la loi de Valentinien I de 370 (XIV, 9, 1) sur la police des étudiants de Rome. Le texte de la loi de 427 ne fait allusion qu'à l'université de Constantinople, désignée par l'indication topographique précise *Capitolii auditorium,* qui n'a de sens que pour Constantinople (cf. *C. Theod.,* XV, 1, 53).

La *Pragmatique Sanction* nous montre d'autre part qu'au moins sous Justinien l'enseignement supérieur officiel, à Rome, a une composition différente de celui de Constantinople (il comprend des professeurs de médecine, et par contre n'en possède pas de philosophie : JUST., *Nov., App.* 7, 22).

C'est la mesure concernant le titre de comte octroyé aux professeurs émérites (loi du 15 mars 425 : *C. Theod.,* VI, 21, 1 = *C. Just.,* XII, 15,

1) qui a été appliquée à Rome au même titre qu'en Orient, comme le montre l'inscription du sarcophage du *rhetor urbis aeternae* Fl. Magnus (DESSAU, 2951) *cui tantum ob meritum suum detulit senatus amplissimus ut sat idoneum iudicaret a quo lex dignitatis inciperet,* si du moins on accepte de ce texte vague l'interprétation proposée par DE ROSSI, ap. *Bulletino di archeologia cristiana,* t. I (1863), p. 15.

17

Intérêt croissant porté par les empereurs du Bas-Empire aux choses de l'éducation, cf. par exemple les remarques d'A. ALFÖLDI sur la politique de *Valentinien Ier, le dernier des grands Pannoniens,* ap. *Revue d'histoire comparée* (Budapest), t. III, 1946, reprises et développées dans *A conflict of ideas in the late Roman Empire, the Clash between the Senate and Valentinian I,* Oxford, 1951.

18

Sur les châteaux des nobles du Bas-Empire, cf. R. PARIBENI, *Le Dimore dei Potentiores nel Basso Impero,* ap. *Römische Mitteilungen,* 1940, pp. 131-148. La continuité des traditions aristocratiques est en particulier bien visible en Afrique où de belles mosaïques nous documentent sur la vie à la campagne des grands propriétaires, du IIe siècle à l'époque vandale : cf. par exemple les planches de M. ROSTOVZEV, *Storia... dell'impero romano,* pl. LXII; 1, LXXVIII, 1; LXXX.

19

La société lettrée de la Gaule du Ve siècle : cf. A LOYEN, *Sidoine Apollinaire et l'esprit précieux en Gaule aux derniers jours de l'Empire,* Paris, 1943, et mes observations ap. *Revue du moyen âge latin,* t. I (1945), pp. 198-204.

20

Virgile au Bas-Empire, et notamment dans le milieu de Macrobe : D. COMPARETTI, *Virgilio nel medio evo,* I², Florence, 1937, pp. 66 (de la première édition) s. et surtout 84-93.

21

Humanisme contre technicité : il y a bien, au Bas-Empire, une certaine aspiration vers une culture plus technique, mais elle est suffoquée par l'humanisme traditionnel qui domine : cf. le curieux témoin qu'est l'*Anonymus de rebus bellicis :* E. A. Thompson, *A Roman Reformer and Inventor,* Oxford, 1952, qui fait penser par instant à Léonard de Vinci; et de façon générale les faits soulignés peut-être avec un peu de complaisance par A. PIGANIOL, *Histoire romaine,* t. IV, 2, p. 390 : « Progrès des techniques ».

22

L'histoire de la sténographie antique n'est pas encore pleinement élucidée : cf. WEINBERGER, ap. PAULY-WISSOWA, XI, 2 c. 2217-2231; s. v. *Kurzschrift ;* les autres articles du Pauly-Wissowa qui concernent le sujet sont très insuffisants : s. vv. *Exceptor* (VI 2, 1565-1566, FIEBERGER), Ταχυγραφία', (II R., IV, 2, c. 1926; WEINBERGER), *Tribunus n° II* (*tribunus et notarius,* II R., VI, 2, c. 2453-2455 ; LENGLE), *Notarius* (*Suppl.*, VII, c. 586, W. MOREL), de même que l'article *Notarius* du DAREMBERG-SAGLIO, IV, 1, pp. 105 b-106 a (C. LÉCRIVAIN).

Sur la sténographie grecque, H. I. M. MILNE, *Greek Shorthand Manuals, Syllabary and Commentary, edited from papyri and waxed tablets in the British Museum and from the Antinoë papyri in the possession of the Egypt Exploration Society,* Londres, 1934; A. MENZ, *Zwei tachygraphische Papyri der Sammlung Ibscher,* dans *Byzantinische Zeitschrift,* 43 (1950), pp. 1-9; J. BOUSQUET, *L'Inscription sténographique de Delphes, BCH.* 80 (1956), pp. 19-32.

La sténographie latine (notes tironiennes) est, techniquement, mieux connue : W. SCHMITZ, *Commentarii Notarum Tironianarum,* 1893; E. CHATELAIN, *Introduction à la lecture des Notes tironiennes,* Paris, 1900. A. MENTZ, *Die Entstehungsgeschichte der römischen Stenographie,* ap. *Hermès,* t. LXVI (1936), pp. 369-386; *Drei Homilien aus der Karolingerzeit in tironischen Noten* (*Quellen zur Geschichte der Kurzschrift,* II), Bayreuth, 1942.

Mais ce qui nous manque surtout c'est une histoire du rôle joué par la sténographie et les sténographes dans la vie administrative, littéraire et ecclésiastique de l'empire romain : cette histoire serait passionnante à retracer : en attendant, on trouvera bien des amorces de la recherche à entreprendre dans de nombreuses notes de l'*Archiv für Stenographie,* ainsi : en particulier pour le rôle de la sténographie dans l'église, D. OHLMANN, *Die Stenographie im Leben des hl. Augustin,* t. 56 (1905), pp. 273-279, 312-319; E. PREUSCHEN, *Die Stenographie im Leben des Origenes, ibid.,* pp. 6-14; A. WICKENHAUSER, *Beiträge zur Geschichte der Stenographie auf den Synoden des vierten Jahrhunderts n. Chr.,* t. 59 (1908), pp. 4-9, 33-39; *Kleine Beiträge zur Geschichte der antiken Stenographie,* t. 62 (1911), pp. 1-6, 57-64; cf. aussi R. DEFERRARI, *The Presence of notarii in the Churches to take down sermons when they were being delivered,* ap. *American Journal of Philology,* 1922, pp. 106-110; A. COMEAU, *Sur la transmission des Sermons de saint Augustin,* ap. *Revue des Etudes latines,* t. X (1932), p. 422; A. MENTZ, *Ein Schülerschrift mit altgriechischen Kurzschrift : neuen Wachstafeln des Instituts für Altertumswissenschaft Robertinum zu Halle (Saale)* (*Quellen zur Geschichte der Kurzschrift,* I), Bayreuth, 1940 (Egypte, VIe-VIIe siècle; contient une transcription de plusieurs textes de saint Paul); J. LALLEMAND, *Une pétition au tachygraphe du bureau du « praeses » d'Arcadie, P. Lond. 2231,* dans *Chronique d'Egypte,* 37 (1952), pp. 205-209. Enfin, on trouvera beaucoup de textes suggestifs rassemblés par A. J. FESTUGIÈRE, *Antioche païenne et chrétienne,* Paris, 1959, pp. 92, 106, 162, 236-237, 410; J. IRIGOIN, *Lusteum,* 1962, pp. 51-53.

IX. LE CHRISTIANISME ET L'ÉDUCATION CLASSIQUE

1

Saint Jean Chrysostome, *De la vaine gloire et comment les parents doivent élever leurs enfants :* l'authenticité de ce traité, contestée sans bonnes raisons par C. Oudin (*Commentarius de scriptoribus ecclesiae antiquis,* Leipzig, 1722, I, 740), a été revendiquée par S. Haidacher, *Des heiligen Johannes Chrysostomus Büchlein über Hoffart und Kindererziehung...*, Fribourg, 1907, et me paraît établie par J. Hillard, dans une thèse de Paris, que la mort de l'auteur n'a pas permis de soutenir et, jusqu'ici, de voir publiée; cf. en attendant, l'édition B. K. Exarchos, Munich, 1952 (coll. *Das Wort der Antike,* 4) et la traduction anglaise de M. L. W. Laistner, dans *Christianity and pagan Culture in the Later Roman Empire,* Ithaca, 1951, pp. 85-122.

2

Le christianisme comme religion à mystères : il faudrait ici parler de la discipline de l'arcane (les vérités de la foi ne doivent pas être divulguées sans précautions, la participation aux cérémonies est réservée aux initiés), mais ce sujet délicat n'a pas encore été complètement élucidé : voir les mises au point de E. Vacandard, ap. *Dictionnaire d'Histoire et de Géographie ecclésiastique,* III, c. 1497-1513, et G. Bardy, *Dictionnaire de Droit canon,* I, c. 913-922; O. Perler-Th. Klauser, *Reallexikon für Antike und Christentum,* t. I, col. 667-676. Comme le suggère M. G. Hocquard, dans un travail encore inédit qu'il a bien voulu me communiquer, il s'agit moins d'une « discipline » d'ordre pédagogique ou prudentiel que d'une pratique fondée en doctrine : « Seule l'illumination baptismale initiait aux mystères ainsi réservés, inaccessibles (en fait, réellement), sans être pour autant secrets. »

3

Sur les « didascales » de l'église primitive, cf. A. Harnack, *Die Mission und Ausbreitung des Christentums in den ersten drei Jahrhunderten,* I⁴, Leipzig, 1923, pp. 332-377.

4

Sur le développement de l'institution du catéchuménat, cf. notamment B. Capelle, *L'Introduction du catéchuménat à Rome,* ap. *Recherches de Théologie ancienne et médiévale,* V (1933), pp. 129-154; J. Lebreton, *Le Développement des Institutions ecclésiastiques à la fin du* II*e et au début du* III*e siècle,* ap. *Recherches de Science religieuse,* XXIV (1934), pp. 129-164.

5

Sur la notion de « tradition » dans l'église ancienne, cf. D. VAN DEN EYNDE, *Les Normes de l'Enseignement chrétien dans la Littérature chrétienne des trois premiers siècles,* thèse de Louvain, 1933.

6

Les Juifs d'Alexandrie, au temps de Philon, célébraient une fête pour commémorer la traduction des Septante (PHIL., *V. Moys,* II, 7, 41); plus tard (*Tosephta,* glose à Megillat Ta'anit, 50), ce jour devint un jour de jeûne et de deuil, « en expiation pour le péché commis quand la Torâ(h) fut divulguée dans la langue des Goyim »; cf. d'autres témoignages analogues ap. M. SIMON, *Verus Israel*[2], Paris, 1964, p. 348, n. 4; ajouter : HERBAN, *P. G.,* t. 86, c. 623 C.

Toutefois, le tournant qui s'esquisse très tôt (JUST., *Tryph.,* 68, 71) ne s'est pas effectué de façon aussi rapide qu'on l'a souvent dit : M. Simon (*ibid.,* pp. 350-351) a réuni divers indices qui attestent la survivance de traductions grecques de la Bible chez les Juifs des premiers siècles de l'Empire.

7

Sur l'éducation rabbinique, cf. T. PERLOW, *L'Education et l'Enseignement chez les Juifs à l'époque talmudique,* thèse de Paris, 1931, à laquelle n'ajoute guère : N. DRAZIN, *History of Jewish education from 515 B. C. E. to 220 C. E. (during the periods of the second Commonwealth and the Tannaim), The Johns Hopkins University Studies in Education,* 29), Baltimore, 1940.

8

Sur les Ecoles syriaques : J. B. CHABOT, *L'Ecole de Nisibe, son Histoire, ses Statuts,* ap. *Journal Asiatique,* 9, VIII (1896), pp. 43-93; *Narsai le Docteur et les Origines de l'Ecole de Nisibe, ibid.,* 10, VI, (1905), pp. 157-177; E. R. HAYES, *L'Ecole d'Edesse,* thèse de Paris, 1930 (médiocre); H. KIHN, *Theodor von Mopsuestia und Junilius Africanus als Exegeten,* Fribourg, 1880.

9

L'osmose culturelle : H. DAVENSON, *Fondements d'une Culture chrétienne,* Paris, 1934, pp. 82-83, 57-68.

10

Je suis parfaitement conscient de l'anachronisme : la distinction nature — surnature n'appartient pas à la pensée chrétienne antique et n'a été élaborée qu'assez tardivement par la théologie médiévale : cf. H. DE LUBAC, *Surnaturel, Etudes historiques,* Paris, 1946.

11

Opposition des Pères de l'Eglise à l'égard de la culture classique : l'analyse en a été bien souvent tentée; voir notamment : P. DE LABRIOLLE, *Histoire de la Littérature latine chrétienne*[3], 1947, pp. 14 s.; F. BOULENGER, *Introd.* à son éd. de saint BASILE, *Aux Jeunes Gens...,* Paris, 1935, pp. 16-

23; H. I. MARROU, *Saint Augustin et la Fin de la Culture antique*, pp. 339-356; H. FUCHS, *Die frühe Kirche und die antike Bildung*, dans *Die Antike*, V, 1929, pp. 107 s.; C. L. ELLSPERMANN, *The attitude of the early Christian Fathers toward pagan Literature and Learning*, Washington, 1949 (coll. *Patristic Studies*, 82), et surtout : H. HAGENDAHL, *Latin Fathers and the Classics*, Göteborg, 1958 (*Studia Graeca et Latina Gothoburgensia*, 6), qui porte particulièrement sur le cas de saint Jérôme.

12

Interdiction pour l'évêque (et aussi les autres membres du clergé) de s'adonner aux lectures profanes, cf. B. DOLHAGARAY, ap. VACANT-MANGENOT-AMANN, *Dictionnaire de Théologie catholique*, t. III, 1, c. 607-608, s. v. *Compétente (Science)*; B. BOTTE, *Bulletin de Théologie ancienne et médiévale*, 6 (1950-53), n° 283, a contesté la portée des témoignages invoqués dans le texte, mais l'article plus récent de G. G. MEERSSEMAN, « *In libris gentilium non studeant*. L'étude des classiques interdite au moyen âge ? », *Italia Medioevale e Umanistica*, 1 (1958), pp. 1-13, nous a encouragé à maintenir notre interprétation.

CH. MUNIER, *Les statuta Ecclesiae Antiqua*, Paris, 1960 (ils seraient de Gennade de Marseille et rédigés entre 476 et 485).

13

Pour la distinction entre culture au sens généralisé et culture préparatoire (celle-ci à son tour subdivisée en culture perfective et culture formelle), cf. mon *Saint Augustin et la Fin de la Culture antique*, pp. VI-VIII.

14

Sur la véritable portée de l'*Hom. XXII* de saint Basile, cf. toujours mon *Saint Augustin*, p. 396, n. 2, et depuis : S. GIET, *Les Idées et les Doctrines sociales de saint Basile*, Paris, 1941, pp. 217-232.

15

Il y a cependant un précédent : l'empereur Maximin Daïa avait prescrit aux maîtres d'école primaire de faire étudier et apprendre par cœur à leurs élèves les *Actes de Pilate*, chargés de blasphèmes contre le Christ (EUSÈBE, *Hist. Eccl.*, IX, 5, 1 ; 7, 1).

16

Un texte touchant de saint Basile nous montre les enfants de Césarée heureux d'abandonner pour un jour leurs tablettes et l'école pour participer, se faisant dans leur innocence une fête de la tristesse générale, aux supplications ordonnées par l'évêque à l'occasion d'une famine par temps de sécheresse (*Hom.* VIII, 72, *P. G.*, 31, 309) en 368 : fait qui suppose entre les parents, les maîtres et l'église une atmosphère de confiance et de coopération.

17

Le texte arabe des *Canons d'Hippolyte,* publié par D. B. VON HANEBERG, Munich, 1870 (et pour le c. 12 qui nous intéresse, aussi ap. *Sitzungsberichte* de l'Acad. des Sciences de Munich, 1869, 2, pp. 43-44), d'après deux manuscrits romains, est très corrompu; la traduction latine que suit H. ACHELIS, ap. HARNACK-GEBHARDT, *Texte und Untersuchungen,* VI, 4, pp. 80-81, n'est pas satisfaisante; L. MASSIGNON avait bien voulu m'aider à tirer parti de ce passage difficile; nous avons tenu compte de la traduction allemande que donne W. RIEDEL, *Die Kirchenrechtsquellen des Patriarchats Alexandrien,* Leipzig, 1900, p. 206, utilisant une recension, qu'il n'a malheureusement pas publiée, de manuscrits de Berlin.

18

A l'époque turque, les enfants grecs prononçaient l'invocation Σταυρέ, βοήθει μοι en « lisant » la croix tracée en tête de leur alphabet : G. CHASSIOTIS, *L'Instruction publique chez les Grecs depuis la prise de Constantinople par les Turcs,* Paris, 1881, p. 16.

19

Sur les *lectores infantuli,* voir les matériaux rassemblés par J. QUASTEN, *Musik und Gesang in den Kulten der heidnischen Antiken und christlichen Frühzeit* (*Liturgiegeschichtliche Quellen und Forschungen,* XXV), Münster, 1930, pp. 133-141.

20

RUFIN, *H. E.,* X, 15 : précisons qu'il s'agit d'un épisode peut-être légendaire : la chronologie fait difficulté (l'évêque mis en scène serait Alexandre, qui n'est monté sur le trône d'Alexandrie qu'en 312 : Athanase, né vers 293-295, eût été déjà trop âgé); mais cela importe peu : c'est l'affabulation du récit qui nous intéresse, non l'historicité du fait.

21

Sur les Ecoles théologiques des IIe-IIIe siècles, cf. notamment les articles de G. BARDY, *Les Ecoles romaines au IIe siècle,* ap. *Revue d'Histoire ecclésiastique,* XXVIII (1932), pp. 501-532; *Aux origines de l'Ecole d'Alexandrie,* ap. *Recherches de Science religieuse,* XXVII (1937), pp. 65-90; *Pour l'Histoire de l'Ecole d'Alexandrie,* ap. *Vivre et Penser,* II (1942), pp. 80-109.

22

Sur la statue romaine d'Hippolyte, cf. H. LECLERCQ, ap. *Dictionnaire d'Archéologie chrétienne et de Liturgie,* t. VI, 2, c. 2419-2460; G. DE JERPHANION, *La Voix des Monuments,* p. 303, n. 1; sur les monuments funéraires chrétiens où le défunt est représenté en « philosophe », cf. mon Μουσικὸς Ἀνήρ, 2e éd., Roma 1964, pp. 269-289.

23

F. Schemmel, *Die Schule von Caesarea in Palaestina,* ap. *Philologische Wochenschrift,* 1925, c. 1277-1280.

24

Saint Augustin comme théoricien d'une culture chrétienne : cf. mon *Saint Augustin et la Fin de la Culture antique,* pp. 331 s.

X. L'APPARITION DES ÉCOLES CHRÉTIENNES DE TYPE MÉDIÉVAL

1

Le sujet dont le présent chapitre et l'épilogue qui suit n'ont pu donner qu'une esquisse sommaire a été l'objet d'une étude minutieuse de la part de P. Riché, *Education et culture dans l'Occident barbare (VIe-VIIIe siècles),* Paris, 1962 *(Patristica Sorbonensia, 4),* à laquelle nous sommes heureux de pouvoir maintenant renvoyer le lecteur.

2

Sur le nom d'*Abbé* chez les solitaires d'Egypte, cf. l'article de J. Dupont, ap. *La Vie Spirituelle,* 1947, n° 321, pp. 216-230.

3

P. Sanz, *Griechische literarische Papyri christlichen Inhaltes,* I *(Biblica, Väterschriften und Verwandtes)* n° XXIV (29274), dans : *Mitteilungen aus der Papyrussammlung der Nationalbibliothek in Wien, N. S.,* IV, Baden b. Wien, 1946.

4

Rufin., *Apol.,* II, 8 : c'est Rufin qui accuse saint Jérôme d'être infidèle à son serment du *Songe* en enseignant les classiques païens à ses élèves de Bethléem. Mais, note finement F. Cavallera, *Saint Jérôme,* t. I, p. 202, n. 1, dans sa réplique, saint Jérôme, contrairement à son habitude, ne repousse pas l'accusation : ce silence peut passer pour un aveu.

Cet épisode célèbre a souvent été étudié; voir, pour l'évolution psychologique de Jérôme lui-même, H. Hagendahl, *Latin Fathers and the Classics,* pp. 318-328; pour sa postérité littéraire, P. Antin, *Autour du songe de saint Jérome,* REL. 41 (1963), pp. 350-377.

5

J'ai rapporté le fait sur l'autorité, à la vérité assez suspecte, de L. Bréhier (en dernier lieu ap. *La Civilisation byzantine,* Paris, 1950, p. 500); les canons de Chalcédoine ne contiennent en effet rien de tel : il est seulement interdit aux moines de tenir « auberge ouverte » κοσμικὰ καταγώγια (c. 24, éd. Schwartz, *Acta Conciliorum Œcumenicorum,* II, 1, 2, p. 358. Cependant il est vrai qu'une telle interdiction a été plus d'une fois renouvelée par le droit canon byzantin : ci-dessous, p. 623, n. 3.

6

Le monastère savant de saint Augustin à Thagaste : M. Mellet, *L'Itinéraire et l'Idéal monastiques de saint Augustin,* Paris, 1934, pp. 19-29; P. Monceaux, ap. *Miscellanea Agostiniana,* II, Rome, 1931, pp. 70-75.

7

Le lectorat des enfants : cf. chapitre précédent, n. 19; sur sa place dans la carrière ecclésiastique, cf. L. Duchesne, *Origines du Culte chrétien* [5], pp. 366-367 : « La plupart des carrières ecclésiastiques dont on connaît le détail ont commencé par le lectorat. C'est le cas de saint Félix de Nole, de saint Eusèbe de Verceil, du père du pape Damase, des papes Libère et Sirice, du diacre de Fiesole Romulus, de saint Epiphane de Pavie et de bien d'autres... » Les inscriptions citées sont : Diehl, 967, 970, 972.

8

Origines de l'école épiscopale. Il est difficile de déterminer la date de son apparition : les sources dont nous disposons, avant tout des *Vies de saints,* doivent être utilisées avec précaution. A en croire une vie des saints Victor et Victeur du Mans, dès le IVe siècle, saint Martin de Tours aurait assumé la charge d'élever en vue du sacerdoce un enfant de dix ans : *AA. SS.,* Jul. V, 146 C, F. Mais ce texte est sans valeur historique et l'existence même d'un de ses deux héros est fabuleuse : cf. H. Leclercq, ap. *Dictionnaire d'Archéologie chrétienne et de Liturgie,* t. X, 2, c. 1478-1480.

9

Sur l'histoire des paroisses rurales en Gaule, cf. le livre classique de P. Imbart de la Tour, *Les Paroisses rurales du IVe au XIe siècle,* Paris, 1900, et les corrections ou compléments qu'apporte à sa doctrine : W. Seston, *Note sur les origines religieuses des Paroisses rurales,* ap. *Revue d'Histoire et de Philosophie religieuses,* 1935, pp. 243-254; les deux points de vue sont moins contradictoires que complémentaires : cf. F. Chatillon, *Locus cui nomen Theopoli est,* Gap, 1943, pp. 125-126, 135, n. 57.

10

Les druides comme éducateurs de l'Irlande païenne : H. Hubert, *Les Celtes depuis l'époque de La Tène,* Paris, 1932, pp. 279-281, et déjà de l'ancienne Gaule, Cæs., *G.,* VI, 14, 2-6 : C. Jullian, *Histoire de la Gaule,* t. II, p. 106.

11

L'école mérovingienne est une école religieuse : H. Pirenne a soutenu un point de vue exactement opposé dans son mémoire *De l'Etat de l'Instruction des Laïques à l'époque mérovingienne,* ap. *Revue bénédictine,* XLVI (1934), pp. 165-177 : je me repose avec confiance sur le jugement du lecteur impartial qui voudra confronter nos deux opinions. Pirenne majore et déforme systématiquement la portée des textes : je ne vois nulle part qu'il y soit question, comme il le voudrait, d'*écoles* laïques dans la Gaule mérovingienne : toutes les *écoles* dont nous constatons l'existence sont des écoles religieuses, monastiques, épiscopales et (pour la plupart) presbytérales. Voir d'ailleurs aussi. P. Riché, *L'instruction des laïcs en Gaule mérovingienne au VIIe siècle,* dans : *Settimane di studio del Centro italiano di studi sull' alto medioevo,* V, Spoleto, 1958, pp. 873-888.

12

L'anachronisme a été commis : l'apologétique romantique, habituée, à l'exemple de Chateaubriand, à célébrer le rôle de l'Eglise comme facteur positif de culture, a systématiquement exagéré la valeur des témoignages relatifs aux écoles chrétiennes des V-VIe siècles : voir par exemple A.-F. Ozanam, *La civilisation chrétienne chez les Francs,* Paris, 1849; c'est à M. Roger que revient le mérite d'avoir mis la question au point, dans sa thèse, fondamentale pour notre sujet : *L'Enseignement des lettres classiques d'Ausone à Alcuin,* Paris, 1905.

13

Greg. Magn., *Reg.,* XI, 34 : l'interprétation de cette lettre a donné lieu à bien des discussions : cf. déjà la vieille thèse de H.-J. Leblanc, *Utrum B. Gregorius Magnus litteras humaniores et ingenuas artes odio persecutus sit,* Paris, 1852, et surtout maintenant : H. de Lubac, *Exégèse médiévale,* II, 1, pp. 53-77, La « barbarie de saint Grégoire ».

14

Attention toutefois : l'œuvre de Virgile le Grammairien (n'est-il pas Irlandais d'ailleurs plutôt que Toulousain ?) n'est peut-être qu'une parodie destinée à tourner en ridicule les prouesses verbales des *Hisperica Famina.* Ces textes, irlandais ceux-là sans conteste, ont été, eux, sérieusement écrits et ne sont guère moins abracadabrants!

ÉPILOGUE

1

Sur l'éducation byzantine, et notamment l'enseignement supérieur : F. Fuchs, *Die höheren Schulen von Konstantinopel im Mittelalter, Byzantinisches Archiv* (suppl. de la *Byzantinische Zeitschirft*), VIII, Leipzig, 1926; J. M. Hussey, *Church and learning in the byzantine Empire, 867-1185,* Oxford-Londres, 1937; L. Bréhier, *La Civilisation byzantine,* Paris,

1950 *(L'Evolution de l'Humanité, 32 ter)*, pp. 456-503; excellent exposé de G. Buckler, *Byzantine Education*, dans N. H. Baynes et H. St. L. B. Moss, *Byzantium, an Introduction to East Roman Civilization*, Oxford, 1948, pp. 200-220; v. surtout maintenant, P. Lemerle, *Le premier Humanisme byzantin, notes et remarques sur enseignement et culture à Byzance des origines au X*e *siècle*, Paris, 1971.

Il est un point sur lequel il convient d'attirer l'attention des byzantinistes : ils soulignent volontiers le parallélisme entre le programme des hautes études byzantines et celui de l'école philosophique néoplatonicienne (cf. : O. Schissel von Fleschenberg, *Marinos von Neapolis und die neuplatonischen Tugendgrade*, Athènes, 1928). Est-ce à dire que la culture philosophique soit désormais devenue la règle, que Platon ait, tardivement, vaincu Isocrate ? Ou la philosophie demeure-t-elle un couronnement réservé à l'élite ? Il faudrait étudier ce qu'est devenue, à l'époque byzantine, la tension dialectique que j'ai montrée si profonde à l'époque hellénistique et romaine, entre les deux pôles de la culture classique.

Sur l'enseignement élémentaire, encore mal connu, cf. quelques indications ap. F. Dvornik, *Les Légendes de Constantin et de Méthode vues de Byzance, Byzantinoslavica*, Suppl., I, Prague, 1933, pp. 25-33.

2

Sur l'humanisme au temps des Paléologues, cf. R. Guilland, *Essai sur Nicéphone Grégoras, l'Homme et l'Œuvre*, Paris, 1926, pp. 55 s., 111 s.

3

Interdiction de recevoir des « enfants du siècle » dans les monastères à Byzance : cf. les faits présentés par L. Bréhier, art. cité, ap. *Revue d'Histoire et de Philosophie religieuses*, 1941, pp. 63-64.

4

Origines de l'école patriarcale de Constantinople : cf. toujours Bréhier, *ibid.*, pp. 42-44, qui renvoie au témoignage d'Ananias de Schirag (v. 600-650), *Autobiographie*, trad. Conybeare, ap. *Byzantinische Zeitschrift*, VI (1897), pp. 572-573.

5

Sur l'école grecque après 1453 : G. Chassiotis, *L'Instruction publique chez les Grecs depuis la prise de Constantinople par les Turcs jusqu'à nos jours*, Paris, 1881, pp. 14 s. On notera que, à la différence de l'Occident, l'enseignement supérieur n'a jamais disparu en Orient puisque, dès le lendemain de la prise de Constantinople, Mahomet II rétablissait le patriarcat au profit de Gennade Scholarios et que celui-ci se hâtait de reconstituer au Phanar l'école patriarcale : Chassiotis, *op. cit.*, p. 4; 34-42. Sur les exercices scolaires de type toujours antique, le même auteur renvoie à F. Pouqueville, *Voyage de Morée*, Paris, 1805, pp. 267-270.

6

Sur *La Vie scolaire dans les monastères d'Irlande aux* v^e-viie *siècles,* qu'il me suffise de citer l'article honnêtement documenté d'A. Lorcin, ap. *Revue du Moyen-Age latin,* t. I, 1945, pp. 221-236, en dépit des critiques que lui adresse P. Grosjean, ap. *Analecta Bollandiana,* t. LXIV (1946), p. 323 (l'exposé de J. Ryan, *Irish Monasticism, Origins and early development,* Dublin, 1931, pp. 200-216, 360-383, auquel nous renvoie le P. Grosjean, est bien décevant).

7

P. Riché m'a repris à ce sujet : *Education et culture...*, pp. 59-60, 72-75, et déjà : *La Survivance des écoles publiques en Gaule au* v^e *siècle* dans *Le Moyen Age,* 1957, pp. 421-436. Accordons-lui que l'école municipale *a pu* subsister dans quelques endroits privilégiés, mais le ton de la lettre de Sidoine Apollinaire, IV, 3, p. 256, sur laquelle il s'appuie essentiellement *(... apud municipales et cathedrarios oratores)* est bien rhétorique et il ne faut peut-être pas trop presser son témoignage...

8

Les professeurs contemporains de Sidoine Apollinaire étaient-ils autre chose que des précepteurs privés ? Cf. A. Loyen, *Sidoine Apollinaire et l'esprit précieux en Gaule,* Paris, 1943, p. 93.

9

Sur la fin de la romanité dans les provinces danubiennes, cf. A. Alföldi, *Der Untergang der Römerherrschaft in Pannonien,* II (Ungarische Bibliothek, I R., 12), Berlin, 1926, p. 575.

Sur les écoles dans l'Espagne wisigothique : R. Menéndez Pidal, *Historia de España,* t. III, *España Visigoda,* Madrid, 1940, pp. 343 (M. Torres), 391, 397,(n. 88), 398, 416, 418-423 (J. Pérez de Urbel).

10

Sur *la Paix Vandale,* cf. l'article, animé sans doute de quelque outrance polémique, de C. Saumagne, ap. *Revue Tunisienne,* 1930, et le livre, qui lui aussi est poussé par endroits jusqu'au paradoxe, de Chr. Courtois, *Les Vandales et l'Afrique,* Paris, 1955, dont les pp. 310-324 empruntent à Ch. Saumagne leur thèse et leur titre.

Sur le milieu intellectuel et universitaire de la Carthage vandale, cf. les matériaux rassemblés par A. Audollent, *Carthage romaine,* Paris, 1901, pp. 749-766.

11

Survivances du christianisme et de la latinité au Maroc et en Oranie : J. Carcopino, *Le Maroc antique,* Paris, 1943, pp. 288-301.

12

Sur les derniers temps du christianisme en Afrique, cf. sous ce titre le beau mémoire de W. Seston, ap. *Mélanges d'Archéologie et d'Histoire,*

LIII (1936), pp. 101-124, ainsi que : C. Courtois, *Grégoire VII et l'Afrique du Nord, remarques sur les communautés chrétiennes d'Afrique au XIe siècle,* ap. *Revue historique,* CXCV (1943), pp. 97-122, 193-226.

13

Les dernières écoles classiques de Rome : sur Félix, le dernier en date des titulaires connus de la chaire officielle de rhétorique à Rome, cf. mon article *Autour de la Bibliothèque du pape Agapit,* ap. *Mélanges d'Archéologie et d'Histoire,* XLVIII (1931), pp. 157-165 ; nous le trouvons déjà à la retraite à la date de 534; et, de façon générale, P. Riché, *Education et culture...,* pp. 65-69, 393-400.

14

Etudes de Fortunat à Ravenne : voir P. Riché, *op. cit.,* p. 186; cf. 64.

15

La même opposition entre culture classique et culture chrétienne subsiste pareillement en Gaule aussi longtemps qu'y survit quelque chose de la tradition antique : v. par exemple vers 408, la satire de saint Paulin (de Béziers ?), *Ad Salmonem* (*CSEL.,* XVI, 1), v. 76-79; et en général : P. Riché, *op. cit.,* pp. 126-134.

16

Sur le centre de hautes études religieuses que le pape Agapit et Cassiodore tentèrent d'instaurer à Rome, v. toujours Riché, pp. 171-177.

17

Sur l'œuvre de Cassiodore, v. P. Courcelle, *Les Lettres grecques en Occident, de Macrobe à Cassiodore*[2], Paris, 1948, pp. 313-388; cf. aussi A. van de Vyver, *Cassiodore et son œuvre,* ap. *Speculum,* VI (1931), pp. 244-292; *Les Institutiones de Cassiodore et sa fondation à Vivarium,* ap. *Revue Bénédictine,* LXIII (1941), pp. 59-88; P. Riché, *op. cit.,* pp. 204-212.

18

Sur la « renaissance » lombarde : P. Riché, *ibid.,* pp. 383-392, 455-467, sans négliger toutefois R. Bezzola, *Les Origines et la Formation de la littérature courtoise en Occident* (500-1200), I, *La Tradition impériale de la fin de l'antiquité au XIe siècle* (*BEHE.,* fasc. 286), pp. 24-33. L'auteur n'en décrit qu'un aspect, mais c'est le plus curieux : il nous montre qu'un mince filet de tradition scolaire *profane* s'est en somme maintenu à travers les âges obscurs, reliant ainsi la culture antique au secteur laïque de la culture médiévale, qu'on ne saurait sans excès limiter à la seule veine religieuse.

Références

Les ouvrages apocryphes sont appelés du nom de l'auteur à qui la tradition les avait attribués, le sigle de ce nom étant placé entre crochets : ainsi, [PLAT.] *Ax.* = Pseudo-Platon, *Axiochos.*

AA. SS. Acta Sanctorum (des Bollandistes).

AA. SS. Hib. C. de Smedt et J. de Backer, Acta Sanctorum Hiberniae ex codice Salmanticensi, Bruges-Edimbourg, 1888.

ABAW. Abhandlungen der bayerischen Akademie der Wissenschaften, Munich.

ABKK. Amtliche Berichte aus den königlichen Kunstsammlungen, monatlich erscheinendes Beiblatt zum Jahrbuch der kgl. Preussischen Kunstsammlungen, Berlin.

Aboth. Traité Pirke Aboth au Talmud de Babylone (IV, 9).

ABSA. Annual of the British School at Athens.

Act. Actes des Apôtres au Nouveau Testament.

Æg. Ægyptus, Rivista di Egittologia e di Papirologia.

Aép. L'Année Epigraphique (tirage à part de la Revue des Publications Epigraphiques relatives à l'antiquité romaine, annexée à la Revue archéologique).

Ai. Africa Italiana.

AIPhHOS. Annuaire de l'Institut de Philologie et d'Histoire Orientales et Slaves.

AJPh. American Journal of Philology.

ALBIN. Albinos.
Isag. Introduction à la philosophie de Platon.
Epit. Résumé de la philosophie de Platon.

ALCID. Alcidamas.
Soph. Contre les Sophistes.

Alcman.
Fr. Fragments, dans Bergck, Poetae Latini Graeci.

AM. Mitteilungen des deutsches archaeologisches Instituts, Athenische Abteilung.

AMM. Ammien Marcellin.

ANAT. Anatolios de Laodicée.
Dec. Sur la Décade (P. Tannery, Mémoires scientifiques, III, pp. 12-25).

ANN. COMN. Anne Commène.
Alex. Alexiade (page de l'éd. Leib).

ANTYLL. Antyllus.

Anth. Anthologie Palatine.

APAW. Abhandlungen der preussischen Akademie der Wissenschaften, Philosophisch-historische Klasse, Berlin.

APF. Archiv für Papyrusforschung und verwandte Gebiete.

APP. Appien.
Pun. Guerres Puniques.

[AP. TYAN.] Pseudo-Apollonius de Tyane.
Ep. Lettres.

APUL. Apulée.
Flor. Florides.
Mund. Traité du Monde.
Plat. Sur la doctrine de Platon.

RÉFÉRENCES

AR. Aristophane.
Ach. Acharniens.
Nub. Les Nuées.

ARAT. Aratos de Soloi.
Ph. Les Phénomènes; les vers consacrés aux Météores sont numérotés à la suite.

AR. BYZ. Aristophane de Byzance.
Onom. Sur les Noms d'Age (page de l'éd. E. Miller, Mélanges de littérature grecque, Paris, 1868).

ARCHYT. Archytas de Tarente.
Fr. Fragments dans Diels, Fragmente der Vorsokratiker, § 47 (35).

ARSTD. Ælius Aristide.
D. N° d'ordre des discours dans l'éd. Dindorf.
K. Id., éd. Keil.
Rhet. Rhétorique.

ARISTOX. Aristoxène de Tarente.

ARSTT. Aristote.
Ath. Constitution d'Athènes (chapitre et paragraphe de l'éd. Kenyon).
Fr. Fragments (n° d'ordre, éd. Rose).

Pour les autres œuvres : livre, page, colonne et ligne de l'éd. Bekker.
Met. Métaphysique.
Nic. Morale à Nicomaque.
Œc. Economique.
P. A. Parties des Animaux.
Poet. Poétique.
Pol. Politique.
Probl. Problèmes.
Rhet. Rhétorique.

ASFNA. Annuaire de la Société française de Numismatique et d'Archéologie.

ATH. Athénée, Banquet des Sophistes (page de l'éd. Casaubon).

ATHAN. Saint Athanase d'Alexandrie.
V. Ant. Vie de saint Antoine.

ATHENAG. Athénagore, Apologie pour les chrétiens.

AUG. Saint Augustin d'Hippone.
Civ. Dei. La Cité de Dieu.
Conf. Les Confessions.
Doctr. chr. De la Science chrétienne.
Ep. Lettres.
Mus. De la Musique.
Ord. De l'Ordre.
Qu. div. 83. Sur 83 questions diverses.
Serm. Sermons.
Sol. Soliloques.

AUG. IMP. L'empereur Auguste.
R. *G.* Res Gestae.

AUS. Ausone.
Ecl. Eclogues.
Ep. Lettres ou Epîtres.
Epigr. Epigrammes.
Grat. act. Remerciement à Gratien, pour son consulat.
Prof. Les Professeurs de Bordeaux.
Protr. Exhortation à son petit-fils (= Epîtres, XXII, Idylles, IV).

BABR. Babrius, Fables (éd. Crusius).

BABELON. E. Babelon.
Monn. Rép. Description historique et chronologique des Monnaies de la République romaine, vulgairement appelées Monnaies consulaires, Paris, 1885-1886.

BAC. G.-B. de Rossi, Bulletino di Archeologia christiana.

BAR HEBR. Bar Hebraeus.
Nomocan. Nomocanon, ap. A. Mai, Scriptorum Veterum Nova Collectio, t. X, Rome, 1838.

BARN. Epître de Barnabé.

BAS. Saint Basile de Césarée.
Ep. Lettres (n° d'ordre et colonne du t. 32 de la P. G.).
Hom. Sermons (*Hom.* XXII = Aux jeunes gens sur la lecture des auteurs profanes).
Reg. brev. Règles brèves.
Reg. fus. Règles longues.

B. Bathra. Traité Baba Bathra au Talmud de Babylone (IV, 3).

BCH. Bulletin de Correspondance hellénique.

BED. Saint Bède le Vénérable.
H. Abb. Histoire des abbés de Wearmouth et Jarrow (colonne du t. 94 de la P. L.).

BEHE. Bibliothèque de l'Ecole pratique des Hautes-Etudes (section des Sciences historiques et philologiques).

BENED. Saint Benoît de Nursie.
Reg. Règle des Moines.

BGU. Ægyptische Urkunden aus den königlichen (ou : staatlichen) Museen zu Berlin : Griechische Urkunden.

BIFAO. Bulletin de l'Institut Français d'Archéologie Orientale, Le Caire.

BKT. Berliner Klassikertexte herausgegeben von der Generalverwaltung der (königliche) Museen zu Berlin.

RÉFÉRENCES

BSAA. Bulletin de la Société archéologique d'Alexandrie.
BSNAF. Bulletin de la Société nationale des Antiquaires de France.

C. Canon (des conciles cités).
CAES. AR. Saint Césaire d'Arles (page du t. II de l'éd. Morin).
Ep. Lettres.
Mon. Règle des Moines.
Virg. Règle des Moniales.
Vit. Vie de saint Césaire écrite par ses disciples.
CALL. Callimaque.
Ep. Epigramme (nº de l'éd. Cahen).
Callinos d'Ephèse.
Fr. Fragments, selon Bergck, Poetae Lyrici Graeci.
Can. Hipp. Canons (arabes) du pseudo-Hippolyte.
CARCOPINO. J. Carcopino.
Maroc. Le Maroc antique, Paris, 1943.
CASSIAN. Jean Cassien.
Conl. Conférences avec les Pères du Désert.
Inst. Institutions monastiques.
CASSIOD. Cassiodore.
Inst. Institutions.
Var. Lettres variées.
CAT. Caton le Censeur.
Agr. Traité d'agriculture.
CATULL. Catulle.
[CEB.] Pseudo-Cébès, Tableau.
CENSOR. Censorinus, Sur le jour anniversaire.
CHRYS. Saint Jean Chrysostome.
Adv. opp. Contre les détracteurs de la vie monastique (livre, chapitre, colonne du t. 47 de la P. G.).
Inan. gl. Sur la vaine gloire et comment les parents doivent élever leurs enfants (chapitre et paragraphe).
CIC. Cicéron (livre, paragraphe, et non chapitre).
Arat. Traduction d'Aratos.
Att. Lettres à Atticus.
Br. Brutus.
Coel. Pour M. Coelius.
De Or. De l'Orateur.
Div. De la divination.
Fam. Lettres à ses amis.
Har. resp. Sur la réponse des haruspices.
Her. Rhétorique à Herennius.
Inv. De l'Invention.
Leg. Des Lois.
Off. Des Devoirs.
Or. L'Orateur.
Pis. Contre L. Pison.
Resp. De la République.
Sen. De la Vieillesse.
Tim. Traduction du Timée de Platon.
Tusc. Les Tusculanes.
Verr. Seconde action contre Verrès.
C. Gloss. Lat. Corpus Glossariorum Latinorum.
CIG. Corpus Inscriptionum Graecarum.
CIL. Corpus Inscriptionum Latinarum.
C. Just. Code Justinien.
CLAUD. Claudien.
Carm. min. Poèmes mineurs.
Fesc. Epithalame d'Honorius et de Marie.
CLEM. Saint Clément d'Alexandrie.
Paed. Pédagogue.
Strom. Stromates (livre, chapitre et paragraphe de l'éd. Stählin).
CLEM. ROM. Saint Clément de Rome.
I. Cor. 1re Epître aux Corinthiens.
Col. Saint Paul, Epître aux Colossiens.
Conc. merov. Concilia merovingici aevi, éd. Maassen (Monumenta Germaniae Historica, Leges, III, Concilia, I).
Const. Apost. Constitutions apostoliques (dans F. X. Funk, Didascalia et Constitutiones apostolorum).
CONWAY. R. S. Conway, The Italic Dialects, edited with a Grammar and a Glossary, Cambridge, 1897.
I. Cor. Saint Paul, première Epître aux Corinthiens.
CRUM. W. E. Crum (avec H. E. Winlock et H. G. Evelyn White).
Epiph. The Monastery of Epiphanius at Thebes, II, Coptic, Greek ostraca and papyri, New York, 1926.
CSEL. Corpus Scriptorum Ecclesiasticorum Latinorum édité par l'Académie des Sciences de Vienne.
C. Theod. Code Théodosien.
[CYPR.] Pseudo-saint Cyprien de Carthage.
Spect. Sur les Spectacles.

DC. Dion Cassius, Histoire romaine.
D. CHR. Dion Chrysostome (Dion de Pruse).
Or. Discours.
DEM. Démosthène.
Aph. Contre Aphobos.

RÉFÉRENCES

Cor. Sur la Couronne.
Euerg. Contre Euergos.

DESSAU. H. Dessau, Inscriptiones Latinae Selectae.

DH. Denys d'Halicarnasse.
(sans indication de titre) Antiquités romaines.
Comp. Sur la Composition littéraire.
Dem. Sur l'éloquence de Démosthène.
Isoc. Vie d'Isocrate.

Didach. La Doctrine des XII Apôtres (dans les éd. des Pères apostoliques).

Didasc. Ap. L'Enseignement des Apôtres (dans F. X. Funk, Didascalia et Constitutiones Apostolorum).

DIDYM. Didyme Chalcentère.

DIEHL. E. Diehl, Inscriptiones Latinae Christiane Veteres.

DIOCL. Dioclétien.
Max. Edit du Maximum, éd. Mommsen.

Dialexeis. Δισσοὶ Λόγοι, ap. H. Diels, Fragmente der Vorsokratiker, § 90 (83).
Dist. Cat. Distiques attribués à Caton, éd. Boas.

DITT, W. Dittenberger.
Or. Orientis Graeci Inscriptiones Selectae.
Syll. Sylloge Inscriptionum Graecarum, troisième édition.

DL. Diogène Laërce, Vies des philosophes (livre, paragraphe, et non chapitre).

DP. Denys le Périégète, Description de la Grèce (page de l'éd. Bernhardy).

DS. Diodore de Sicile, Bibliothèque Historique.

DURRBACH. F. Durrbach.
Choix. Choix d'Inscriptions de Délos avec traduction et commentaire, t. I, Textes Historiques, Paris, 1921.

D. THR. Denys le Thrace, Grammaire (paragraphe de l'éd. Uhlig).

Deut. Deutéronome (Ancien Testament).

Eccli. Ecclésiastique (Ancien Testament).

EL. Elien de Préneste.
N. A. De la Nature des Animaux.
V. H. Histoires Variées.

ENN. Ennius (cité, normalement, d'après la source).

Fr. Sc. Fragments Scéniques dans l'éd. Vahlen.

ENNOD. Ennode de Pavie.
Carm. Poèmes.
Dict. Déclamations.
Ep. Lettres.

Eph. Saint Paul, Epître aux Ephésiens.

Ephore.
Fr. Fragments, n° d'ordre dans l'éd. Didot des Fragmenta Historicorum Graecorum.

EPICR. Epicrate.

EPICT. Epictète, Entretiens rédigés par Arrien.

ESCHN. Eschine.
Amb. Sur la fausse Ambassade.
Tim. Contre Timarque.

EUCH. Saint Eucher de Lyon.
Instr. Instruction.
Laud. er. Eloge de la Solitude.

EUCL. Euclide.
Elem. Eléments de Géométrie.

EUN. Eunape, Vie des Sophistes (page de l'éd. Boissonade).
Lib. Vie de Libanios.
Proh. Vie de Prohairesios.

EUPOL. Eupolis, fragments dans Meinecke, Fragmenta Comicorum Graecorum.

EUR. Euripide.

EUS. Eusèbe de Césarée.
H. E. Histoire ecclésiastique.

EUST. Eustathe de Thessalonique, Commentaire à l'Iliade (cité d'après le lemme).

F. Delph. Fouilles de Delphes, publiées par l'Ecole française d'Athènes.

F. Eph. Forschungen in Ephesos, publiées par l'Institut archéologique autrichien.

FERRAND. Ferrand de Carthage, Vie de saint Fulgence de Ruspe (éd. Lapeyre).

FERREOL. Saint Ferréol d'Uzès.
Reg. Règle monastique (au t. 66 de la P. L.).

FEST. Festus, De la Signification des Mots (page et ligne de l'éd. Lindsay).

FCG. A. Meinecke, Fragments Comicorum Graecorum.

FLOR. L. Annaeus Florus.
Virg. Virgile est-il un orateur ou un poète ? (Chapitre et paragraphe de l'éd. H. Malcovati, Rome, 1938.)

RÉFÉRENCES

FORT. Saint Venance Fortunat.
Carm. Poèmes.

Frag. Vat. Fragmenta Vaticana (paragraphe de l'éd. Mommsen).

FRONT. Fronton (éd. Naber).
Amic. Lettres à ses amis.
M. Caes. Correspondance avec Marc-Aurèle.

GAL. Galien (pagination de l'éd. Kühn).
Lib. propr. Sur ses propres écrits (t. XIX, pp. 8 s.).
Med. phil. Que le Médecin est aussi philosophe (t. I, pp. 53 s.).
Met. med. De la méthode médicale (t. X, pp. 1 s.).
Parv. pil. Du jeu de la petite balle (t. V, pp. 899 s.).
Plat. Sur les opinions de Platon et d'Hippocrate (t. V, pp. 181 s.).
Protr. Discours d'exhortation (t. I, pp. 1 s.).
San. tu. Conseils d'hygiène (t. VI, pp. 1 s.).

GELL. Aulu-Gelle, Nuits attiques.

Gesta ap(ud) Zenoph(ilum), en appendice à Optat de Milève, *Contra Parmenianum Donatistam, CSEL*, t. 26.

Gram. Lat. Grammatici Latini (éd. Keil).
CHAR. Charisius.
CONS. Consentius.
DIOM. Diomède.
DON. Donat.
M. VICT. Marius Victorinus.
POMP. Pompée.
PRISC. Priscien.
SERV. Servius (*sic :* j'identifie à Servius le Sergius des Ms.).

GREG. MAGN. Saint Grégoire le Grand.
Dial. Dialogues.
Reg. Lettres (classement de l'éd. Ewald-Hartmann, Monumenta Germaniae Historica, Epistulae, I-II).

GREG. NAZ. Saint Grégoire de Nazianze.
Carm. Poèmes.
Or. Discours (numéro, chapitre et paragraphe ou colonne des t. 35-38 de la P. G.).

GREG. NYS. Saint Grégoire de Nysse.
C. Eun. Contre Eunomios (livre et paragraphe de l'éd. W. Jäger).

GREG. TH. Saint Grégoire le Thaumaturge.
Pan. Panégyrique d'Origène (paragraphe et colonne du t. 10 de la P. G.).

GREG. TUR. Saint Grégoire de Tours.
Hist. Fr. Histoire des Francs.
V. Patr. Vie des Pères.

HARP. Harpocration, Lexique.

HDT. Hérodote, Histoire.

HER. Hérondas, Mimes.
Did. Le Maître d'école (Mime III).

HERM. Hermas, Le Pasteur.
Sim. Comparaisons.
Vis. Visions.

HERMIAS. Hermias, Persiflage des philosophes païens.

HERM. TR. Corpus Hermeticum.

Hésiode.
Op. Les Travaux et les Jours.

Hesp. Hesperia, Journal of the American School of classical studies at Athens.

HESYCH. Hesychius d'Alexandrie, Lexique.

HIER. Saint Jérôme.
Chron. Chronique (année avant ou après Jésus-Christ).
Ep. Correspondance.
In Is. Commentaire à Isaïe (P. L., t. 24).
In Jer. Commentaire à Jérémie (id.).
Vir. Ill. Des Hommes Illustres.

HIM. Himérios.
Or. Discours (page de l'éd. Dübner).

Hiéron d'Alexandrie.
Geom. Géométrie.
Geod. Géodésie.
Stereom. Stéréométrie.

HIPP. Saint Hippolyte de Rome.
Trad. ap. La Tradition apostolique.

Hipparque.
In Arat. Commentaire aux Phénomènes d'Aratos.

Hippias.
Fr. Fragments selon H. Diels, Fragmente der Vorsokratiker, § 86 (79).

HOM. Homère.
Il. Iliade.
Od. Odyssée.

HOR. Horace.
C. Odes.
C. Sec. Chant Séculaire.
Ep. Epîtres.
P. Epître aux Pisons (Art Poétique).
S. Satires.

HPC. Corpus des Œuvres attribuées à Hippocrate (tome et page de l'éd.

Littré).
Hab. Sur la Bienséance.
Praec. Règles.

IG. Inscriptiones Græcæ.

IG ², II, Inscriptiones Graecae, editio minor, vol. II-III.

IGR. R. Cagnat, Inscriptiones Graecae ad Res Romanas pertinentes.

ILA. Inscriptions Latines de l'Algérie.

Ins. Perg. M. Fraenkel, Inschriften von Pergamon (Altertümer von Pergamon, t. VIII).

Ins. Priene. F. Hiller von Gaethringen, Inschriften von Priene, Berlin, 1906.

IOSPE. B. Latyschev, E. Pridik, Inscriptiones antiquae orae septentrionalis Ponti Euxeni Graecae et Latinae.

IREN. Saint Irénée de Lyon, Contre les Hérésies.

ISID. Isidore de Séville.
Sent. Livre des Sentences.

ISOC. Isocrate.
Ad Nic. A Nicoclès.
Ant. Sur l'Echange.
Arch. Archidamas.
Areop. Aréopagitique.
Bus. Busiris.
Evag. Evagoras.
Hel. Eloge d'Hélène.
Nic. Nicoclès.
Pan. Panégyrique.
Panath. Panathénaïque.
Phil. Philippe.
Soph. Contre les Sophistes.

JAMBL. Jamblique.
Theol. arith. Théologie des nombres.

JHS. Journal of Hellenic Studies.

JŒAI. Jahreshefte des Œsterreichen archaeologische Instituts in Wien.

JOH. DIAC. Jean Diacre.
V Greg. Vie de saint Grégoire le Grand.

JOS. Josèphe.
C. Ap. Contre Apion.

JUL. Julien l'Apostat.
C. Gal. contre les Galiléens (page et section de page de l'éd. Spanheim de saint Cyrille d'Alexandrie).
Ep. Lettres (nº d'ordre de l'éd. Bidez-Cumont, page de l'éd. Spanheim).

JUNIL. Junillus Africanus, Instituta regularia divinae legis.

JUST. (1). Saint Justin le Martyr.
Act. Actes de son martyre (éd. Franchi de' Cavalieri, Studi e Testi, t. VIII, 2).
Ap. Apologies.
Dial. Dialogue avec Tryphon.

(2). Justinien.
C. Just. Code Justinien.
Dig. Digeste.
Inst. Institutes.
Nov. Novelles.
Omnem. Constitution *Omnem* en tête du Digeste.

JUV. Juvénal. Satires.

LIB. Libanios.
Ep. Lettres (nº d'ordre de l'éd. Förster).
Or. Discours (nº et paragraphe de l'éd. Förster : j'ai rétabli le nº d'ordre des Discours du t. I).

LIDDEL-SCOTT. H. G. Liddel. R. Scott, H. Stuart Jones, R. Mackenzie, A Greek-Englisch Lexikon, new edition.

LIV. Tite-Live.

Luc. Evangile selon saint Luc.

LUC. Lucien.
Abd. Le fils déshérité.
Am. Amours.
Anach. Anacharsis.
As. Lucius ou l'Ane.
Eun. L'Eunuque.
Herm. Hermotime.
Lex. Lexiphane.
M. cond. Sur ceux qui sont aux gages des grands.
Musc. Eloge de la Mouche.
Paras. Le Parasite.
Rh. Pr. Le Maître de rhétorique.
Salt. De la Danse.

LUCR. Lucrèce, De Natura Rerum.

LYD. Lydus.
Mag. Des Magistratures romaines.

1, 2, Mac. Premier (Second) Livre des Macchabées.

MACR. Macrobe.
Diff. Comparaison des Verbes grecs et latins.

MALAL. Malalas, Chronique (livre et page de l'éd. Dindorf, au t. XV de la Byzantine de Bonn).

RÉFÉRENCES

MANSI. J. D. Mansi, Sacrorum Conciliorum nova et amplissima Collectio.

MARIN. Marinos de Neapolis.
V. Procl. Vie de Proclus.

MART. Martial, Epigrammes.

Matth. Evangile selon saint Matthieu.

Maxime de Tyr.
Diss. Dissertations.

MEN. Ménandre.
Monost. Sentences monostiques (nº du vers dans l'éd. Meinecke).

MICHEL. Ch. Michel, Recueil d'Inscriptions Grecques.

NEMBN. Notices et Extraits des manuscrits de la Bibliothèque (Impériale, puis :) Nationale.

NEP. Cornelius Nepos.
Epam. Vie d'Epaminondas.

NICOM. Nicomaque de Gerasa, Introduction Arithmétique.

NON. Nonius Marcellus, De Compendiosa Doctrina (pagination de l'ed. minor de Lindsay, coll. Teubner).

NOT. Notitia Dignitatum.
Or. Empire d'Orient.

N. S. Notizie degli Scavi di Antichità, publiées par l'Académie dei Lincei.

ORIB. Oribase, Collections Médicales.

ORIG. Origène.
Greg. Lettre à saint Grégoire le Thaumaturge.
In Num. Homélies sur les Nombres dans la traduction de Rufin.

OROS. Paul Orose, Histoire contre les Païens.

O. Ostraka.

O. Lond. Hall. H. R. Hall, Coptic and Greek Texts of the Christian Period from Ostraka, Stelae, etc. in the British Museum.

O. Wilcken. U. Wilcken, Griechische Ostraka aus Egypten und Nubien.

OVID. ou OV. Ovide.
AA. L'Art d'Aimer.
Am. Les Amours.
F. Fastes.
Tr. Les Tristes.

P. Papyrus (la tomaison n'est pas indiquée pour les collections dont la numérotation est continue).

P. Achmim. P. Collart, Les Papyrus grecs d'Achmîm (extrait du Bulletin de l'Institut Français d'Archéologie Orientale, Le Caire, t. 31, 1930, pp. 35-111).

P. Amh. B. P. Grenfell, A. S. Hunt, The Amherst Papyri.

P. Antin. Papyrus d'Antinoé, dans H. J. M. Milne, Greek Shorthand Manuals.

P. Berl. Erman-Krebs. A. Erman, F. Krebs, Aus den Papyrus der königlichen Museen (Handbücher der königlichen Museen zu Berlin).

P. Bouriant. P. Collart, Les Papyrus Bouriant, Paris, 1926.

P. Cairo Zenon. Catalogue Général des Antiquités Egyptiennes du Musée du Caire, C. C. Edgar, Zenon Papyri.

P. Colt-Nessana. L. Casson, E. L. Hettich, Excavations at Nessana, 2, Literary Papyri, Princeton, 1950.

P. Fay. B. P. Grenfell, A. S. Hunt, D. G. Hogarth, Fayûm Towns and their Papyri.

P. Fior. G. Vitelli, D. Comparetti, Papiri greco-egizii, Papiri Fiorentini.

P. Fouad I. Publications de la Société Fouad Ier de Papyrologie, Textes et Documents, III, Les Papyrus Fouad Ier, t. I.

P. Freib. W. Aly, M. Gelzer, Mittheilungen aus der Freiburger Papyrussammlung, I-II, dans Sitzungsberichte der Heidleberger Akademie der Wissenschaften (philos.-hist. Klasse), 1914, Abh. 2.

P. Gen. Papyrus de Genève (cités d'après des éditions particulières).

P. Giessen. E. Kornemann, O. Eger, P. M. Meyer, Griechische Papyri im Museum des oberhessischen Geschichtsvereins zu Giessen.

P. Guér. Joug. Publications de la Société Royale Egyptienne de Papyrologie, Textes et Documents, II, O. Guéraud, P. Jouguet, Un Livre d'Ecolier du IIIe siècle avant Jésus-Christ.

P. Hombert-Préaux. M. Hombert et Cl. Préaux, *Une tablette homérique de la Bibliothèque Bodléienne,* Mélanges Henri Grégoire, III (*Annuaire de l'Institut de Philologie et d'Histoire Orientales et Slaves,* t. XI, 1951), pp. 161-168.

RÉFÉRENCES

P. Herc.[a] Herculanensium Voluminum quae supersunt collectio altera.

P. Hal. Dikaiomata, Auszüge aus alexandrinischen Gesetzen und Verordnungen in einem Papyrus des philologischen Seminars der Universität Halle, Berlin, 1913.

P. Ianda. C. Kalbfleisch, Papyri Iandanae.

P. Letronne. Papyrus Letronne, dans Notices et Extraits des manuscrits de la Bibliothèque Nationale, t. XVIII, 2, pp. 25 s.

P. Michaelidae. D. S. Crawford, Papyri Michaelidae, Aberdeen, 1955.

P. Milan. Papiri Milanesi per cura della Scuola di Papirologia dell' Università del Sacro Cuore.

P. Oslo. S. Eitrem, L. Amundsen, Papiri Osloenses.

P. Oxy. B. P. Grenfell, A. S. Hunt, H. I. Bell, etc. The Oxyrhynchus Papyri.

P. Reinach. Th. Reinach, Papyrus Grecs et Démotiques, Paris, 1905.

P. Ryl. A. S. Hunt, J. de M. Johnson, V. Martin, Catalogue of the Greek Papyri in the John Rylands Library at Manchester.

PSI. Papiri greci e latini, Pubblicazioni della Società Italiana per la ricerca dei Papiri greci et latini in Egitto.

P. Schwartz. J'ai désigné par ce sigle le papyrus nº 320 des collections de l'Institut Fr. d'Archéologie Orientale publié par J. Schwartz. *Etudes de Papyrologie* de la Soc. Fouad Ier de Papyrologie, t. VII (1948), pp. 93-109 sous le titre : *Un Manuel scolaire de l'époque byzantine.*

P. Tebt. B. P. Grenfell, A. S. Hunt, J. G. Symly, E. J. Goodspeed, The Tebtunis Papyri.

P. G. Migne, Patrologie Grecque.

P. L. Migne, Patrologie Latine.

Pan. Lat. Panégyriques Latins (nº d'ordre de l'éd. Baehrens).

PAUL. DIAC. Paul Diacre.
- *Hist. Long.* Histoire des Lombards.
- *V. Greg.* Vie de saint Grégoire le Grand.

PAUS. Pausanias, Description de la Grèce.

PERS. Perse, Satires.

Pesikta (folio de l'éd. Sal. Buber, Lyck, 1868).

PETR. Pétrone, Le Satyricon.

Ph. Philologus.

PHILO. Philon d'Alexandrie.
- *Congr.* Sur les Etudes Préparatoires.
- *Opif.* De opificio mundi.
- *V. Moys.* Vie de Moïse.

PHILSTR. Philostrate.
- *Gym.* Sur la Gymnastique.
- *Im.* Les Statues.
- *V. Ap.* Vie d'Apollonius de Tyane.
- *V. Soph.* Vie des Sophistes (livre, chapitre et page de l'éd. Olearius).

PHOT. Photius le Patriarche.
- *Bibl.* Bibliothèque (nº du codex, colonne du t. 103 ou 104 de la P. G.).

PIND. Pindare.
- *Nem.* Néméennes.
- *Ol.* Olympiques.
- *Pyth.* Pythiques.

PLAT. Platon (page et section de page de l'éd. II. Estienne).
- *Ax.* Axiochos.
- *Charm.* Charmide.
- *Conv.* Le Banquet.
- *Crat.* Cratyle.
- *Ep.* Lettres.
- *Gor.* Gorgias.
- *Hipp. ma.* Hippias majeur.
- *Hipp. mi.* Hippias mineur.
- *Hipparch.* Hipparque.
- *Lach.* Lachès.
- *Leg.* Les Lois.
- *Lys.* Lysis.
- *Men.* Ménéxène.
- *Phaedr.* Phèdre.
- *Pol.* Le Politique.
- *Prot.* Protagoras.
- *Rsp.* La République.
- *Soph.* Le Sophiste.
- *Thaet.* Théétète.

PLAUT. Plaute.
- *Bacch.* Bacchides.

PL. (1) Pline l'Ancien.
- *N. H.* Histoire Naturelle (livre et paragraphe, et non chapitre).

(2) Pline le Jeune.
- *Ep.* Lettres.
- *Pan.* Panégyrique de Trajan.

PLOT. Plotin.
- *Enn.* Ennéades.

PLUT. Plutarque.

(1) Vies parallèles (chapitre).
Alc. Alcibiade.
Aem. Paul-Emile.
Ag. Cleom. Agis et Cléomène.
Cat. ma. Caton le Censeur.
Cat mi. Caton d'Utique.
C. Grac. Caius Gracchus.
Cim. Cimon.
Dion. Dion.
Lyc. Lycurgue.
Pel. Pélopidas.
Pomp. Pompée.
Rom. Romulus.
Sert. Sertorius.
Them. Thémistocle.
Ti. Gr. Tibérius Gracchus.
(2) Œuvres Morales (page et section de page de l'éd. Estienne-Xylander, 1599).
Adv. Col. Contre Colotès.
Amat. Le Livre de l'amour.
Amat. narr. Histoires d'Amour.
Aud. poet. Sur la manière d'étudier les poètes.
Isocr. Vie d'Isocrate (Vie des Dix Orateurs, IV).
Lib. educ. De l'éducation des enfants.
Mus. De la Musique.
Non posse suav. Qu'on ne peut vivre agréablement en suivant Epicure.
Plac. Opinion des philosophes.
Prof. in virt. Des Progrès dans la Vertu.
Qu. conv. Questions de banquet.
Qu. Rom. Questions romaines.
San. tu. Conseils d'hygiène.

Poet. lat. med. Monumenta Germaniae Historica, Antiquitates, Poetae Latini medii aevi.

POL. Polybe, Histoire Romaine.

POLEM. Polémon de Laodicée, Déclamations (nº d'ordre et page de l'éd. Hinck).

POLL. Pollux, Onomasticon (s. v. ou bien : livre et paragraphe de l'éd. Bethe, Lexicographi Graeci, t. IX).

PORPH. Porphyre.
Abst. De l'Abstinence (chapitre et page de l'édition Nauck).
V. Pyth. Vie de Pythagore.

P. PELL. Paulin de Pella, Eucharisticon.

PREISIGKE. Fr. Preisigke (continué par F. Bilabel, etc.).
SB. Sammelbuch griechischer Urkunden aus Ægypten.

Protagoras.
Fr. Fragments dans H. Diels, Die Fragmente der Vorsokratiker, § 74.

PRUD. Prudence.
Cath. Le Livre d'Heures.
Ps. Le Livre des Psaumes (Ancien Testament).

Michel Psellos.
Epit. Discours funéraires (page de l'éd. K. N. Sathas, Bibliotheca Graeca medii aevi, t. V).

[PYTH.] Pseudo-Pythagore.
V. Aur. Les Vers Dorés.

QUINT. Quintilien, Institution oratoire.

REG. Revue des Etudes grecques.

Reg. Règle monastique (au nom des divers auteurs cités).

Reg. Mag. La Règle du Maître (au t. 88 de la P. L.).

Reg. Pach. Règle de saint Pakhôme (éd. A. Boon, Th. Lefort, Pachomiana Latina).

REL. Revue des Etudes latines.

REM. REM. Saint Remy de Reims.
Ep. Lettres (page de l'éd. des Monumenta Germaniae Historica, Epistulae, III, Epistulae merovingici aevi).

RF. Rivista di Filologia e d'Istruzione classica, Turin.

Rhet. Gr. Rhetores Graeci (tome, page et ligne de l'éd. Spengel).
APHT. Aphtonios.
HERM. Hermogène.
MEN. Ménandre.
THEON. Théon d'Alexandrie.

Rhet. Lat. Min. Rhetores Latini Minores, éd. Halm.
GRILL. Grillius.
M. VICT. Marius Victorinus.
PRISC. Priscien.

RIGI. Rivista indo-greco-italica di Filologia, Lingua, Antichità.

ROBERT. L. Robert.
Et. Anat. Etudes Anatoliennes (Etudes Orientales publiées par l'Institut français de Stamboul, t. V), Paris, 1937.

RPGR. S. Reinach, Répertoire de Peintures grecques et romaines.

R. *Ph.* Revue de Philologie, d'histoire et de littérature anciennes.

RUFIN. Rufin d'Aquilée.
Apol. Apologie.

RÉFÉRENCES

H. E. Histoire Ecclésiastique.

RUT. NAM. Rutilius Namatianus, Poème sur son Retour.

SUET. Suétone.
Aug. Vie d'Auguste.
Caes. Vie de Jules César.
Cal. Vie de C. Caesar.
Dom. Vie de Domitien.
Gram. Des Grammairiens et des Rhéteurs (les chapitres *de Rhetoribus,* considérés quelquefois comme un livre indépendant, sont numérotés à la suite des précédents).
Ner. Vie de Néron.
Ti. Vie de Tibère.
Tit. Vie de Titus.
Vesp. Vie de Vespasien.

SALL.
Cat. Catilina.
Inv. Invectives.

Sap. Sagesse de Salomon (Ancien Testament Grec).

SAPH. Sapho.
Fr. Fragments (nº d'ordre de l'éd. Reinach).

SAWW. Sitzungsberichte der philosophisch-historischen Klasse der Akademie der Wissenschaften, Wien (tome, année, fascicule, page).

SBAW. Sitzungsberichte der bayerischen Akademie der Wissenschaften, Munich.

SCHIAPARELLI. L. Schiaparelli, Codice diplomatico longobardo, Fonti per la Storia d'Italia, vol. 62.

Schol. Scholies (lemme).
AR. Scholies d'Aristophane.
D. THR. Scholies à Denys le Thrace (page de l'éd. Hilgard, Grammatici Graeci, t. III).
HERMOG. Scholies à Hermogène.

SEG. J. Hondius, etc. Supplementum Epigraphicum Graecum.

SEN. (1) Sénèque le Rhéteur.
Contr. Controverses.
Suas. Suasoires.
(2) Sénèque le Philosophe.
Ep. Lettres à Lucilius.
Ir. De la Colère.

SERV. Servius, Commentaire à l'Enéide (lemme).

SEXT. Sextus Empiricus.
M. Contre les Mathématiciens (livre et paragraphe).

SHA. Les Auteurs de l'Histoire Auguste.
Alex. S. Sévère Alexandre.
Ant. Antonin le Pieux.
Elag. Elagabale.
Gord. Les Gordiens.
Hadr. Hadrien.
M. Aur. Marc-Aurèle.
Ver. Lucius Verus.

SID. Sidoine Apollinaire.
Ep. Lettres.

Simplicius.
Coel. Commentaire au De Coelo d'Aristote, page de l'éd. Heiberg (Commentaria in Aristotelem Graeca, t. VIII).

SOCR. Socrate le Scholastique.
H. E. Histoire Ecclésiastique.

Solon.
Fr. Fragments dans Bergck, Poetae Lyrici Graeci.

SOZ. Sozomène.
H. E. Histoire Ecclésiastique.

SPAW. Sitzungsberichte der preussischen Akademie der Wissenschaften, Berlin.

S. SEV. Sulpice Sévère.
V. Mart. Vie de saint Martin de Tours.

STAT. Stace.
Theb. La Thébaïde.

Stat. Eccl. Ant. Statuts de l'Eglise Ancienne, éd. Ch. Munier, Paris 1960.

STEPH. BYZ. Etienne de Byzance, Dictionnaire Géographique.

STOB. Jean de Stobi, Extraits (livre et paragraphe).

STOKES. W. Stokes.
Tr. Life. The Tripartite Life of Patrick, with other documents relating to that saint (Rerum Britannicarum medii aevi Scriptores, t. 89), Londres, 1887.

STRAB. Strabon, Géographie (livre et page de l'éd. Casaubon).

SUID. Suidas, Lexicon (s. v., tome et page, ou : lettre et article de l'éd. Adler, Lexicographi Graeci, I).

SYN. Synésius de Cyrène.
Ep. Lettres (nº).
Regn. De la Royauté (colonne du t. 66 de la P. G.).
Dion (id.).

TAC. Tacite.

RÉFÉRENCES

Agr. Vie d'Agricola.
Ann. Annales.
D. Dialogue des Orateurs.
Hist. Histoires.

Talmud de Babylone (titre du traité et colonne de la 3e éd. D. Bomberg).

TAM. Tituli Asiae Minoris.

TAT. Tatien, Apologie.

TEL. Télès (d'ap. extraits de STOB.).

TER. Térence.
Andr. L'Andrienne.

Terpandre.
Fr. Fragments d'après Bergck, Poetae Lyrici Graeci.

TERT. Tertullien.
Apol. Apologeticum.
Idol. De l'Idolâtrie.
Pall. Du Manteau.
Praescr. De l'Argument de prescription.
Spect. Sur les Spectacles.

Test. D. N. J. C. Le Testament de Notre-Seigneur Jésus-Christ.

TH. Théophraste.
Char. Les Caractères.

THC. Thucydide.

THCR. Théocrite, Idylles.

THEM. Thémistios.
Or. Discours (page de l'éd. Harduin).

THEOD. Théodoret.
H. E. Histoire Ecclésiastique.

THEOGN. Théognis, Elégies, dans Bergck, Poetae Lyrici Graeci.

THEON SM. Théon de Smyrne, Des Connaissances mathématiques nécessaires à la lecture de Platon.
Arith. Arithmétique.

TR. P. Trogue-Pompée, Abrégé (par Justin) de l'Histoire Philippique.

TYRT. Tyrtée.
Fr. Fragments, dans Bergck, Poetae Lyrici Graeci.

TZTZ. Jean Tzetzès.
Chil. Chiliades.

UPZ U. Wilcken, Urkunden der Ptolemäerzeit, ältere Funde.

VAL. MAX. Valère-Maxime, Faits et Dits Mémorables.

VARR. Varron.
L. L. De la langue Latine.
R. R. De l'Agriculture.

VEG. Végèce, Résumé de l'Art Militaire.

VIB. SEQ. Vibius Sequester, Noms des fleuves, des sources, etc., cités par les poètes.

VIRG. Virgile.
En. Enéide.
Epigr. Epigrammes de l'Appendix Vergiliana.
G. Géorgiques.

VIRG. GRAM. Virgile le Grammairien.
Epit. Epitomae.

V. Isocr. Vie anonyme d'Isocrate (ligne de l'éd. G. Mathieu, E. Brémond au t. I de leur éd. d'Isocrate).

VITR. Vitruve, de l'Architecture.

V. Patr. Emer. J. N. Garvin, Vitas Sanctorum Patrum Emeritensium, Washington, 1946.

V. SS. merov. Passiones Vitaeque sanctorum merovingici aevi dans Monumenta Germaniae Historica, Scriptores rerum merovingicarum, t. III-V).

A. SS. O. Ben. Mabillon, *Acta Sanctorum Ordinis sancti Benedicti.*

V. SS. Hib. C. Plummer, Vitae Sanctorum Hiberniae partim hactenus ineditae, Oxford, 1910.

V. Pers. Vie anonyme de Perse (en tête de l'éd. Cartault).

V. Virg. Biographies anciennes de Virgile, éd. Brummer (ligne de chaque biographie).
Bern. Vie des manuscrits de Berne.
DON. Donat.
PHIL. Philargyrius. Vita prima.
SERV. Servius.

WESSELY. C. Wessely.
Stud. Studien zur Palaeographie und Papyruskunde.

WILCKEN. L. Mitteis, U. Wilcken.
Chrest. Grundzüge und Chrestomathie

Il a paru commode d'utiliser pour les références le classement ou la pagination des éditions de base (H. Estienne pour Platon, etc.), mais, bien entendu, le texte suivi est celui de l'édition critique la plus récente ou la meilleure : le lecteur est invité à s'y reporter. Ainsi, bien que Telès soit cité par Stobée, on prendra son texte dans l'éd. Hense, etc.

der Papyruskunde, 1re partie, t. II (nº du papyrus et ligne).
WS. Wiener Studien.

XEN. Xénophon.
Ath. Constitution d'Athènes.
Conv. Le Banquet.
Cyn. De la Chasse.
Lac. Constitution de Sparte.
Mem. Les Mémorables de Socrate.
Œc. L'Economique.
Xénophane de Colophon.
Fr. Fragments dans H. Diels, Die Fragmente der Vorsokratiker, § 21 (11).

ZACH. Zacharie le Scholastique.
V. Sev. Vie de Sévère d'Antioche, dans Patrologia Orientalis, t. II, fasc. 1.

ZIEBARTH. E. Ziebarth. Aus der antiken Schule, 2e éd. (dans H. Lietzmann, Kleine Teste für Vorlesungen und Uebungen, nº 65), Leipzig, 1913 : on ne renvoie à ce recueil que pour les seuls documents qui s'y trouvent publiés de première main.

ZON. Zonaras, Abrégé de l'Histoire romaine de Dion Cassius.

Index [1]

1. Lorsqu'un développement s'étend sur plusieurs pages consécutives, la première seule est indiquée ; les notes s'entendent normalement appelées en même temps que le texte correspondant. On rétablira le mot *Éducation* devant les adjectifs.

Table du tome II

III. ROME ET L'ÉDUCATION CLASSIQUE

Table générale

II. TABLEAU DE L'ÉDUCATION CLASSIQUE A L'ÉPOQUE HELLÉNISTIQUE

III. ROME ET L'ÉDUCATION CLASSIQUE

IMPRIMERIE MAME A TOURS.
D. L. 4e TRIM. 1981. No 6015 (8819).

Collection Points

SÉRIE HISTOIRE

H1. Histoire d'une démocratie : Athènes
des origines à la conquête macédonienne, *par Claude Mossé*
H2. Histoire de la pensée européenne
1. L'éveil intellectuel de l'Europe du IXe au XIIe siècle
par Philippe Wolff
H3. Histoire des populations françaises et de leurs attitudes devant la vie
depuis le XVIIIe siècle, *par Philippe Ariès*
H4. Venise, portrait historique d'une cité
par Philippe Braunstein et Robert Delort
H5. Les Troubadours, *par Henri-Irénée Marrou*
H6. La Révolution industrielle (1780-1880), *par Jean-Pierre Rioux*
H7. Histoire de la pensée européenne
4. Le Siècle des Lumières, *par Norman Hampson*
H8. Histoire de la pensée européenne
3. Des humanistes aux hommes de science, *par Robert Mandrou*
H9. Histoire du Japon et des Japonais
1. Des origines à 1945, *par Edwin O. Reischauer*
H10. Histoire du Japon et des Japonais
2. De 1945 à 1970, *par Edwin O. Reischauer*
H11. Les Causes de la Première Guerre mondiale, *par Jacques Droz*
H12. Introduction à l'histoire de notre temps. L'Ancien Régime
et la Révolution, *par René Rémond*
H13. Introduction à l'histoire de notre temps. Le XIXe siècle
par René Rémond
H14. Introduction à l'histoire de notre temps. Le XXe siècle
par René Rémond
H15. Photographie et Société, *par Gisèle Freund*
H16. La France de Vichy (1940-1944), *par Robert O. Paxton*
H17. Société et Civilisation russes au XIXe siècle
par Constantin de Grunwald
H18. La Tragédie de Cronstadt (1921), *par Paul Avrich*
H19. La Révolution industrielle du Moyen Age, *par Jean Gimpel*
H20. L'Enfant et la Vie familiale sous l'Ancien Régime
par Philippe Ariès
H21. De la connaissance historique, *par Henri-Irénée Marrou*
H22. Malraux, une vie dans le siècle, *par Jean Lacouture*
H23. Le Rapport Khrouchtchev et son histoire, *par Branko Lazitch*
H24. Le Mouvement paysan chinois (1840-1949), *par Jean Chesneaux*
H25. Les Misérables dans l'Occident médiéval
par Jean-Louis Goglin

H26. La Gauche en France depuis 1900, *par Jean Touchard*
H27. Histoire de l'Italie du Risorgimento à nos jours
par Sergio Romano
H28. Genèse médiévale de la France moderne, XIVe-XVe siècle
par Michel Mollat
H29. Décadence romaine ou Antiquité tardive? IIIe-VIe siècle
par Henri-Irénée Marrou
H30. Carthage ou l'Empire de la mer, *par François Decret*
H31. Essais sur l'histoire de la mort en Occident du Moyen Age
à nos jours, *par Philippe Ariès*
H32. Le Gaullisme (1940-1969), *par Jean Touchard*
H33. Grenadou, paysan français
par Ephraïm Grenadou et Alain Prévost
H34. Piété baroque et Déchristianisation en Provence au XVIIIe siècle
par Michel Vovelle
H35. Histoire générale de l'Empire romain
1. Le Haut-Empire, *par Paul Petit*
H36. Histoire générale de l'Empire romain
2. La crise de l'Empire, *par Paul Petit*
H37. Histoire générale de l'Empire romain
3. Le Bas-Empire, *par Paul Petit*
H38. Pour en finir avec le Moyen Age, *par Régine Pernoud*
H39. La Question nazie, *par Pierre Ayçoberry*
H40. Comment on écrit l'histoire,
par Paul Veyne
H41. Les Sans-culottes, *par Albert Soboul*
H42. Léon Blum, *par Jean Lacouture*
H43. Les Collaborateurs (1940-1945), *par Pascal Ory*
H44. Le Fascisme italien (1919-1945)
par Pierre Milza et Serge Berstein
H45. Comprendre la Révolution russe, *par Martin Malia*
H46. Histoire de la pensée européenne
6. L'ère des masses, *par Michael D. Biddiss*
H47. Naissance de la famille moderne, *par Edward Shorter*
H48. Mythe de la procréation à l'âge baroque, *par Pierre Darmon*
H49. Histoire de la bourgeoisie en France
1. Des origines aux temps modernes, *par Régine Pernoud*
H50. Histoire de la bourgeoisie en France
2. Les temps modernes, *par Régine Pernoud*
H51. Histoire des passions françaises (1848-1945)
1. Ambition et amour, *par Theodore Zeldin*
H52. Histoire des passions françaises (1848-1945)
2. Orgueil et intelligence, *par Theodore Zeldin*
H53. Histoire des passions françaises (1848-1945)
3. Goût et corruption, *par Theodore Zeldin*

H54. Histoire des passions françaises (1848-1945)
4. Colère et politique, *par Theodore Zeldin*
H55. Histoire des passions françaises (1848-1945)
5. Anxiété et hypocrisie, *par Theodore Zeldin*
H56. Histoire de l'éducation dans l'Antiquité
1. Le monde grec, *par Henri-Irénée Marrou*
H57. Histoire de l'éducation dans l'Antiquité
2. Le monde romain, *par Henri-Irénée Marrou*

Nouvelle histoire de la France contemporaine

H101. La Chute de la monarchie (1787-1792), *par Michel Vovelle*
H102. La République jacobine (1792-1794), *par Marc Bouloiseau*
H103. La République bourgeoise de Thermidor à Brumaire (1794-1799)
par Denis Woronoff
H104. L'Épisode napoléonien (1799-1815). Aspects intérieurs
par Louis Bergeron
H105. L'Épisode napoléonien (1799-1815). Aspects extérieurs
par J. Lovie et A. Palluel-Guillard
H106. La France des notables (1815-1848). L'évolution générale
par André Jardin et André-Jean Tudesq
H107. La France des notables (1815-1848). La vie de la nation
par André Jardin et André-Jean Tudesq
H108. 1848 ou l'Apprentissage de la République (1848-1852)
par Maurice Agulhon
H109. De la fête impériale au mur des fédérés (1852-1871)
par Alain Plessis
H110. Les Débuts de la Troisième République (1871-1898)
par Jean-Marie Mayeur
H111. La République radicale? (1898-1914), *par Madeleine Rebérioux*
H112. La Fin d'un monde (1914-1929), *par Philippe Bernard*
H113. Le Déclin de la Troisième République (1929-1938)
par Henri Dubief
H114. De Munich à la Libération (1938-1944)
par Jean-Pierre Azéma
H115. La France de la Quatrième République (1944-1958)
1. L'ardeur et la nécessité (1944-1952)
par Jean-Pierre Rioux

Collection Points

SÉRIE ROMAN

R1. Le Tambour, *par Günter Grass*
R2. Le Dernier des Justes, *par André Schwarz-Bart*
R3. Le Guépard, *par G. T. di Lampedusa*
R4. La Côte sauvage, *par Jean-René Huguenin*
R5. Acid Test, *par Tom Wolfe*
R6. Je vivrai l'amour des autres, *par Jean Cayrol*
R7. Les Cahiers de Malte Laurids Brigge
par Rainer Maria Rilke
R8. Moha le fou, Moha le sage, *par Tahar Ben Jelloun*
R9. L'Horloger du Cherche-Midi, *par Luc Estang*
R10. Le Baron perché, *par Italo Calvino*
R11. Les Bienheureux de La Désolation, *par Hervé Bazin*
R12. Salut Galarneau !, *par Jacques Godbout*
R13. Cela s'appelle l'aurore, *par Emmanuel Roblès*
R14. Les Désarrois de l'élève Törless, *par Robert Musil*
R15. Pluie et Vent sur Télumée Miracle
par Simone Schwarz-Bart
R16. La Traque, *par Herbert Lieberman*
R17. L'Imprécateur, *par René-Victor Pilhes*
R18. Cent Ans de solitude, *par Gabriel Garcia Marquez*
R19. Moi d'abord, *par Katherine Pancol*
R20. Un jour, *par Maurice Genevoix*
R21. Un pas d'homme, *par Marie Susini*
R22. La Grimace, *par Heinrich Böll*
R23. L'Age du tendre, *par Marie Chaix*
R24. Une tempête, *par Aimé Césaire*
R25. Moustiques, *par William Faulkner*
R26. La Fantaisie du voyageur, *par François-Régis Bastide*
R21. Le Turbot, *par Günter Grass*
R28. Le Parc, *par Philippe Sollers*
R29. Ti Jean L'horizon, *par Simone Schwarz-Bart*
R30. Affaires étrangères, *par Jean-Marc Roberts*
R31. Nedjma, *par Kateb Yacine*
R32. Le Vertige, *par Evguénia Guinzbourg*
R33. La Motte rouge, *par Maurice Genevoix*
R34. Les Buddenbrook, *par Thomas Mann*
R35. Grand Reportage, *par Michèle Manceaux*
R36. Isaac le mystérieux (Le ver et le solitaire)
par Jerome Charyn
R37. Le Passage, *par Jean Reverzy*

R38. Chesapeake, *par James A. Michener*
R39. Le Testament d'un poète juif assassiné
par Élie Wiesel
R40. Candido, *par Leonardo Sciascia*
R41. Le Voyage à Paimpol, *par Dorothée Letessier*
R42. L'Honneur perdu de Katharina Blum
par Heinrich Böll
R43. Le Pays sous l'écorce, *par Jacques Lacarrière*
R44. Le Monde selon Garp, *par John Irving*
R45. Les Trois Jours du cavalier, *par Nicole Ciravégna*
R46. Nécropolis, *par Herbert Lieberman*
R47. Fort Saganne, *par Louis Gardel*
R48. La Ligne 12, *par Raymond Jean*
R49. Les Années de chien, *par Günter Grass*
R50. La Réclusion solitaire, *par Tahar Ben Jelloun*
R51. Senilità, *par Italo Svevo*
R52. Trente mille jours, *par Maurice Genevoix*
R53. Cabinet portrait, *par Jean-Luc Benoziglio*
R54. Saison violente, *par Emmanuel Roblès*
R55. Une comédie française, *par Erik Orsenna*
R56. Le Pain nu, *par Mohamed Choukri*